현실과 환상의 변증법

권터 그라스의 삶과 문학

현실과 환상의 변증법

권터 그라스의 삶과 문학

박병덕

Zur Dialektik von Wirklichkeit und Phantasie

전북대학교출판문화원

책을 내면서

현실과 환상,
이 두 차원의 변증법적 상호작용

우리 주변에는 여전히 문학·역사·철학 등 인문학을 살려야 한다며 온갖 지원책을 떠들어대는 소리가 끊임없이 들려오고 있다. 하지만 현실 상황은 입으로만 외치는 이런 허황된 구호와는 너무나 괴리가 크다. 상당수 대학에서 이미 인문학 관련 전공학과들이 더 이상 견디지 못하고 아예 흔적도 없이 사라져버렸다. 문학을 전공한 필자의 입장에서 보면 참으로 안타깝고 참담한 현실이다. 그러나 근본적으로 인간보다 자본을 더 중요하게 여기는 세상에서 이런 현실은 어쩌면 지극히 당연한 것인지도 모른다. 언젠가 인문학이 존재가치를 제대로 평가받으며 힘차게 부활하는 그런 기적이 일어나는 날이 과연 오기는 할까?

필자는 정년퇴직을 몇 년 앞둔 시기 동안 내내, 인문학의 부활을 위한 실질적이고 근본적인 대책 마련은커녕 이런 물음에 대해 불분명한 예측조차 할 수 없는 스스로의 무능함에 실망한 채 무력감에 빠져 지내고 있었다. 그렇다고 해서 강의와 연구, 그리고 봉사라는 교수 본연의 임무마저 잊고 지낼 수는 없었는데, 특히 권터 그라스Günter Grass의 삶과 문학세계 전반에 관한 책을 집필해야 한다는 강박관념에 줄곧 시달려오고 있었다. 필자로서는 나름대로 그럴 만한 사정이 있었다.

필자는 카프카Franz Kafka의 「변신(*Die Verwandlung*)」에 관한 연구논문으로 문학 석사 학위를 받았는데, 오로지 문학만을 위해 살았던 카프카의 삶과 문학세계를 깊이 파고 들면 파고 들수록 나 자신이 카프카처럼 우리가 몸담고 살고 있는 일상적 현실로부터 점점 멀어지고 있다는 느낌을 떨쳐버릴 수가 없었다. 그래서 박사 과정에 들어가서는 연구 대상을 작가 그라스로 바꾸게 되었다. 현실과 환상이 상호 침투하여 서로 구분할 수 없을 정도로 뒤엉켜 있다는 점에서는 그의 작품 세계 역시 카프카의 작품 세계와 유사한 점이 있었다. 하지만 그라스는 작가로서 문학작품을 통해 독일의 과거 문제와 치열하게 대결하고 당대 현실의 민감한 주제들과 씨름하였을 뿐만 아니라, 무엇보다도 민주 시민의 한 사람으로서 독일이 걸어온 길을 언제나 깨어 있는 눈으로 지켜보며 현실과 치열하게 대결한 작가라는 점이 내 마음을 사로잡았다.

그라스의 삶과 문학세계에 관심을 갖고 꾸준히 공부해오던 어느 날 그라스의 노벨문학상 수상 소식이 들려왔다. 물론 그라스는 1959년 첫 장편소설 『양철북(*Die Blechtrommel*)』을 발표한 이래로 독일문학을 세계문학 수준으로 끌어올린 위대한 작가로 평가받으며 이미 1960년대부터 거의 해마다 노벨문학상 후보로 꾸준히 거론되어 온 유명작가였는데, 1999년에야 비로소 노벨문학상을 수상하게 되었던 것이다. 노벨문학상이 특히 우리나라의 경우 작가 또는 문학작품의 가치를 평가하는 데 가장 중요한 객관적 기준이 된다는 것은 부인할 수 없는 사실이다. 이것이 노벨문학상을 받은 우리

나라 작가가 없는 데 대한 열등감과 선망의 표출이든, 아니면 상금 액수나 파급효과가 가장 큰 문학상이기 때문이든, 현실적으로 노벨문학상 수상은 우리나라 서적시장에서 획기적인 판촉효과를 만들어낸다. 문학의 생산과 문학적 가치의 생산을 객관적으로 연구하는 입장에서 보자면, 노벨문학상 같은 문학적 가치를 만들어내는 행위가 과연 어떠한 조건과 어떠한 과정에서 비롯된 결과인가는 중심적인 탐구 대상이다. 문학적 가치의 판단이 미적 가치판단이라면, 미적 가치판단은 객관적 보편성에 근거한 논리적 판단이 아닌 주관적 판단일 수밖에 없기 때문이다. 20세기의 가장 위대한 작가 가운데 하나로 평가받는 카프카를 비롯하여 일반적으로 뛰어난 작가로 평가받았지만 노벨문학상을 받지 못한 작가는 무수히 많다. 아무튼 학술서적 출판이 현실적으로 무척 힘든 상황에서 그라스의 노벨문학상 수상은 국내 출판계에서 그라스 관련 책을 출간할 수 있는 좋은 계기가 되었다.

2001년에 필자는 1977년에 발표된 그라스의 동화적 장편소설 『넙치(*Der Butt*)』를 집중적으로 다룬 학술서적 『귄터 그라스의 문학세계』를 출간할 수 있었다. 그리고 이를 계기로 어느 출판사로부터 '그라스의 『양철북』 읽기'(가제)라는 제목으로 『양철북』의 바람직한 독서 방법에 관한 책을 집필해달라는 부탁을 받았다. 『양철북』을 기존의 연구 성과에 의지하여, 그리고 부분적으로 나 자신의 독자적인 성찰을 거치면서 어떻게 읽는 것이 가장 바람직한 것일까 하는 문제와 관련하여 독서모델에 관한 논의를 중심으로 단행본을 준비하던 중에 개별적인 하나의 작품에 대한 해설서보다는 그라스의 삶과 문학세계 전반에 관한 책을 쓰고 싶은 욕심이 생겨났으며, 얼마 후에는 그런 책을 써야한다는 강박관념에 시달리게 되었다.

그러나 막상 작업을 시작하자 그것이 예상보다 훨씬 더 많은 시간이 소요되는 어렵고 힘든 작업임을 깨닫게 되었다. 그라스가 수많은 문제작들을 발표해왔고 그 작품들에 관해 분석한 연구 자료들도 워낙 방대한 터라 관련 자료들을 수집하고 핵심적인 내용을 정리하는 것만으로도 내 능력으로는 벅찬 일이었다. 더구나 필자의 전공분야인 소설 외에 그라스의 문학적 출발인 서정시와 드라마 작품들, 그리고 그래픽 작품의 세계까지 아울러 다루어야겠다는 지나친 욕심 때문에 자료와 정보의 홍수에 휩쓸린 나머지 제대로 집필을 시작조차 못한 채 결국 몇 해가 훌쩍 지나버렸다.

그러던 어느 날, 2015년 4월 13일이었다. 나는 여느 때와 마찬가지로 대학 연구실에 앉아 그라스 관련 자료를 찾기 위해 인터넷을 검색하고 있었다. 그러던 중 그라스가 독일 북부에 위치한 도시 뤼베크의 한 병원에서 타계했다는 뉴스를 접하고 한참동안 멍한 기분을 떨쳐버릴 수가 없었다.

이제 하루라도 더 늦기 전에 빨리 집필 작업을 마무리해야 한다는 생각으로 마음이 조급해지기 시작했다. 그러나 현실적으로 보자면, 전체 작품 세계에 관해 낱낱이 상세하게 다루는 저서를 완성하는 데는 아직도 상당한 시간이 소요될 것 같았다. 따라서 기회가 주어지는 대로 우선 개별적인 작품을 분석하는 작업부터 해나가기로 계획을 변경했다. 우선 2016년도 전북대학교 저술 장려 경비의 지원을 받아, 그라스가 노벨문학상을 수상한 이후 처음으로 2002년에 발표한 노벨레 『게걸음으로(*Im Krebsgang*)』의 특징과 매력을 분석하는 작업에 착수했다. 그러나 작업을 시작한 지 얼마 지나지 않은 시점에 눈에 백내장 증상이 시작되고 안구건조증이 심해지면서 집필 작업을 제대로 수행할 수가 없었다. 원래의 계획보다 많이 늦어지진 했지만 이제라도 『게걸음으로』에 관한 저서를 출간할 수 있게 되어서 그나마 다행스럽게 생각한다,

이 소설의 중심 소재는 1945년 나치독일의 '구스틀로프' 호가 소련 잠수함의 어뢰 공격을 받아 침몰된 사건이다. 사망자가 약 1만 명에 이르는 세계역사상 가장 큰 해상 참사임에도 불구하고, 제2차 세계대전을 일으킨 장본인일 뿐만 아니라 수백만 명에 이르는 유대인을 학살한 만행까지 저지른 전쟁의 가해자로서 독일민족에게 이 사건을 입에 올리는 것은 21세기에 들어와서조차 금기시되어 왔다. 전쟁의 피해자로서의 독일인이라는 주제는 독일의 역사적 맥락에서는 무척이나 곤혹스런 주제였던 것이다. 독일에서 좌파 지식인의 대표로 인정받아온 그라스의 입장에서는 특히나 '구스틀로프' 호 침몰이 중심 소재가 되는 작품을 집필한다는 것이 무척이나 힘든 결정이었을 것이다.

전쟁의 피해자로서의 독일인과 연관된 소재를 다루는 작품이기 때문에 윤리적으로 몹시 난처한 입장에 처할 수밖에 없었던 작가 그라스가 이 소재를 윤리적으로 뿐만 아니라 문학적으로도 타당하게 전달하기 위해 어떤 서술기법을 효과적으로 사용하고 있는가를 규명하고, 나아가 환상과 현실이 변증법적으로 상호 작용하면서 만들어내는 그라스 작품 특유의 "환상적 리얼리즘"의 특성과 매력을 밝히는 것이 이 집필의 목적이다.

노벨레 『게걸음으로』를 독자들이 어떻게 읽는가 하는 것이 가장

중요한 문제이다. 비록 허구이기는 하지만 3대에 걸친 세대 간의 갈등을 사실적으로 그려내고 있는 『게걸음으로』를 단지 먼 나라 독일만의 이야기로 읽어서는 결코 바람직한 독서가 될 수 없을 것이다.

일본의 식민지 시대, 6·25 한국전쟁, 군사독재시대를 살아왔으면서도 철저한 과거청산을 하지 못한 채 여전히 친일파의 멍에 등 숱한 역사적인 멍에에서 벗어나지 못하고 있는, 그리고 특히 세월호 참사와 촛불 혁명 이래로 사회적 분열과 갈등이 증폭하는 격변의 시대를 살고 있는 우리 자신의 이야기로도 읽어낼 수 있을 때에만 비로소 생산적인 독서가 가능할 것이다.

어려운 출판 여건 속에서도 이 책의 출판 계획을 수용하고 오랫동안 인내심을 갖고 원고를 기다려 준 전북대학교출판문화원 관계자 여러분에게 감사드린다. 이 책이 멋진 모습으로 세상에 선보이게 되리라 기대한다.

여러 가지로 부족하지만 이 책이 비록 제한적이나마 그라스의 전체 문학 세계를 이해하는 데 자그마한 도움이나마 되기를 바라며, 현명한 독자 여러분의 질타를 기대한다.

마지막으로, 이 책의 저술 작업 때문에 시간에 쫓겨 공연히 짜증만 내곤 하던 필자를 이해하고 늘 따뜻한 사랑으로 감싸준 아내에게 이 자리를 빌려 고마운 마음 전하며 이 책을 바친다.

2019. 10.

동천동 우거에서 박병덕

목 차

Ⅰ. 머리말

노벨레 『게걸음으로』[1]는 그라스가 1999년 노벨문학상을 수상한 이후 내놓은 첫 번째 작품이다. 제Ⅲ장 제2절에서 자세히 다루겠지만, 이 작품은 출간되기 전부터 이미 세간의 지대한 관심을 끌었으며, 2002년 2월 4일 출간되자마자 평단의 전반적인 호평과 독자들의 적극적인 관심과 호응에 힘입어 독일 국내뿐만 아니라 다른 여러 나라에서도 가히 폭발적인 관심을 불러일으키며 상당히 오랜 기간 동안 베스트셀러에 올랐다. 거기에는 여러 가지 이유가 있을 테지만, 독일에서 좌파 지식인을 대표하는 작가 그라스가 그때까지 금기시되어 온 희생자로서의 독일인 문제라는 우파들의 단골소재를 문학작품에서 본격적으로 다루었다는 사실이 적잖이 작용했다고 보아도 무방할 것이다.

이 노벨레의 중심 소재는 나치 선박 '빌헬름 구스틀로프Wilhelm Gustloff' 호의 침몰 참사이다. 1945년 1월 30일 밤, 1만여 명의 피난민과 군인을 태운 빌헬름 구스틀로프 호가 발트 해상에서 소련 잠수함의 어뢰 공격을 받아 침몰되는 비극적인 사건이 발생한다. 이 사건은 세계역사상 가장 큰 해상 참사로 사망자가 무려 9천 명 이상인 것으로 알려져 있다. 사망자가 1,500명 수준인 타이타닉 호 사

1 G. Grass: Im Krebsgang. Eine Novelle, Göttingen 2002. 앞으로 이 작품에서 인용할 경우 인용문 뒤에 (IK, 쪽수)를 병기하고 독일어 텍스트는 생략한다. 다만, 우리말 번역이 독일어의 함축된 의미를 충분히 전달하기 어렵거나 또는 오해의 소지가 있을 경우에는 독일어를 병기한다.

고가 할리우드 영화를 통해 선박 참사의 상징이 되고 있는 것과는 달리, 빌헬름 구스틀로프 호 사건은 희생자인 독일인에게조차 상당히 오랫동안 거의 망각 속에 묻혀 왔었다. 그것은 전쟁을 일으킨 장본인으로서 인류에게 실로 끔찍한 만행을 저지른 독일민족을 전쟁의 가해자로서가 아니라 전쟁의 희생자로서 받아들이는 것이 금기시되었기 때문이다. 빌헬름 구스틀로프 호 참사야말로 거의 반세기 동안 독일에서 철저히 금기시 되어 온 주제인 희생자로서의 독일인 문제를 상징적으로 가장 확실히 보여주는 사건이다. 따라서 "오늘날 독일에 대해 심사숙고하고 독일 문제에 대한 답을 찾고자 하는 자는 아우슈비츠를 함께 생각해야 한다."[2]고 주장하며 독일의 역사적 죄과에 대한 반성과 청산을 누구보다 강조해 온 대표적인 독일 좌파 지식인 그라스가 극우파들의 단골메뉴인 이 주제를 다룬다는 것은 참으로 엄청나게 큰 부담이었을 것이다.

빌헬름 구스틀로프 호가 러시아 잠수함에 의해 침몰한 사건을 작품화한다는 것은 그라스로서는 문학적으로 접근하기 위한 방식을 찾기가 어려웠고 그런 만큼 시간이 무척 오래 걸리는 작업이었다.[3] 문학적인 문제는 차치하더라도 아무튼 윤리적, 정치적으로는 엄청난 파장을 불러일으킬 수밖에 없는 작업이었다. 나치독일의 엄청난 만행을 생각할 때 가해자인 독일인의 비극을 문학작품으로 복원하는 것이 윤리적, 정치적으로 과연 가당키나 한 일인가. 독일인의 고

2 G. Grass: Kurze Rede eines vaterlandslosen Gesellen In: Die Zeit. 9.2.1990 Nr. 07.

3 Vgl. http://www.spiegel.de/kultur/literatur/0.1518.217571.00.html.(G. Grass: "Ich glaube, wir haben unsere Lektion kapiert", Spiegel Online) 10-10-2002.

통을 강조함으로써 자칫 독일인들이 자신들의 과오를 상대화시키고 나아가 잘못된 민족의식을 불러일으키는 결과를 초래하는 것은 아닐까. 이러한 우려는 그라스가 작품을 쓰는 내내 가장 신경을 쓸 수밖에 없는 문제였을 것이다.

독일인의 희생자로서의 사적 기억은 문학적, 역사적 기억, 즉 공적 기억으로 충분히 발현되지 못했다. 하지만 6백만 명에 이르는 유대인 대량학살을 비롯하여 온 인류에 엄청난 만행을 저지른 가해자로서의 독일인들이 전쟁의 희생자로서 당한 비극을 문학적으로 서술한다는 것이 윤리적으로 과연 타당한 것일까? 더구나 1990년 독일 재통일[4] 이후 네오나치즘의 부활과 국수주의적인 풍조가 팽배한 상황에서 희생자로서의 독일인 문제를 부각시킬 때 자칫 심각한 부작용을 야기하지는 않을까? 독일인의 희생자로서의 기억을 환기시킴으로써 독일민족이 전 인류에 저질렀던 스스로의 범죄 행위를 상쇄시키려는 우익집단과 그에 동조하는 정치가들의 왜곡된 태도에 대해 반대 입장을 분명히 밝혀온 그라스로서는 이런저런 온갖 우려를 할 수밖에 없었을 것이다.

---

4 독일은 1871년 프로이센의 철혈재상 비스마르크(Otto von Bismarck, 1815-1898)에 의해 제1차 통일이 이루어졌다. 그 후 제2차 세계대전에서 패한 후 연합국에 의해 1945년 동서로 분단되었다. 따라서 1990년에 이루어진 통일은 재통일인 셈이다. 그러나 오해의 소지가 없을 경우에는 앞으로 "독일통일"로 사용할 것이다.

1. 저술의 목적과 필요성

이 연구의 일차적 목적은 그라스가 이 곤혹스런 테마를 윤리적, 정치적, 그리고 특히 문학적으로 충분히 타당한 것으로 전달하기 위해 『게걸음으로』에서 과연 어떤 서술기법을 효과적으로 적절하게 사용하고 있는가를 밝히는 데 있다.

작품 출간 이후 독일을 비롯하여 유럽의 여러 나라, 그리고 미국 등지에서는 이 작품에 관한 연구가 꾸준히 비교적 활발하게 진행돼 왔으며, 작품의 전체 구조와 의미를 밝히고 작품을 총체적으로 이해하는 데 도움을 줄 수 있는 박사학위 논문들을 비롯하여 폭넓고 깊이 있는 연구 성과들이 적잖이 나와 있다.

그런데 우리나라에서는 작품에 대한 번역은 매우 신속하게 이루어져 2002년 5월 25일 세계 최초로 번역본이 출간된 반면에, 관련 논문은 10편에도 미치지 못할 정도로 작품에 대한 연구는 아주 부진한 상태를 벗어나지 못하고 있는 실정이다. 작품을 총체적으로 이해하는 데 필요한 폭넓고 깊이 있는 학술서적은 고사하고 일반 독자들의 작품 이해를 돕기 위한 간단한 해설서조차 출판된 적도 없다.

이런 상황에서 『게걸음으로』에 관한 기존의 연구 성과를 토대로 이 작품, 나아가 그라스의 삶과 전체 문학 세계를 이해하는 데 도움을 줄 수 있는 책을 집필, 출간하는 것은 필요한 작업일 뿐만 아니라 그 의미도 결코 작지 않을 것이다.

2. 저술 내용과 연구 방법 및 기대효과

"소설이 나름대로 독특하고 고유한 방식으로 문학일 수 있는 가능성은 특별한 세계 영역, 즉 특별한 소재의 묘사에 있는 것이 아니라, 한 소재의 언어적 형식화와 서술적 형상화에 있다."[5] 그리고 "한 소설에서 서술양식과 서술형식은 표현수단일 뿐만 아니라 형상화 과정 자체에서 결정적인 요소이기도 하다."[6]

소설에 관한 이런 발언들이 물론 크게 틀리다고 할 수는 없다. 그렇지만 작가가 창조적 상상력을 통해 경험적 현실을 예술적 현실로 고양한 언어 예술의 하나인 소설을 작품 외적인 요소들과는 전혀 무관한 소위 "자율적 통일체"[7]라고 단언하는 것은 결코 바람직하지 않으며, 또 그렇게 보아서도 안 될 것이다. 더구나 그라스의 경우처럼 작품 속에 작가 자신의 자전적 현실뿐만 아니라 역사적인 사건과 인물들, 지리적 환경 등을 비롯한 사실적 요소들이 현저하게 몽타주 되어 있고, 또한 기존의 문학전통들도 폭넓게 인용되고 있는 경우, 작품을 제대로 이해하기 위해서는 작품 내재적인 요소뿐만 아니라 작품 외적인 요소들도 함께 고려하는 것이 바람직하다. 문학 연구의 궁극적 의의는 문학 작품을 제대로 이해하고 평가하는 데 있기 때문이다.

---

5 F. K. Stanzel: Typische Formen des Romans. 8. Aufl., Göttingen 1976, S. 5.

6 Ebda., S. 6.

7 Vgl. W. Kayser: Das sprachliche Kunstewerk. Eine Einführung in die Literaturwissenschaft, 5. Aufl., Bern 1959, S. 35.

따라서 이 글은 서술구조와 서술방식, 서술차원과 서술태도, 언어와 문체, 몽타주와 패러디, 동시성의 기법 등 작품 내재적인 형식적 요소와 서술기법들뿐만 아니라 작가 그라스의 현실참여와 전체 문학 세계, 나아가 그라스 문학을 특징짓는 "환상적 리얼리즘"의 세계를 표현하는 데 가장 적절한 문학 수단인 동화적 서술방식과 그 토대가 되는 작가의 현실개념과 역사관, 그리고 『게걸음으로』의 서술의도와 작가의 자전적 체험, 역사적 사실과 시대 상황 같은 작품 외적인 요소들도 유기적으로 연관시켜 다각적으로 분석할 것이다. 이런 분석을 통해 궁극적으로는 『게걸음으로』에 나타난 환상과 현실의 변증법적 상호 작용의 매력은 과연 무엇인가를 밝힐 것이다.

제Ⅱ장에서는 그라스의 삶과 전체 문학세계에 관해 간략하게 살펴볼 것이다. 제1절에서는 소시민 계층 출신인 그라스가 어떤 계기와 과정을 통해 민주시민으로서 현실정치에 뛰어들게 되고 줄곧 행동하는 양심으로서의 역할을 해왔는가, 그가 살아온 삶의 역정을 살펴볼 것이다. 제1항에서는 어린 시절에 겪은 나치 체험을 통해 그라스가 사회민주주의자의 길을 걷게 된 이유와 그 과정을 살펴보고, 제2항에서는 작가 그라스가 문학과 정치의 관계에 대해서는 어떤 입장을 지니고 있는가를 밝히고, 나아가 그가 민주시민으로서 정치 및 사회 현실에 어떻게 참여하고 어떤 활동을 해왔는가에 대해 살펴볼 것이다. 제3항에서는 그라스가 독일통일을 전후하여 왜 줄곧 비판적인 입장을 보여 왔던가, 그 이유를 중심으로 그의 통일관을 살펴보고, 여전히 남북이 분단된 현실에서 살고 있는 우리 한반도의 바람직한 통일 방법에 관해 그라스의 조언을 참고하여 제시할 것이다. 제2절에서는 그라스의 주요 작품들에 관해 간략한 내용과 전체 문학세계의 특징에 관해 소개할 것이다. 제1항에서는 환상적 리얼리즘의 문학세계의 특징을 그의 현실개념과 역사관, 동화적 서술방식과 결부시켜 살펴보고, 제2항에서는 그라스의 잃어버린 고향 단치히가 그의 문학에서 어떤 비중과 의미를 지니고 있는가를 밝히며, 제3항에서는 그라스의 또 하나의 예술적 재능인 조형예술적 능력을 비유적인 언어 표현과 결부시켜 글쓰기와 그림그리기의 상호작용과 그 기능 및 의미를 살펴볼 것이다.

제Ⅲ장에서는 작품의 서술의도와 수용사 및 연구상황을 고찰할 것이다. 제1절에서는 그라스가 이 작품을 서술하게 된 의도를 나치 시절 빌헬름 구스틀로프 호 침몰 참사와 연관된 피해자로서의 독일인 문제라는 사회적 타부[8]의 문학적 형상화와 연관시켜 밝히고, 제2절에서는 독일을 중심으로 외국에서의 작품 수용사 및 연구 상황을 소개하고, 아울러 우리나라에서 이루어진 수용사 및 연구 상황을 소개할 것이다.

제Ⅳ장에서는 서술구조 및 언어의 특징을 분석할 것이다. 제1절에서는 일인칭 서술자의 기능과 서술상황을 분석하고, 제2절에서는 안쪽 이야기와 바깥 틀 이야기[9]로 이루어진 액자구조와 다층적인 서술차원을 밝힐 것이다. 제3절에서는 이 노벨레에 제목을 부여

8 타부란 어떤 행동을 하지 못하게 하거나 또는 어떤 것에 관해 말하지 못하게 하는 문화적이고 집단적인 금지를 의미한다. 타부를 어기면 일반적으로 종교적, 사회적 또는 법적인 제재를 받게 된다. Vgl. Wolfgang Braungart: Tabu. In: Jan-Dirk Müller(Hrsg). *Reallexikon der deutschen Literaturwissenschaft, neue Bearbeitung. Bd* 3. Berlin 2003, S. 570-572. hier S. 570.

9 앞으로 안쪽 이야기는 내화(內話)로, 바깥 틀 이야기는 외화(外話)로 통일해서 사용한다.

한 소위 “게걸음”의 서술방식의 특징을 밝히고 나서, “믿을 수 없는 서술자”의 존재와 연관시켜 회의적인 서술태도의 특징을 밝힐 것이다. 그리고 제4절에서는 서술자 파울의 보고체 언어, 툴라의 사투리, 그리고 콘라트헨의 이념적인 선동 언어, 작가 그라스의 분신이라고 볼 수 있는 작중인물 ‘그 양반’의 충고하고 명령하는 투의 언어, 그리고 특히 비유적인 언어 표현을 중심으로 언어의 특성에 관해 고찰할 것이다.

제Ⅴ장에서는 이 노벨레의 중심플롯인 빌헬름 구스틀로프 호 침몰, 그리고 그 참사와 직간접적으로 연관된 작중인물들에 관해 살펴보게 될 것이다. 제1절에서는 빌헬름 구스틀로프 호 침몰을 전후한 역사적 사건들과 관련 인물들에 관해 살펴볼 것이다. 제2절에서는 인류역사상 가장 큰 선박참사라는 이 배의 침몰과 직간접적으로 연관된 역사상 실재한 작중인물들에 관해, 나치당 간부 빌헬름 구스틀로프, 그를 살해한 유대 청년 다비드 프랑크푸르터, 그리고 그 배를 어뢰로 침몰시킨 소련 잠수함 함장 알렉산더 마리네스코 3인을 중심으로 살펴볼 것이다. 제3절에서는 선박 침몰과 연관된 허구적인 작중인물들에 관해, 포크리프케 집안의 3대에 걸친 인물들, 즉 그 배가 침몰하던 당시에 그 배에 타고 있다가 목숨을 건진 생존자 툴라 포크리프케(제1세대), 그녀의 아들 파울 포크리프케(제2세대), 그녀의 손자이자 파울의 아들인 콘라트 포프리프케(제3세대)를 중심으로 살펴볼 것이다.

제Ⅵ장에서는 이 작품에 나타난 현실과 환상의 변증법적 상호작용의 특징과 그 매력에 관해 밝힐 것이다. 제1절에서는 작품에서 광범위하게 사용되고 있는 몽타주기법에 관해 분석할 것이다. 제1

항에서는 역사적 사실, 일상적 현실, 자전적 현실 등 사실적 요소들이 작품에 어떻게 몽타주 되고 있으며, 그 기능과 의미는 무엇인가를 밝히고, 제2항에서는 작품에 주도적으로 사용되고 있는 동시성의 기법의 기능과 의미를 특히 사실적 요소들과 허구적 요소들의 병렬 제시와 연관시켜 밝힐 것이다. 제2절에서는 문학과 영화 등 다양한 분야의 예술 전통이 이 노벨레에 생산적으로 수용되고 있는 양상을, 제1항에서는 상호텍스트성과 연관해서, 그리고 제2항에서는 상호매체성과 연관해서 밝힐 것이다. 그리고 제3절에서는 인터넷의 가상공간에서 시작된 역할극이 실제 현실에서 살인으로 이어지는, 콘라트의 모방범죄의 문제를 비극적 역사의 반복이라는 관점에서 패러디 기법과 연관하여 살펴볼 것이다.

제Ⅶ장 맺음말에서는 전쟁 희생자로서의 독일인 문제를 다룬 노벨레 『게걸음으로』 역시 과거청산이라는 심각한 주제를 다룬 역사·시대비판 소설의 성격을 지닌 '단치히 3부작'의 전통 속에 있음을 우선 재확인할 것이다. 주제가 심각한 작품의 경우 교훈적 요소가 부각됨으로써 자칫 독서의 재미를 앗아가 버리는 상황에 빠질 수도 있는데, 이 노벨레는 주제의 심각성에도 불구하고 무척 흥미롭게 읽히는 이유는 바로 거장 그라스의 치밀하고 탄탄한 구성능력과 이야기꾼으로서 탁월한 언어능력, 그리고 사실(fact)과 허구(fiction)가 절묘하게 어우러진 팩션(faction)으로서의 특성 덕분이다. 그리고 두드러지게 사용되고 있는 메타픽션, 상호텍스트성과 상호매체성 등도 이 작품의 매력을 더해주는 요소이다. 따라서 『게걸음으로』에 나타난 여러 특징들을 포스트모더니즘 문학의 이론적인 논의와 연관해서 살펴보기로 하겠다. 결론적으로 『게걸음으로』에 엄청난 탄력성과 시적인 생명력을 부여하는 것은 사실과 허구의 끊임없는 변증법적 상호 작용임을 밝힐 것이다.

이 연구결과의 기대효과는 다음과 같다

1. 그라스는 『양철북』[10]이 세계적인 성공을 거둔 이래로 줄곧 전후 독일문학을 세계 수준으로 끌어올린 위대한 서사작가라는 평가를 받아왔으며, 1999년 노벨문학상을 수상함으로써 문학적 능력을 명실 공히 세계적으로 인정받았다. 그의 작품들은 독일 내에서만 독자들의 사랑을 많이 받고 있는 것이 아니라, 거의 모든 작품들이 여러 언어로 번역되어 나옴으로써 특히 미국을 비롯한 외국의 여러 나라들의 독자들에게도 널리 읽히고 있다. 그리고 다른 언어권의 동료작가들로부터도 주목받고 존경받는 대상이기도 하다. 세계적인 명성을 지닌 존 어빙John Irving이나 살만 루시디Salman Rushdie 같은 작가들조차 전혀 망설임 없이 그라스에게서 글 쓰는 것을 배웠다고 고백할 정도이다.[11]

이처럼 세계 문단에서 비중 있는 작가의 대표적인 한 작품을 분석해 소개하는 것은 그 자체로도 독자의 문학적 안목을 높여줄 뿐만 아니라 나아가 우리나라 작가들의 창작 작업에도 많은 도움을

---

10 G. Grass: Werkausgabe in zehn Bänden, Hg. von Volker Neuhaus, Darmstadt und Neuwied 1987. Band Ⅱ. 앞으로 10권으로 된 이 선집에서 인용할 경우 인용문 뒤에 (WA 권수, 쪽수)로 병기하며, 번역에 특별히 오해할 만한 여지가 없을 경우에는 독일어 텍스트는 생략한다.

11 Vgl. D. Hermes/V. Neuhaus(Hg.): Günter Grass im Ausland. Texte, Daten, Bilder. Frankfurt a. M. 1990. S. 9-11.

줄 수 있을 것이다. 더구나 『게걸음으로』는 테마와 작중인물, 줄거리 등이 『개들의 시절(Hundejahre)』을 비롯한 그라스의 여러 작품들과 긴밀하게 연관된 상호텍스트성이 잘 나타나 있는 작품이다. 따라서 이 연구는 『게걸음으로』의 이해를 넘어 그라스의 전체 문학 세계를 이해하는 데 적잖은 도움을 줄 수 있을 뿐만 아니라, 나아가 그라스의 문학적 가치를 평가하는 데 좋은 길잡이 노릇도 할 수 있을 것이다.

2. 그라스는 계몽적인 이성에 토대를 둔 정치와 상상력에 토대를 둔 문학을 엄격히 구분한다. 따라서 그는 자신이 시민으로서 현실정치에 참여한 것이지 작가로서 참여한 것은 아니라고 말한다. 소위 "현실 참여 작가"로 불리는 그라스가 문학을 단지 사회변혁의 도구로 보는 사회주의 리얼리즘을 비롯한 경향문학을 부정적으로 보는 것은 바로 이런 이유 때문이다. 그는 현실에 대한 비판은 문학의 다양한 기능들 가운데 하나에 불과하며 문학의 본질적 기능은 상상력과 환상에 토대를 둔 예술성을 통해 현실 사회에 총체적으로 참여하는 데 있다고 생각한다. 작가의 이런 문학관, 그의 현실정치 참여 등에 관한 정보를 제공함으로써, 독자들로 하여금 "문학이란 과연 무엇인가?" 하는 문학의 본성 및 기능 등의 문제에 대해 성찰할 수 있는 계기를 마련해 줄 수 있다.

3. 그라스의 역사관에 대한 이해는 그의 작품을 제대로 이해하는 데 관건인데도 기존 연구들은, 그의 작품에서 '역사'라는 요소가 중요한 역할을 하고 있다는 사실만을 거듭 강조하고 있을 뿐, 그의 역사 개념이 작품에 어떻게 반영되어 있는지에 대해서는 작품의 테마와 서술기법과 연관해 구체적으로 다루고 있지 않다. 그라스의 독

특한 역사관을 살펴보고, 그것이 소설에 어떻게 반영되어 있는지를 고찰하는 것은 문학과 역사의 다면적인 상호관계를 새로운 시각을 통해 숙고할 수 있는 좋은 계기를 제공해 줄 수 있다. 허구적 상상력에 바탕을 둔 문학이 사실에 바탕을 둔 역사 기록을 왜곡함으로써 그것과 대립 관계에 있는 것이 아니라 오히려 그 이면에 숨겨진 진실의 공백을 메움으로써 사실은 역사의 기록을 보완하는 기능을 한다는 것을 알 수 있다.

4. 이 연구는 특히 문학교육의 측면에서도 유용한 자료를 제공해 줄 수 있다. 문학을 전공하지 않은 독자의 경우 대체로 허구적인 일인칭 서술자와 실제의 작가를 동일시하는 경향이 있다. 이 노벨레에서는 일인칭 서술자에게 문학적 충고를 하는 메타픽션 차원의 허구적 작중인물인 "그 노인장"이 마치 실제 작가 그라스의 분신처럼 그라스와 많은 유사점을 보이고 있다. 그러나 아무리 많은 유사점이 있다 하더라도, 허구적인 작중인물을 실제 작가 자신과 동일시해서는 안 된다. 또한 이 작품은 언뜻 보면 연대기적 서술 형식을 취하고 있는 것처럼 보이지만 내적으로는 동시적인 서술방식이 주도적으로 사용되고 있다. 동시성의 기법을 분석하는 것은 결국 흔히 시간예술로 분류되는 문학이 공간예술로 분류되는 영화의 몽타주 기법을 어떻게 효과적으로 이용하고 있는가를 밝히는 일이다. 이 연구는 다매체 시대에 어떻게 하면 문학이 서술기법을 확대하여 살아남을 수 있는가 하는 문제와 관련해 영화를 비롯한 다른 예술 분야의 장점을 창조적으로 이용할 수 있는 가능성에 대해 숙고할 수 있는 좋은 계기를 제공할 것이다.

5. 이 연구 결과는 우리나라뿐만 아니라 세계적으로도 한때 중요

한 화두로 떠올랐던 포스트모더니즘의 개념에 관해 비교적 명확하게 이해할 수 있는 계기를 마련해줄 것이다. 사실 포스트모더니즘은 이론적인 논의는 무성했지만 명확한 정의마저 내려지지 않은 채 이제는 그 개념마저 점점 모호해지고 있는 실정이다. 이렇게 된 가장 큰 이유로 그 논의가 구체적인 작품 분석에 바탕을 두지 않고 이루어졌다는 점을 들 수 있다. 물론 하나의 예술작품을 오직 포스트모더니즘이라는 추상적인 개념의 틀 속에 집어넣어 그 특성과 가치를 논할 수는 없다. 『게걸음으로』도 포스트모더니즘의 개념으로만 파악할 수 있는 그런 단순한 작품이 아니다. 하지만 메타픽션적 성격, 상호텍스트성과 상호매체성 등 포스트모더니즘에서 논의되었던 특성들이 두드러지게 사용되고 있는 것 또한 사실이다. 따라서 포스트모더니즘의 특성들이 이 작품에 어떻게 나타나고 있는가를 구체적인 예를 통해 밝힘으로써 그 개념에 관해 비교적 명확하게 이해할 수 있도록 해줄 것이다.

Ⅱ. 그라스의 삶과 문학세계

1. 그라스의 삶

귄터 그라스는 1927년 10월 16일 자유시 단치히Danzig(현재는 폴란드령 그단스크Gdańsk)의 교외 랑푸르Langfuhr에서 태어나, 2015년 4월 13일 북부독일의 뤼베크Lübeck에서 삶을 마친 전후 독일의 대표적인 작가이다.

그는 독일이 걸어온 길을 언제나 깨어있는 눈으로 지켜보면서 현실에 비판적으로 참여하는 입장을 꾸준히 견지해왔다.

그는 문학작품을 통해 나치 치하 어두운 과거의 청산·극복 문제, 전후 독일의 여러 가지 사회적 문제, 여성 문제와 인구 문제 및 식량 문제, 지식인의 현실 참여 문제, 환경 파괴로 인한 인류의 미래 문제 등 다양한 주제에 관해 심도 있게 다루었으며, 특히 1990년 10월 3일 독일통일을 전후한 과정에서는 서독에 의한 동독의 일방적인 흡수 통일 방식과 급진적인 과정에 대해 경고하기도 했다. 그는 또한 공개서한, 연설과 강연. 인터뷰와 토론 등의 방식과 기회를 통해서도 독일 사회가 직면한 여러 가지 문제에 대해 자신의 입장을 적극적으로 표명해왔다. 독일 연방총리 키징어Kurt Kiesinger(1904-1988), 유엔사무총장을 지낸 오스트리아 대통령 발트하임Kurt Waldheim(1918-2007)의 나치 전력, 보수적인 거대 언론재벌 슈프링어[1]의 극우적인 파쇼적 행태, 그리고 68운동의 폭력화 등

---

1 슈프링어(Springer)는 산하에 「디 벨트(Die Welt)」, 「빌트(Bild)」, 「베를리너 모르겐포스트(Berliner Morgenpost)」, 「함부르거 아벤트블라트(Hamburger Abendblatt)」 등을 거느리고 있다.

에 대해 강도 높게 비판했으며, 노동자의 경영 참여, 브란트의 동방 정책[2]에 대해서는 적극적인 지지를 아끼지 않았다. 그는 수 백 회에 이르는 선거유세에 직접 연사로 나서 사회민주당을 지원하는 등, 정치 현실에 직접 뛰어드는 행동도 서슴지 않았다.

그는 독일 국내의 정치적·사회적 문제에만 국한해 발언하고 행동한 것이 아니라, 범세계적 차원의 온갖 문제에 대해서도 평화와 인권이라는 보편적 가치를 지키기 위해 치열하게 싸웠다. 반핵운동을 비롯한 환경운동, 난민들을 위한 국제인권운동은 물론이고, 정치적·종교적 이유 등으로 박해받는 작가와 지식인에 대한 국제적인 연대 활동[3], 소련의 체코 침공, 미국이 개입한 베트남 전쟁, 이라크 전쟁, 아프가니스탄 전쟁 등 모든 전쟁에 대해 반대하는 반전 평화운동, 특히 신자유주의라는 세련된 형태의 야만적 횡포에도 맞서

---

2 브란트(Willy Brandt, 1913-1992)는 서독의 제4대 연방총리(1969-1974)을 지낸 사회민주당 소속 정치인이다. 그가 1970년 폴란드를 방문하여 무명용사의 묘에 참배하던 중 갑자기 무릎을 꿇고 과거 나치 독일이 저지른 잘못을 사죄한 일화는 유명하다. 동독과 서독의 상호 인정, 무력에 의한 국경선의 변경과 무력 통일 포기가 핵심인 동방정책으로 1971년 노벨 평화상을 수상했다. 브란트는 총리 재직 시절 총리집무실에 근무하는 비서 기욤(Günter Guillaume, 1927-1995)이 동독 스파이로 밝혀짐으로써 정치적 책임을 지고 퇴진하지만 그 후에도 활발한 정치 활동을 했다.

3 그라스는 한국 문학과도 인연이 깊다. 그는 과거 독재 시절 검열과 문인 투옥으로 점철된 한국의 문학 상황에 대해서도 동료 작가로서 비판과 연대활동을 아끼지 않았다. 1970년대 시인 김지하가 투옥되어 있었을 때, 각국의 문인들과 함께 그의 구명을 위한 서명에 참여했다. 1985년 함부르크에서 열린 국제펜클럽 대회의 기조연설에서 그라스는 당시 연행되어 있던 소설가 황석영의 처지를 거론하면서 표현의 자유가 침해되는 한국의 상황에 우려를 표현했다. 그리고 1994년 11월 우리나라의 민족문화작가회의 창립 20돌을 축하하는 메시지에서 그는, "문필의 자유란 모든 민주주의에서 가장 값진 재화"라며 "작가 황석영의 석방과 복권을 강력히 요구한다."고 밝히기도 했다.

치열하게 싸운[4] 행동하는 양심이었다.

현실에 적극적으로 참여해온 지식인 작가로서 그라스가 과연 어떻게 평가를 받았는가는 언론의 판단과 여론조사 결과만 보아도 충분히 확인할 수 있다.

1990년 2월 26일 「뉴스위크Newsweek」지는 독일통일을 이루는 데 중요한 역할을 하게 될 "권력엘리트"의 대표자로 동독과 서독에서 각각 10인을 꼽았는데, 서독작가로서는 유일하게 그라스를 꼽으면서, 그에게 "『양철북』을 두들겨대는 국가민족주의"를 경고하는 역할을 할당했다.[5]

그리고 2006년 4월 정치문화 월간지 「치체로Cicero」가 독일어권을 대표하는 최고의 지성인 500명을 선정하여 발표하였는데, 그라스가 1위를 차지했다.[6]

이 두 가지 사례만 보더라도 참여작가 그라스에 대한 세간의 평가와 그의 영향력을 충분히 확인할 수 있다.

그라스의 삶과 문학세계에 관해 제대로 이해하기 위해서는 무엇보다도 우선, 그가 소시민 계층 집안 출신이라는 사실에 주목해야 한다.

부계는 대대로 수공업자의 집안이었다. 할아버지 프리드리히 그

---

4 G. Grass/P. Bourdieu: Alles seitenverkehrt. Zivilisiert endlich den Kapitalismus! - Der Literaturnobelpreisträger Günter Grass und der Soziologe Pierre Bourdiesu im Gespräch. In: Die Zeit Nr. 49 1999.

5 D. Hermes/V. Neuhaus(Hg.): Günter Grass im Ausland. Texte, Daten, Bilder. Frankfurt a. M. 1990. S. 7.

6 http://www.stern.de/unterhaltung/buecher/558535.html?nv=ct_mt.

라스Friedrich Grass는 랑푸르의 엘젠슈트라세 거리에서 가구상을 운영했다. 개신교를 믿는 제국 독일인인 아버지 빌헬름 그라스Wilhelm Grass(1899-1979)는 건강상의 이유로 제1차 세계대전에 소집 면제를 받아 지물포紙物鋪 대리점을 운영했다.

모계는 슬라브 족의 일파인 카슈브 계[7] 폴란드인으로, 가톨릭을 믿는 집안이었다. 어머니 헬레네 그라스Helene Grass(1898-1954)는 식료품 가게를 운영했는데, 그 수입으로 가족이 먹고 살 수 있는 형편이 되자 아버지는 지물포를 그만 두고 어머니를 도와 시장에서 물건을 구입해오고, 진열장을 장식하고, 요리를 비롯한 집안일을 도맡아 했다.[8]

소시민 계층이라는 출신 성분, 특히 모계의 혈통과 언어 및 문화, 그리고 종교(가톨릭)는 나중에 그라스의 문학작품에서 매우 중요한 의미를 지니는 요소들이 된다.

그라스 자신이 밝히고 있듯이, 그는 소시민 계층 출신으로서 부르주아도 프롤레타리아도 아닌 중간지대에 서서 자신이 직접 보고 겪은 소시민 사회의 모습을 고스란히 작품 속에 반영한다.

---

7 카슈브는 단치히와 카르트하우스의 주변 지역이다. 카슈브 족의 조상은 포머른(Pommern) 인이다. 그들은 1세기 말엽 게르만 족이 퇴거한 후에 바익셀 강 왼쪽 강안에 정착했으며, 발트해 연안 구릉지대 배후에 있는 모래땅에서 주로 살았다. 그들이 사는 땅은 "해안가에 위치한다"는 의미를 지닌 "포머른"라고 불렸는데, 그들이 입는 모피 옷인 "카슈바"(Kaszwba)의 이름을 따서 폴란드 인들이 그들을 카슈브 인이라고 불렀다. 그들은 서슬라브 족의 일부를 이루지만 독립적인 슬라브계이다. 그들의 고유한 언어인 카슈브 어는 서슬라브 어의 레히(Lech)계에 속하며 폴란드 어와 비슷하다.

8 Vgl V. Neuhaus: Schreiben gegen die verstreichende Zeit. Zu Leben und Werk von Günter Grass, München 1997, S. 6-7.

나 자신이 소시민적 환경에서 성장했습니다. 나는 내가 알고 있는 것, 그리고 내가 보았던 것을 문학적 수단들로써 묘사합니다.[9]

나는 그들의 소시민적 꿈들의 악취를, 그것이 사회주의적이든 기독교적이든, 보수주의적 색채를 띠든 자유주의적 색채를 띠든, 모사하는 것을 특히 좋아합니다. 나도 그런 소시민적 환경에서 자라왔고, 그래서 이러한 악취를 공유하고 있습니다.[10]

여기에서 그가 언급하고 있는 "소시민적 꿈들의 악취"란 바로 나치의 출현을 가능하게 했던 소시민의 기회주의적 삶의 태도, 시대착오적인 비정치적인 현실감각, 속물근성 등을 총체적으로 표현한 것임은 두말할 필요조차 없다.[11]

그가 이런 악취를 모사하는 것을 특히 좋아한 까닭은 바로 자기 자신이 소시민 계층 출신임과 동시에 나치 체제의 희생자였기 때문일 것이다.

(1) 나치 체험과 사회민주주의자의 길

그라스가 살아오면서 몸소 겪은 체험, 특히 나치 체험은 그를 시대

---

9 H. L. Arnold/F. J. Görtz: Günter Grass. Dokumente zur politischen Wirkung, München 1975, S. 47.

10 G. Grass: Über das Selbstverständliche. Politische Schriften, München 1969. S. 129.

11 조영준: 귄터 그라스의 「양철북」-독일소시민사회의 해부-한국학술정보(주) 2004, 129쪽 참조.

의 증인으로서 글을 쓰도록 만든 중요한 요소이다. 이와 관련해 그는 다음과 같이 말하고 있다.

> 나는 정말이지 나의 시대와 더불어 발전하고, 나는 정말로 그 시대에 속해 있다. 그러나 이것은 의무의 문제가 아니라 반영의 문제이다. 나는 이 시대의 산물이고 내가 지닌 가능성들과 수단들로써 이 시대에 반응하고 있다.(WA X, 172)

참여작가 그라스의 문학적 출발은 나치가 전 인류에게 저지른 천인공노할 역사적 범죄에 대한 인식으로부터 시작된 것이라고 볼 수 있다. 그가 문학작품에서 끊임없이 과거를 들추어내는 것은 무엇보다도 "역사를 지나가버린 것으로 내버려두지 않고 그것을 생생하게 보존하기 위해서이다."[12] "작가란 지나가버리는 시간에 맞서 글을 쓰는 사람"(WA IX, 766)인 것이다.

총통 히틀러Adolf Hitler가 독일에서 권력을 장악한 1933년 1월 30일, 그라스는 고작 다섯 살이 갓 넘은 어린아이에 불과했다. 그 당시 단치히는 자유시로서 국제연맹에 의해 관리되고 있었는데, 1939년 제2차 세계대전이 일어난 직후 독일제국에 합병된다.

그러고 나서 그라스 역시 히틀러의 나치 치하에서 일반 젊은이들이 겪게 되는 단계를 거친다. 10세에 나치 소년단(Jungvolk), 14세에 히틀러 청소년단(Hitler Jugend)에 가입하게 된다. 그리고 전쟁이 막바지를 향해 가던 무렵인 1943년 공군보조병으로 입대하고, 15세

---

12 V. Neuhaus: Günter Grass, Die Blechtrommel, München 1982, S. 45.

때 집을 벗어나고 싶은 마음에 U보트 부대에 지원하였으나 거절당한 후 제국노동봉사대 노무자로 일하다가 17세 때인 1944년 11월 10일, 드레스덴에 주둔한 나치 친위대 소속 제10기갑사단에 징집되어 복무한다. 그리고 코트부스에서 부상을 입고 마리엔바트의 군병원에 입원했으며, 45년 바이에른의 미군 포로수용소에 수용되었다가 1946년 전쟁 포로 생활에서 풀려나 임시 노동자 생활, 칼리 광산 광부 생활을 했다.

그는 미국의 시사 잡지 「타임Time」지와의 인터뷰에서 "나 자신이 1945년 말까지도 우리의 전쟁이 옳다고 생각했다."[13]고 밝힌 바 있다. 그러던 그가 나중에 생각을 바꿔 사회민주주의자가 된 동기를 그라스는 다음과 같이 밝혔다.

> 그 후 나는 그곳 칼리 광산에서 이데올로기 없이 사는 법을 배웠다. 일요일 아침마다 히틀러 청소년단의 조회 때 물론 국기와 피와 땅에 대해 선서하던 일들이 아직도 귓가에 쟁쟁했는데, 이번에는 벌써 공산주의자들이 그들의 이데올로기의 헛간에서 꺼내온 비슷하게 먼지 앉은 물건들로써 유혹하려 들었다. 불에 덴 아이로서 나는 조심스럽게, 천년왕국에 대해서도 세계혁명에 대해서도 헛소리를 늘어놓지 않은 과묵한 사회민주주의자들에게 의지했다.[14]

---

13 Time, April 13, 1970. p.74. 권진숙: 그라스의 『양철북』 연구 - 불구적 세계를 중심으로 -. 한국외국어대학교 박사학위논문 1987, 24쪽에서 재인용.

14 G. Grass: Über das Selbstverständliche. Politische Schriften, München 1969, S. 59.

> 점점 더 나에게는, 사람들이 나의 청소년 시절에 저질렀던 일들, 팡파르의 울림과 온갖 감언이설로 덮었던 그것이 분명해졌다. 이제 나는 내 시대의 미래를 위한다는 명목 아래 이루어졌던 그 이해할 수 없는 범죄들을 인식하기 시작했다.[15]

유년기와 청년기에 겪은 나치 체험과 거기서 생겨난 이데올로기에 대한 불신 때문에 그라스는 유토피아적 이데올로기를 내세우는 그 어떤 정치적 주장에 대해서도 지극히 회의적인 눈으로 바라보게 되고, 근본적이고 급진적인 혁명이 아닌 점진적 개혁을 외치는 사회민주주의의 현실주의를 선택했던 것이다.

그가 사회민주주의를 선택하기로 결심하게 된 또 다른 계기는 1949년에 동서독 양쪽에서 실시했던 선거였다. 두 개의 독일, 즉 독일연방공화국과 독일민주공화국[16]에서 선거가 있었을 때, 서독은 자유·비밀 선거 방식을 결정한 반면에 동독에서는 공산주의의 징후 아래에서 나치식의 조작된 선거가 이루어졌다.

> 나는 사민당[17] 당원이 되지는 않은 채, 점진적인 민주적 사회주의를 선택하기로 결정했습니다. 혁명적인 전복이 없고 개선의

---

15 Ebda., S. 114.

16 독일연방공화국(BRD: Bundesrepublik Deutschland)은 통일 이전 구서독의 공식 국가명이며, 독일민주공화국(DDR: Deutsche Demokratische Republik)은 구동독의 공식 국가명이다.

17 사민당(SED)은 독일사회민주당(Sozialdemokratische Partei Deutschalnds)의 약자인데, 앞으로는 계속 '사민당'으로 줄여 사용한다.

> 길 위에서 나는, 유럽 계몽주의의 의미에서, 변화하면서 활동할 수 있는 가능성을 보았습니다.(WA IX, 564)

사회민주주의에 대한 그라스의 입장과 관련하여 특히 중요한 의미를 지니는 것은, 파리 근교 비에브레에서 행한 "사회민주주의에 대한 일곱 가지 테제"(WA IX, 640-644)라는 연설에서 그가 밝힌 일곱 번째 테제이다.

> 무엇보다 중요한 것은 사회민주주의는 도그마가 아니라는 점입니다. 사회민주주의는 어떤 최종목적도 기술하지 않고 있으며 어제의 목표들이 내일은 이미 방해물이 될 수도 있기 때문에 항상 스스로를 다시 새롭게 정의 내려야만 합니다. 맹목적으로 실용적인 면에 치우쳐 꼼지락거리며 구습을 답습하는 것도 유토피아적인 지대地帶로 소풍을 가거나 도망가는 것도 아니며, 이론과 실천의 통일입니다. 이 사회민주주의로써 유럽 계몽주의, 그리고 독단론과 비관용에 맞선 유럽 계몽주의의 투쟁이 다시 새로 시작할 수 있습니다.[...]사회민주주의는 현존하는 것의 영원한 수정을 요구하기 때문입니다. 민주주의와 사회주의의 통합이 자유와 정의에 대한 여러 민족의 수천 년 묵은 갈망과 일치하는 것입니다.(WA IX, 644)

그라스가 사회민주주의의 입장을 갖게 된 또 하나의 중요한 계기는 독일사회민주당의 정치가 슈마허[18]의 연설이었다. 그 후 아데나워[19] 정권 하에서 과거 청산은 뒤로 미루고 오직 경제부흥과 안락함

만을 추구하는 전후 서독의 타락한 정신적 풍토에서 새로운 국수주의가 대두하는 심각한 위기 상황을 느낀 그라스는, 1961년 사민당 연방총리 후보 브란트를 돕는 연방의회 선거전을 시작으로 본격적으로 현실 정치에 뛰어들게 된다.

그라스가 반백년이 넘는 긴 시간 동안 사민당과 맺어온 끈끈한 관계를 간략하게 소개하자면 다음과 같다.[20]

그라스는 1965년 선거부터 본격적으로 사민당 지원유세에 나서 50여개의 선거구를 돌며 유세를 벌인다. 작가가 직접 정치 활동에 뛰어든 것 자체가 정신과 권력, 예술과 정치의 엄격한 분리를 특징으로 하는 독일의 문화적 전통에서는 전례를 찾아볼 수 없는 파격적인 사건이었다.[21] 게다가 그가 지원유세에 나선 사민당 내에서도 일부는 그의 활동을 달갑지 않게 여겼다. 그라스는 보수적인 사

---

18 슈마허(Kurt Schumacher, 1895-1952)는 1946년부터 1952년까지 사민당 당수를 지낸 정치인으로, 1949년부터 1952년까지 독일연방의회(Bundestag)의 사민당 원내대표이자 야당 지도자로서, 아데나워의 정적이었다.

19 아네나워(Konrad Adenauer, 1876-1967)는 서독 초대 연방총리로 1949년부터 63년까지 연방총리를 지냈다. 기독교민주당(Christlich-demokratische Partei: 앞으로는 줄여서 '기민당'으로 사용한다) 당원이며 반공주의자였던 그는 특히 경제부흥에 힘썼고 NATO(북대서양조약기구)의 창설을 지지했으며 전쟁 중 독일의 적대국들, 특히 프랑스와의 관계 개선을 위해 노력했다.

20 김누리: 알레고리와 역사. 귄터 그라스의 문학과 사상, 민음사, 2003. 175-180쪽의 내용을 요약, 정리한 것이다.

21 전통적인 작가관에 대한 그라스의 반발심도 그가 정치활동을 하게 된 이유 중에 한 가지였던 것 같다. 이와 관련하여 그라스는 자신이 정치활동에 참여하게 된 동기를 1972년에 다음과 같이 털어놓았다. "60년대 초부터 저는 정치적인 허드렛일을 하기 시작했습니다. 왜냐하면 작가는 민족의 양심이고, 정치라는 천박한 세계로 내려가서는 안 된다는 터무니없는 견해가 그 엘리트주의적 성격 때문에 지극히 거슬렸기 때문입니다."(WA IX, 565)

람들로부터 신성모독을 일삼는 포르노 작가로 비난받고 있었고, 그가 주장하는 몇몇 정책 사안들이 당의 공식적 입장보다 앞서 나갔기 때문이다. 아무튼 그라스의 이런 초기의 정치 활동은 폭넓은 영향을 미치지는 못했지만, 많은 시민들의 정치적 수동성과 무관심을 깨는데 크게 기여했으며. 그가 나중에 얻게 된 정치적 영향력의 토대가 되었다.

그라스가 사민당을 무조건 지지한 것은 아니었다. 1966년 기민당의 키징어를 연방총리로 사민당의 브란트를 부총리 겸 외상으로 하는 연립정권이 들어서자, 그라스는 두 거대 정당의 대연정(Große Koalition)에 단호히 반대했으며 브란트에게 대연정 참여를 비판하는 공개편지를 보낸다. 브란트도 공개편지를 통해 당원이 아닌 그라스의 신분을 빗대어 "사회민주당의 심장은 당 밖에서 고동치지는 않는다."고 반박한다. 브란트와의 이 최초의 불화에도 불구하고 그라스는 1969년 총선에 다시 사민당을 위해 뛰어든다. 대연정 이후, 특히 68 학생운동의 소용돌이 속에서 사민당이 처한 힘든 상황이 그라스가 다시 사민당을 위해 나선 동인이 되었다.

1968년에 그라스의 주도로 사회민주주의 유권자연합이 결성되었고, 사민당 지도부도 그해 11월 이 연합을 공식적으로 인정했다. 이로써 그라스는 공식적 위상을 가지고 선거전에 참여하게 된다. 그는 1969년 3월부터 9월까지 무려 190여 곳의 유세장에서 연사로 나서, 혼신의 힘을 쏟아 선거운동을 펼친다. 그라스가 이 선거유세에서 강조한 것은 무엇보다도 참여민주주의였다. 그는 특히 유권자가 후보 공천과정에 참여해야 한다고 주장하고, 참여민주주의의 핵심은 바로 공동결정에 있다고 역설했다.("우리 사회의 모든 분야에서 공동결정을 이루어야 합니다. 공동결정은 교육개혁, 노조개혁, 그리고 무엇보다도 연방의회에서의 세력 관계의 변화가 동시에 진행되어야만 가능합니다.")

1969년 선거는 사민당의 근소한 승리로 끝나고 이로써 전후 20년 만에 처음으로 사민당 정권이 들어서게 되었다. 그라스는 브란트와 함께 새로운 독일의 상징적 인물이 된다. 1970년 3월에는 브란트 수상의 역사적인 동독 방문에 동행하고, 12월에는 브란트의 폴란드 방문을 함께하여 유대인 추모비 앞에 브란트가 무릎을 꿇는 역사적인 장면을 직접 목도하기도 한다.

1972년 브란트에 대한 불신임 투표가 부결된 후 앞당겨서 치러진 총선에서도 그라스는 130회에 걸쳐 유세에 참여한다. 이 선거에서 사민당이 압승함으로써 그라스는 정치적으로 절정기를 맞게 된다. 하지만 그는 이 시점을 자신이 물러날 순간으로 파악한다. "원하던 일이 이루어졌으니 이제 분명히 한 발짝 물러서려 합니다. 많은 사람들이, 특히 몇 년 전부터 끊임없이 질문해온 기자 분들이 놀라실지 모르겠지만 저는 장관이나 뭐 그런 것이 되고 싶다는 생각을 한 적이 없습니다. 저에게는 원래의 직업으로, 그러니까 작가로, 화가로 돌아가는 것이 아주 중요하다는 것을 이해해주시기 바랍니다."

1974년 5월 브란트는 총리실 비서 기욤이 동독 간첩임이 밝혀진 사건에 책임을 지고 갑자기 사임한다. 그라스는 자신이 모범으로 삼았던 정치적 스승 브란트의 사임 이후 깊은 실의에 빠진다. 그가 물러나자 체념, 분노와 실망이 뒤섞였다.

1972년 이후 본격적인 정치참여를 삼가던 그라스는, 1982년 자민당[22]의 연정 파기로 헬무트 콜Helmut Kohl의 기민당에 정권이 넘어간 후 사민당 내부가 심각하게 동요하자, 1960년대 초부터 사민당을 위한 활동을 펼치면서도 정식 당원인 적은 없었는데, 사민당에 정식으로 입당한다.

하지만 1992년 12월 그라스는 사민당 지도부가 기민당과의 망명법 협상 과정에서 보인 무원칙적인 태도에 항의하여 사민당을 탈당한다.

그렇지만 그의 탈당이 사민당과의 완전한 결별을 의미하는 것은 아니었다. 그가 1999년 노벨문학상을 받고 나서 맨 먼저 한 일은 슐레스비히홀슈타인 주의회 선거에서 사민당의 하이데 지모니스 Heide Simonis를 돕기 위해 사회민주주의 유권자연합 'Win 2000'을 결성한 일이다. 그는 담담하게 말했다. "나는 변함없이 사회민주주의자입니다."

그라스는 사회나 체제를 급진적으로 전복시키려고 하는 혁명적인 근본주의자가 아니었다. "저는 혁명의 반대자입니다."(WA IX, 411)라며 일찍부터 일관되게 점진적 개혁주의자의 입장을 공개적으로 밝혀온 그라스는 타협과 양보에 의해 억제 당하며 무한히 더디게 일을 진척시키는 사회민주주의자들에게 존경심을 보였다. 이러한 입장은, 사회적 진보란 달팽이의 속도에 비교될 수 있는 것으로 오직 인내를 통해서만 진보가 달성 가능하다는 신념에서 비롯된 것이다. 혁명 등의 급진적 변혁을 통해 제도적인 전제성이나 압제 형태는 청산될 수 있지만 언제나 거기에는 반동의 부작용과 엄

---

22 자민당(FDP)은 자유민주주의 정당(Freie Demokratiche Partei)의 약자이다.

청난 유혈사태가 일어나고, 인간의 사유방식에 대한 본질적 변혁은 급격하게 이루어질 수 있는 성질의 것이 아니며, 인간 자체의 본질적 변화가 뒤따르지 않는 외형상의 제도적 변화는 단지 지배방식과 권력자의 이름만 바꿀 수 있을 뿐 여전히 기층 민중은 억압받는 상태에서 벗어나지 못한다는 것이 그의 생각이었다. 따라서 진정한 진보의 실현은 달팽이의 속도에 의해서만 이루어질 수 있다고 생각한다.

(2) 행동하는 민주시민으로서의 참여작가

그라스는 문학작품을 쓰는 작가의 역할만 해온 것이 아니다. 그는 정치성을 띤 에세이나 연설문 또는 호소문, 공개서한 등 비문학적 글도 수없이 써왔고 또한 사민당을 위한 선거유세 등을 비롯하여 현실정치에 직접 뛰어들어 행동하는 비판적 지식인의 역할도 꾸준히 수행해 왔다. 따라서 그라스의 경우 문학과 정치가 마치 동전의 양면처럼 서로 뗄 수 없는 상호관계를 맺고 있다는 것은 분명한 사실처럼 보인다.

그러나 그의 문학작품이 예술성보다 오히려 정치적 경향성이 두드러지는 소위 "참여문학"의 성격을 두드러지게 보이기 때문에 그를 "참여작가"라고 부르는 것이 아니다. 그가 유럽 계몽주의의 전통에 따라 사회적 책임의식을 지닌 시민, 즉 "시토엥Citoyen"(WA IX, 584)으로서 정치 현실에 직접 뛰어들어 활동했기 때문에 그를 참여작가라고 부르는 것이다.

그라스는 기본적으로 작가도 사회를 초월하거나 사회와 동떨어진 곳에 위치한 존재가 아니라 사회 한가운데 몸담고 사는 존재라고 생각한다.[23] 따라서 "내가 없어도 된다는 자세"(WA IX, 183)로 "침묵을 지키는 것은 죄악을 저지르는 일"(WA IX, 36)이라는 의식으로 사회 현실에 관심을 갖고 그 속에 직접 뛰어들지만, 이러한 현실 참여는 작가로서가 아니라 시민으로서 행한다는 의식을 늘 지니고 있다. 그에게 작가란 당연히 "참여작가"를 의미할 수밖에 없는데, "참여작가"라고 부르는 것은 마치 백마 자체가 흰 말인데, 굳이 "흰 백마"와 같이 아무 쓸데없는 수식어를 덧붙인 데 불과하다고 생각한다.[24] '시민으로서의 작가'라는 그라스의 이러한 입장은 작가를 정치나 권력 등 현실을 초연한 정신의 대표자로 보는 독일의 전통적인 작가관을 완전히 뒤집어엎는 것이다. 물론 그라스의 경우 문학과 정치와의 관계는 아주 단순명료하게 정의내릴 수 있는 그런 간단한 문제는 아니다.

이 문제와 관련해서, 정치 활동과 작가로서의 창작은 그에게 상호 조화를 이루는 것, 예컨대 동전의 양면 같은 것이 아니라 두 영역은 오히려 병렬적으로 전개되고, 상이한 전제에서 출발하며, 본래 다른 목적을 추구한다고 보는 입장[25], 문학작품에서는 체념적 성향이,

---

23 1965년 연방의회 선거 현장에서 행한 유명한 연설문 「황제의 새 옷」(WA IX, 110-125) 중에서 특히 다음의 발언에 그라스의 이러한 입장이 잘 나타나 있다. "왜냐하면 작가의 자리는 사회 가운데 있는 것이지, 사회 위에 또는 사회와 떨어진 곳에 있는 것이 아니기 때문입니다. 그러니까 모든 정신적인 오만과 애매한 엘리트정신을 버리십시오!〔...〕천재는 더 이상 우아한 광기 속에 사는 게 아니라, 우리의 무미건조한 소비사회에 살고 있습니다. 성자들은 실용주의자가 되었습니다. 정신과 권력 사이의 케케묵은 대립을 새로 억지로 꾸며낼 아무런 계기가 없습니다."(WA IX, 113)

24 "우리가 백마를 '희다'고 부른다고 해서 그 백마가 더 백마인가요? 그리고 스스로를 '참여'작가라고 부르는 작가는 흰 백마인가요?"(WA IX, 155)

25 M. Durzak: Der deutsche Roman der Gegenwart, Stuttgart 1973, S. 134f.

정치 저작물에서는 희망적 경향이 기본 틀을 이루고 있지만, 텍스트의 심미적 현실과 정치적 의도를 살펴보면, 심미적 현실에 대한 작가의 관심이 지배적이라고 보는 입장.[26] 그라스의 경우 문학과 정치 관계를 "이중생활(Doppelleben)"이라는 개념으로 파악하면서, 그 이중생활을 "서로 연관도 없고, 심지어 상이한 극단에 속하는 두 세계 속에서의 존재"[27]라고 규정하는 입장은 모두 공통적으로 그라스의 경우 문학과 정치를 전혀 다른 영역으로 보는 입장이다.

하지만 근본적으로 문학과 정치, 정신과 권력이 서로 대립되어 있다고 보지 않는 그라스는 이 문제와 관련하여 자신의 입장을 다음과 같이 분명하게 밝혔다.

> 저의 이중 활동(Doppeltätigkeit)에 대한 모든 이의제기를 저는 알고 있습니다. 이렇게들 말하지요, 작가는 거리를 두어야 한다. 이렇게들 말하기도 하지요, 건조한 이차 언어로 하는 일상의 정치는 문학적 문체를 더럽힌다. 또 이렇게 반박의 여지가 없이 말하기도 합니다, 정신과 권력은 화해할 수 없다.
> 저는 이렇게 대답하는 바입니다. 작가란 현실들을 통해서, 그러니까 정치적 현실을 통해서도 스스로를 의문시해야 하는데, 이것은 오직 현실과의 거리를 포기해야만 일어날 수 있다고 말입

26 Vgl. G. Cepl-Kaufmann: Günter Grass. Eine Analyse des Gesamtwerkes unter dem Aspekt von Literatur und Politik, Kronberg 1975, S. 189.

27 O. Best: Doppelleben zwischen Evolution und ewiger Wiederkehr. Überlegungen zum postgastropodischen Werk von Günter Grass, in: Colloquia Germania, 1/1982, S. 119. 김누리: 앞의 책 147쪽에서 재인용.

니다.(WA IX, 565)

"정치는 현실의 일부이므로, 따라서 항상 현실을 추구 중에 있는 문학은 정치를 제쳐버리거나 밀쳐 버릴 수가 없다."[28]고 생각하고 현실을 초월하는 예술은 특권적 예술로 전락하거나 결국은 "교체되는 권력들의 창녀"(WA IX, 615)가 된다는 그의 문학관은 18세기 이래 정치적 계몽에서 문학이 담당했던 역할의 전통에 서있다.

그렇지만 다른 한편으로, 그는 정치와 문학을 기능적인 측면에서는 서로 다른 영역으로 보고 있다. 예술은 타협을 모르지만, 정치는 타협을 먹고 사는 영역이지만, 반면에 표현형식상으로 보자면, 정치는 확신에 바탕을 두고 있고, 문학은 오히려 회의에 바탕을 두고 있다는 점에서 서로 다르다는 것이다. 이와 관련해서 그라스는 다음과 같이 말하고 있다.

> 저는 두 가지 역할이 있습니다. 예술가로서의 역할과 시민으로서의 역할이 그것입니다. 여기엔 차이가 있습니다. 저는 연설문을 쓰고, 또한 소설도 씁니다. 이들은 각각 고유의 서술법칙을 가지고 있습니다. 제가 연설문을 쓸 때에는 무언가를 공격하거나 방어합니다. 혹은 무언가를 칭찬합니다.〔...〕그러나 소설을 쓸 때에는, 저는 저 자신에 대해 확신이 없습니다. 저는 회의를 가집니다. 저는 최초의 생각만을 가질 뿐, 글을 쓰는 동안에 저에

28 G. Grass: "Literatur und Politik". In: Ders., Der Autor als fragwdige Zeuge, München 1997, S. 77-81, hier S. 71.

게 무슨 일이 일어날지, 소설이 어떻게 변할지, 그리고 저를 어떻게 변화시킬지 저 자신도 모르고, 궁금해 합니다. 소설 쓰기란 매우 복잡한 과정입니다. 아마도 정치 연설보다 더 복잡할 것입니다. 정치 연설이란 어떻게 보면 일종의 선전이니까요. 소설과 연설은 서로 다른 것입니다. 소설은 그것이 어떻게 끝날지 모르지만, 연설에 대해서는 확실히 알고 있으니까요.[29]

그는 문학과 정치 사이에 존재하는 시간관계의 차이에도 주목한다. "작가는 지나가버리는 시간에 맞서 글을 쓰는 사람"이지만, "정치는 지나가버리는 시간을, 그것이 다 지나가버리기 전에, 선취하고, 이용하고, 각인하려는 시도"(WA X, 120)라는 것이다. 그러니까 문학은 과거를 향하고 있고, 정치는 현재와 미래를 향하고 있다는 것이다.

그는 정치와 문학의 기능과 역할도 서로 차이가 있다고 보고 있다. 정치는 기본적으로 "이성에 호소"(WA IX, 112)하며 현실변화를 추구하는 영역인 반면에, 근본적으로 상상력을 토대로 허구의 세계에서 태어난 영역인 문학의 기능들은 다양하며 문학적 형식을 통한 직접적인 사회비판은 문학의 다양한 기능 중 하나에 불과하다고 생각한다. 그는 사회주의 리얼리즘 계열의 작가들과는 달리 문학이 현실에 직접 영향을 미치거나, 현실을 결정적으로 변화시킬 수 있

29 Günter Grass im Gespräch mit Jack Zipes: An Interview with Günter Grass, in: University Review, New York, 5/1969. 김누리: 알레고리와 역사. 귄터 그라스의 문학과 사상, 민음사, 2003. 152쪽에서 재인용.

다고 생각하지는 않는다.

그라스는 1967년 10월 침머Dieter Zimmer와의 인터뷰에서 다음과 같이 말했다.

> 문학의 기능은 다양하고 자체로 모순적입니다. 문학의 형태로 이루어지는 직접적인 사회비판은 문학의 여러 기능들 중 하나의 기능에 불과합니다. 문학 전체를 사회비판에 묶어두려는 시도는 결국에 가서는 사회비판을 행할 수 있는 바로 그 하나의 가능성 마저도 없애버릴 수 있습니다.(WA X, 45)

따라서 그는 문학 작품에다 "순전한 허구" 이상의 것, 즉 어떤 경향이나 이념을 제시하고자 애쓰는 소위 "참여문학" 작가에 반대하면서, 만약 정치적 참여 의사가 있다면 작품 속에 "선언과 항의"를 담을 것이 아니라 "서탁을 뒤집어엎고 자질구레한 민주적 활동을 추구해야 한다."[30]고 주장한다.

그라스의 이런 입장은, 문학을 사회 현실의 변혁 수단으로 보는 '사회주의 리얼리즘' 진영의 문학 비평가들로부터 격렬한 비난을 받았다. 그의 소설은 소재 자체의 정치성이나 역사성에도 불구하고 정치적 문제나 역사적 사건이 결과적으로는 사적인 차원으로 떨어져 버리고, 따라서 언뜻 보기에는 정치적, 사회적으로 비판적인 몽타주가 풍부함에도 불구하고 그의 작품들은 실제로는 오히려 기존

---

30 Vgl. G. Grass: Über das Selbstverständliche. Reden, Aufsätze, Offene Briefe, Kommentare. Neuwied/Berlin 1968, S. 84-89.

체제를 안정시키는 작용을 했으며, 변화나 해방, 미래에 대한 전망이나 희망이 결여되어 있다는 것이 그 비난의 이유였다.[31] 그러면서 그를 심지어 "반동적인 작가"라고 매도하기도 했다.

그라스는 이런 비난에 맞서 "예술과 예술의 가능성들에 대한 이런 비방은 모두가 청교도에서 유래한 것"이며, "예술을 사회주의 리얼리즘으로 환원시키고 혁명의 시녀로 폄하하려는 이런 시도들", 즉 "예술 적대적인 입장, 비유적인 것에 대한 공격, 환상을 현실의 일부로 보려는 시도에 대한 공격은 그때마다 새로운 이데올로기 속으로 빠져들게 되고" 결국은 "예술을 선전선동 수단으로 환원시키려는 그로테스크한 시도"라고 정면으로 반박한다.[32]

그라스는 문학을 통해서는 부조리한 현실을 결코 즉각적이고 직접적으로 개선할 수 없다고 믿기 때문에, 글을 쓰는 작가로서가 아니라 비판적 지식을 갖춘 민주시민의 한 사람으로서 현실을 개선하기 위한 활동을 쉬지 않고 수행해 왔다.

동서진영 사이에 냉전체제가 고착화되고 일상화되면서 이성적 담론이 이념적 선동언어의 강한 힘에 눌려 숨을 죽이던 1960년대에 특히 동서로 분단된 독일은 냉전의 대리전이 펼쳐지는 최전선이었다. 특히 1961년에 세워진 베를린 장벽[33]은 동서 진영의 긴장

31 Vgl. G. Cepl-Kaufmann, a.a.O., S. 14-121 und S. 295-305.

32 H. L. Arnold: Gespräche mit Günter Grass 1 (28.11.1970), In: Ders., Text+Kritik 1/1a, 5. Aufl, München 1978(앞으로 인용할 때는 TuK으로 줄여서 사용함) S. 1-26, hier S. 1.

33 베를린 장벽(Berliner Mauer)은 동베를린 및 동독의 기타 지역과 서베를린을 격리시

을 함축적으로 보여주는 사건이었다. 1961년 8월 동독 정권이 베를린 장벽을 건설하자 그라스는 당시 동독작가연맹 의장이었던 안나 제거스Anna Seghers(1900-1983)에게 8월 14일자로 다음과 같은 내용의 공개서한을 보낸다.

> 저 잊을 수 없는 전쟁이 끝난 후 저희 세대, 그리고 귀가 달린 모든 사람들에게 정의와 불의를 분간하도록 가르쳐준 것은 바로 당신이었습니다. [...] 저는 당신에게 호소합니다. 약하지만 강한 여성으로서 목소리를 높여 탱크에 맞서 주십시오. 한때 나치의 강제수용소를 두르던 그 철조망에, 또다시 독일에서 만들어진 그 철조망에 반대의 뜻을 표명해 주십시오.(WA IX, 33-34)

그는 그 편지에서 나치 시절의 파시즘과 동독의 스탈린주의를 역사적으로 연속선상에 놓으면서, 억압과 불의에 맞서 자유와 정의를 외친 반파쇼의 투사였던 동독의 사회주의자들이 당시 울브리히트로 대표되는 권위주의적이고 반민주적인 "현실 사회주의" 권력 앞

키기 위해 1961년에 설치되어 통일 직전인 1989년 11월까지 있었다. 1949년-61년 사이에 250만 명에 이르는 동독의 기술자·전문직업인·지식인들이 서독행을 택함으로써 동독의 경제력은 막대한 피해를 입게 되었고, 그 결과 동독 인민회의의 결정으로 1961년 8월 12일 밤 서베를린으로 통하는 모든 가능성을 봉쇄하기 위한 장벽이 설치되었다. 철조망과 블록으로 이루어진 장벽은 기관총 초소와 지뢰지역이 설치된 5m 높이의 콘크리트 장벽으로 대체되었으며 1980년대에는 고압선과 방어진지들이 45km에 걸쳐 구축되어 베를린 시를 양분하고 서베를린 주위로도 120km의 장벽이 축조되었다. 베를린 장벽은 오랜 기간 동안 동·서 냉전의 상징물인 것처럼 인식되어왔다. 1989년 10월 동유럽의 민주화로 동독의 강경보수 지도부가 해체되면서 11월 9일 서독과의 국경선이 개방되었고 장벽의 굳게 잠겨 있던 문도 활짝 열려 자유로운 상호방문이 가능해졌다.

에서 아무런 비판도 하지 못하는 무기력한 태도를 질타했다.

이를 시작으로, 프라하의 봄으로 불리는 1968년 체코 민주화 운동 과정에서 서구 좌파가 보여준 행태에 대해 실망을 금치 못하고 비판을 가한다. 그것은 '인간의 얼굴을 한 사회주의'를 기치로 사회주의의 민주적 개혁을 모색하던 두부체크의 노선에 대해 좌파가 적극적인 지지를 보내지 않을 뿐 아니라, 더구나 체코 민주화운동을 탱크로 진압한 바르샤바군의 만행에 대해서도 항의표시조차 보이지 않았기 때문이었다.

특히 범세계적으로 학생과 지식인들 사이에 새로운 이데올로기 논쟁을 촉발한 68학생혁명 같은 역사적 소용돌이 속에서 점진적 개혁을 주장하는 사회민주주의자 그라스는 좌우 두 파 모두로부터 공격당하는 사면초가의 상황에 처하기도 했다. 한쪽에는 제3제국의 향수를 부추기는 우파 네오나치주의자들이, 다른 한쪽에는 기존 체제를 반대하는 학생과 지식인들을 중심으로 한 좌파 재야인사들의 치열한 이념적 대립 속에서 점진적 개혁을 주장하는 사회민주주의자 그라스의 운신의 폭은 좁아질 수밖에 없었다. 두취케[34] 암살미수 사건 이후 사회 전반적으로 점차 격해지는 폭력적 상황에서 그는 좌우 진영 어느 한쪽의 도식적인 논리에 치우침이 없이 좌우 양쪽을 모두 비판하는 입장을 취한다. 그는 극우파의 부활에 대해 바이

---

34 두취케(Rudi Dutschke, 1940-1979)는 베를린 자유대학의 학생회장으로서 1960년대 서독과 서베를린 대학생운동의 가장 유명한 대변인으로, 68운동의 혁명적 재야조직의 지도자였다. 특히 언론재벌 슈프링어(Axel Springer) 계열지인 빌트(Bild)지와 극단적인 적대관계에 있었다. 그는 『게걸음으로』에도 언급된다. "그 후 루디 두취케 습격 사건 직후에 나도 「슈프링어」지를 떠났다."(IK, 21)

마르 공화국 시대의 교훈을 일깨우며 강력하게 경고하는 한편, 순진한 낭만적 혁명주의자로 볼 수밖에 없는 신좌파에 대해서도 혁명을 위한 기반은 존재하지 않는다고 주장하며 낡은 계급투쟁 입장을 철회할 것을 권고한다. 이렇듯 그는 유럽 계몽주의의 전통에 따라 이성과 책임의식을 모든 가치판단의 기준으로 삼아 이념의 우상화에 맞서 치열하게 싸웠고, 추상적이고 이상적인 이념이나 사상 그 자체를 위해서가 아니라 구체적이고 현실적인 전망을 얻기 위해 고군분투했으며, 그 결과 지식인들 사이에서 서서히 설득력을 넓혀갈 수 있었다.

다음 제3항에서는 우선 그라스가 1990년의 독일통일 과정을 전후해 보여준 입장과 견해에 대해 좀 더 상세하게 살펴보기로 하겠다. 그리고 그라스가 한반도의 통일 과정 및 방법 등과 관련하여 조언하고 충고한 내용을 간략하게 소개하면서, 남북이 여전히 분단된 현실에서 여러 가지 문제와 어려움을 안고 살아가는 우리 입장에서 과연 어떻게 해야 바람직한 통일을 이루어낼 수 있는가 하는 문제에 대한 필자의 잠정적인 답을 제시할 것이다.

(3) 그라스의 독일통일관[35]과 한반도의 통일

그라스는 독일인의 정체성과 독일의 통일 문제에 관해 1960년대부터 끊임없이 자신의 입장을 밝혀왔다. 그는 독일통일의 가능성은 물론 필연성마저 부인되던 아데나워 정권 시절부터 이미 당시로서는 단지 우익적 개념으로만 이해되던 소위 "국가민족(Staatsnation)"에 대비되는 "문화민족(Kulturnation)"을 지향하는 통일관을 초지일관 주창해 왔다.

통일독일의 미래에 대한 위험 신호는 1989년 가을 동독 라이프치히에서 동독 정권에 저항하는 시위대의 구호에 이미 드러나 있다. 처음에 "우리는 민중이다(Wir sind das Volk)"로 시작된 구호가 정관사가 부정관사로 바뀌면서 점차 "우리는 한 민족이다(Wir sind ein Volk)"로 의미가 변한다. "주권은 국민으로부터 나온다."는 주권재민 사상을 함유하는 "우리는 민중이다"라는 구호가 그 해 가을이 깊어 가면서 민족 통일의 주장으로 변질되고 만 것이다. 사회 전반적으로 오직 동서독의 즉각적인 통일만이 지상과제라고 여기는 분위기가 팽배해 있었다. 이런 상황에서도 그라스는 한 치의 물러섬도 없이 "한 민족, 한 국가" 형태의 연방국가(Bundesland)체제로의 통일에 대해 소리 높여 비판하면서, 그 대안으로 "한 민족, 두 국가" 형태의 국가연합(Konföderation)체제를 통한 점진적인 통일 방식을 주장했다.

1990년 2월, 그라스는 '독일통일 문제'에 대한 자신의 구체적 제

---

35 독일통일에 관한 더 상세한 내용은 다음의 책들과 논문들을 참조할 것. 황성모: 통일독일 현장연구, 도서출판 일념 1990; 프리데만 슈피커·임정택(공편): 논쟁-독일통일의 과정과 결과, 창작과비평사 1991; Schäuble, Wofgang(한우창 역): 나는 어떻게 통일을 흥정했나. 협상의 주역 쇼이블레가 증언한 독일통합 18개월의 대드라마, 동아일보사 1992; 허영재: 독일문학에 나타난 통일과 재통일-테오도르 폰타네와 귄터 그라스를 중심으로. 독일언어문학 제10집, 1998, 335-365쪽; 박장현 편역: 독일통일, 한국의 모델인가? 문원출판 1999; 김누리: 귄터 그라스의 독일통일관. 실린 곳; 김누리: 알레고리와 역사. 귄터 그라스의 문학과 사상, 민음사, 2003. 190-204쪽; 이덕형·김수정·송윤희: 독일, 통일 이후가 문제였다. 통일독일 지식인 논쟁, 경북대학교 출판부 2007; 김용민: 새로운 유럽공동체를 위한 제안: 귄터 그라스의 『무당개구리 울음』, 유럽사회문화 제5호, 2010, 5-31쪽; G. Grass: Gegen die verstreichende Zeit. Hamburg 1991; S. Moser: "DIESES VOLK, UNTER DEM ES ZU LEIDEN GALT" Die deutsche Frage bei Günter Grass. Frankfurt am Main; Berlin; Bern; Bruxelles; New York; Oxford; Wien. Kölner Studien zur Literaturwissenschaft (Hg. v. V. Neuhaus) Bd. 13, 2002. S. 69-82.

안을 담은 "조국 없는 어떤 놈[36]의 짧은 연설"이라는 자조 섞인 제목의 연설을 하게 되는데, 그 연설은 다음과 같은 일화로 시작된다.

> 내가 크리스마스 전 괴팅엔에서 오다가 함부르크 역에서 뤼베크 행 기차로 갈아타려고 했을 때 한 젊은이가 나에게 다가와서, 다짜고짜 몰아세우며 나를 조국을 배신한 매국노(Vaterlandsverräter)라고 부르더니 그 자리를 떠났다. 나는 어느 정도 진정을 하고 신문을 사고 있는데 이 자가 다시 나에게 다가오더니 이번에는 나지막하게 겁을 주는 것이 아니라 오히려 거리낌 없이 이제 바야흐로 나 같은 작자들을 청소할 때가 되었노라 공포하는 것이었다.[37]

이 연설에서 그라스는 국가연합체제를 주장하는 이유로 다섯 가지를 들었다.

> 첫째, 독일의 국가연합체제는 전후 두 개의 독일 국가 사이의 외국 대 외국이라는 관계를 지양하고 유럽을 분할하는 쓸데없는 국경을 철거할 것이다. 그러면서도 국가연합체제는 제헌기관에서 통일국가를 포기함으로써 이웃 국가들의

---

36 "조국 없는 놈"은 19세기 빌헬름 황제 시대의 독일 제2제국에서, 30년 이상 사민당을 금지시키는 등 사회민주주의자들을 박해하던 비스마르크가 사민당의 초국가적 성격을 빌미로 사민당원을 지칭하던 말이었다.

37 G. Grass, "Kurze Rede eines vaterlandslosen Gesellen" In: Die Zeit. 9.2.1990 Nr. 7.

염려와 불안을 없애줄 것이다.

둘째, 국가연합체제는 전후 양국의 발전에 어떤 폭력적 조치도 취하지 않을 것이다. 이는 오히려 자주적인 공통성을 허용할 것이다.

셋째, 국가연합체제는 과중한 통일국가보다는 유럽의 통합 과정에 더 가까운 것이다. 특히 통합된 유럽은 국가연합체제가 될 것이고, 또 그 때문에 전통적인 국가관을 극복해야만 할 것이기 때문이다.

넷째, 국가연합체제는 문화국가로서 독일역사에 공동 책임을 질 것이다. 이는 국가적 통일을 공포해야 한다는 강제성 없이 독일 문화의 다양성을 통합하는 것이다.

다섯째, 문화국가로서의 국가연합체제는 갈등을 해소시키는 그 존재로 인하여 전 세계에 펼쳐져 있는 서로 비슷한 갈등들, 한국과 아일랜드, 키프로스, 그리고 중동의 갈등들, 즉 국가주의적 행동이 공격적이 되어 국경을 설치하고 또 확대하려고 하는 곳 어디에서나 문제 해결을 위한 모범이 될 수 있을 것이다.[38]

그가 통일국가 형태의 독일을 두려워하고 거부하는 근본적인 이유는 독일민족의 비극적 역사와 연관되어 있다. 그라스는 이와 관련하여 다음과 같이 자신의 입장을 밝혔다.

---

38 Ebda.

독일 통일국가는 그 크기가 일정하지 않았으며 겨우 75년 동안 존재했을 뿐이다. 즉 프로이센 주도 하에 있던 독일제국으로, 시작부터 좌절의 위협에 봉착해 있었던 바이마르공화국으로, 그리고 마지막으로는 무조건 항복할 때까지 대독일 제국으로 존재했던 것이다. 이 통일국가가 얼마나 고통을 야기했는가, 어느 정도의 불행을 남들과 자신에게 가져다주었는지 우리의 이웃들이 의식하고 있으며 우리도 의식해야만 할 것이다, 아우슈비츠라는 개념 아래 합산되었던 것, 그리고 그 어떤 것으로도 상대화될 수 없는 민족말살이라는 범죄가 이 통일국가를 짓누르고 있다.
결코 한 번도 –그때까지는– 독일인들이 그들의 역사에서 공포를 불러일으킬 정도로 악명을 떨친 적이 없었다.(...)콤플렉스로 가득 찬 과대망상 때문에 길을 잘못 들어서게 되어, 하나의 연방국가 안에서 문화국가로 존재할 수 있는 가능성을 실현하는 대신에 모든 물리력을 동원하여 제국으로서의 통일국가를 강요하는 길로 들어서게 되었던 것이다. 그 통일국가는 일찍이 마련된 아우슈비츠의 전제였다. 그것은 다른 곳에서도 통상적인 잠재적 반유대주의의 권력 기반이 되었다. 독일 통일국가는 나치의 인종 이데올로기에 엄청 쓸모 있는 토대를 제공했다.
이런 인식을 비켜갈 수 있는 것은 아무것도 없다. 오늘날 독일에 대해 심사숙고하고 독일 문제에 대한 답을 찾고자 하는 자는 아우슈비츠를 함께 생각해야 한다. 사라지지 않고 남아 있는 트라우마의 예로 불리는 그 소름끼치는 공포의 장소가 미래의 독일 통일국가를 배제하는 것이다.[39]

그라스는 1992년 11월 18일에 행한 「상실에 관한 연설」에서도 "오늘날 이제 다시 등장하는 독일의 야만성으로의 회귀"[40]를 비판하면서 이를 아우슈비츠와 그 교훈을 망각, 상실한 소치의 결과라 진단하면서, 통일독일의 이런 정치 문화적 상실은 패전으로 인한 고향의 상실보다 더 큰 상실이라는 입장을 밝혔다.

그라스가 독일통일 전후 과정에서 우려한 것은 크게 보면 두 가지였다. 하나는 서독에 의한 동독의 일방적인 흡수통일에 대한 우려[41]였고, 또 다른 하나는 거대 단일민족국가 독일의 막강한 경제력의 영향 때문에 전 유럽이 독일화 되는 현실에 대한 우려였다.

그라스는 통일 독일의 공포되는 1990년 10월 3일 하루 전, 베를린 제국의회에서 "동독이라는 이름의 싸구려 물건"[42]이라는 연설을 행한다. 그 연설에서 그라스는 동유럽의 민주화와 소련의 서기장 고르바초프의 결단이라는 국외적 요인, 그리고 동독 내부의 민주화 세력이 노력한 결과 얻어낸 동독의 자유화가 서독 정치인의 주도 아래 심사숙고의 과정을 거치지 않은 채 성급한 통일로 전락되었음을 비판한다. 오로지 물질적 욕구에만 이끌려 진정한 통일을 위한 사상적 토대가 결여된 통일의 결과, 동독은 서독에 "싸구려 물건"이

---

39 Ebda.

40 G. Grass, Rede vom Verlust. Über den Niedergang der politischen Kultur in Deutschland, Göttingen 1992, S. 14..

41 이 우려는 나중에 현실이 되는데, 통일 이후 독일의 공식 국명이 구서독의 국명 "독일연방공화국"이라는 것이야말로 구동독이 구서독에 의해 일방적으로 흡수되는 방식의 통일이었음을 단적으로 보여주는 예이다.

42 G. Grass, "Ein Schnäppchen namens DDR". In: Ders., Gegen die verstreichende Zeit, a.a.O., S. 96-114.

되어버렸으며, 구동독 지역은 서독의 기업에 오직 시장 확대의 기능에 불과하며, 구동독의 열등한 기업과 재화는 자유 시장 논리에 의해 구축되어야할 폐기물에 불과하게 되어버렸다는 것이다.

또한 1990년 6월에 있었던 동서독의 화폐통합으로 인한 소위 "독일마르크 민족주의"는 동독 내에 "식민주의적 상황"을 도래시키며 이는 나아가 한편으로는 구동독인과 구서독인, 다른 한편으로는 독일인과 폴란드인 사이에 "증오"를 유발시켰다는 것이다. 그라스는 독일마르크 민족주의"로 집약되는, 성찰의 과정이 결여된 급작스러운 속물적인 통일 방식이 전후 서독 정체성의 기반을 이루는 물신화된 '독일마르크 정체성'을 반복한 데 불과한 것이라고 보았던 것이다.

그라스가 "한 민족, 한 국가" 형태의 통일에 대한 반대 입장을 고수한 또 하나의 이유는 독일통일을 무엇보다도 미래의 바람직한 유럽 질서의 구축이라는 큰 틀 속에서 바라보았기 때문이다. 그는 민족이라는 낡은 개념에서 출발한 통일은 거대 단일 민족국가 독일을 탄생시킬 것이고, 이는 유럽의 세력 균형을 깨뜨리는 결과를 낳을 것이며, 독일이 유럽의 패권을 쥐는 것은 독일을 위해서도 유럽을 위해서도 결코 바람직하지 않다고 생각했던 것이다. 그라스의 우려는 동서독 통일 이후 현실이 되어 나타났다. 체코, 헝가리, 폴란드를 위시하여 중부유럽과 동부 유럽 대부분이 독일의 경제적 영향권에 편입되는 현상이 가속화되었고, 유럽연합 안에서 통일독일이 차지하는 비중이 급속도로 커지면서 주도적인 위치를 차지하게 된 것이다.

그렇다면 그라스가 독일통일을 전후하여 밝혔던 여러 가지 주장과 입장에 대해 여전히 남북이 분단된 현실에서 살고 있는 우리는 과연 어떻게 받아들여야 할 것인가? 현재 우리나라의 경우 천문학적인 통일비용과 남한에 의한 북한의 흡수통일을 둘러싼 논쟁의 소용돌이 속에서 통일 논의 자체가, 적어도 공개적인 정보에만 의존해서 본다면, 거의 실종되어 버린 것처럼 보인다.

앞으로 우리 한반도의 바람직한 통일 과정 및 방법 등에 대한 생산적인 논의가 활발하게 이루어지기를 바라면서 그라스가 한반도 통일과 관련하여 조언하고 충고한 내용을 우선 소개하고자 한다.

2002년 5월 29일 중앙대학교 한독문화연구소와 주한독일문화원 공동주최로 중앙대학교 아트센터 대강당에서 열린 '통일과 문화' 심포지엄에서 그라스는 '지속적인 과제로서의 통일'이라는 제목으로 주제 발표를 했다. 그는 통일이 "끝이 보이지 않는, 그래서 쉬지 않고 계속 이어나가야 할 과제"이며 "한국이 통일을 향해 나아가는 과정에서 독일이 겪었던 실수를 반복할 이유가 없다"고 말하면서 남북한의 통일과 관련하여 세 가지 조언과 충고를 했다.

첫 번째는 남북한 사람들이 서로 상대방의 자존심을 존중해야 한다는 것이었다. 그라스는 구서독인들이 구동독인들을 멸시함으로써 구동독인들이 구서독인들은 일류 국민, 자신들은 이류 국민으로 느끼고 있다는 문제점을 지적했다. 남북한 통일 과정에서도 이런 문제가 생기지 않으려면 부유한 남한이 가난한 북한에게 승자의 입장을 취하지 말라고 조언했다.

두 번째는 통일을 너무 서두르지는 말라는 충고였다. 그라스는 독일이 "국가연합"체제라는 과도기를 거쳐 점진적으로 통일이 이루어졌어야 했다고 주장했다. 그러면서 남북한이 동등한 파트너가 될 수 있어야 한다는 점을 거듭 강조했다.

세 번째는 분단된 민족의 문화적 토대다. 독일의 경우 이념·정치·경제·군사적으로 적대적으로 대결했지만 문화적 실체는 분단되지 않았다는 점을 이야기하면서, 통일 이후 서독에서 동독의 문화를 역사의 쓰레기장으로 던져버리려고 했지만 그렇게 할 수 없었다는 점을 지적했다. 문화는 여러 가지 제약에도 불구하고 국가의 경계를 넘어서는 것임이 입증되었다는 것이다. 따라서 작가와 예술가를 비롯한 남북한의 문화인들은 다양한 경로를 통해 토론하고 서로를 이해할 수 있도록 노력해야 된다고 권고했다.

위에서 언급한 그라스의 조언과 충고 외에 그라스가 독일통일 과정에서 보여주었던 여러 가지 비판적인 입장과 견해를 남북한의 통일 문제와 연계시켜 보면 우리는 잠정적이나마 적어도 다음과 같은 결론에 도달할 수 있을 것 같다.

그라스는 무엇보다도 배타적 민족주의와 수탈적 자본주의가 결합된 형태로서의 통일을 반대했다. 이것은 특히 제2차 세계대전을 전후해 "아우슈비츠"로 대변되는 독일이 저질렀던 끔찍한 범죄의 역사와 무관하지 않다. 그라스는 또한 독일통일을 서독의 잘못된 자본주의와 동독의 잘못된 사회주의를 변증법적으로 지양하는 기회로 삼아야 한다고 주장했다.

이 문제와 관련해서 보자면, 남북한도 "한 민족, 한 국가" 체제로의 통일은 까마득히 먼 훗날에나 가능할 수 있을 것 같다. 현재 남한은 국가사회 전반적으로 이념차이, 지역갈등, 세대갈등, 노사갈등 등으로 심각한 수준의 분열 양상을 보이고 있으며, 그밖에도 기형적인 속물 자본주의에 내재하는 빈부격차와 낮은 출산율 등 현실적으로 해결하기가 결코 쉽지 않은 다양한 문제점을 안고 있다. 북한은 폐쇄된 사회이기 때문에 여전히 내밀한 국내 사정이 베일에 싸여 있어서 확실한 사정은 구체적으로 확인할 길이 없다. 그러나 공공연하게 거론되는 정보에만 의존하더라도 적어도 몇 가지 문제, 권력세습, 인권 침해, 경제적 어려움, 폐쇄와 통제 따위의 여러 가지 문제점이 존재하는 것은 누구도 부인할 수 없는 분명한 사실이다. 짧은 시간에는 결코 해결할 수 없는 난제들이 산재해 있는 남북한의 현실적 문제들이 추후 진행될 수 있는 통일 과정에서 걸림돌이 되지 않도록 하기 위해서는 당장 지금부터라도 개선을 위한 사전작업을 시작해야 할 것이다.

아무튼 남북한 통일을 논의할 때 확실하게 전제해둘 것이 하나 있는데, 그것은 바로 통일의 당위성과 관련해서 볼 때 남북한은 독일과는 사정이 전혀 다르다는 점이다.

독일은 역사적으로 수많은 작은 영방국가들로 이루어져 있다가 1871년 비스마르크에 의해 제1차 통일을 이룸으로써 강력한 민족국가가 되었고, 그 직후인 1914년에 제1차 세계대전을, 그리고 또 얼마 지나지 않아 1939년에 제2차 세계대전을 일으켰다. 이처럼 독일은 강력한 힘을 지닌 통일국가였을 때 두 차례나 대규모 전쟁을 도발했던 부끄러운 역사가 있다. 따라서 통일국가 독일이 지나치게 강력한 힘을 갖는 국가가 되는 것에 대해 경계한다는 것은 역사의 교훈으로 볼 때 당연한 것일 수도 있다.

반면에 우리 한반도는 남북으로 분단되기 이전에도 역사적으로 주변 열강들의 압력과 침략에 끊임없이 시달려왔으며 심지어 36년 동안이나 일제 식민 지배를 당한 뼈아픈 역사가 있다. 제2차 세계대전 이후 승전국들에 의해 강제로 전혀 다른 이념 체제의 두 국가로 분단된 이후에도 남북한 모두 여전히 기본적으로 열강에 둘러싸인 지정학적 위치로만으로도 현실적으로 전쟁을 일으키는 일은 상상조차 할 수 없고 주권을 가진 독립국가로서의 위치조차 유지하기 급급한 실정이다. 따라서 남북한 쌍방 간에 통일에 대한 합의가 이루어지는 것을 전제로 한다면, "한 민족, 두 국가" 체제라는 과도기를 거치더라도 궁극적으로는 "한 민족, 한 국가"의 체제로 나아가는 방향이 더 바람직할 수도 있다.

우리는 독일이 통일과정에서 저질렀던 어리석음과 잘못을 교훈 삼아 통일 이전에 통일 과정을 전후해서 일어날 수 있는 온갖 문제의 해결 방안에 대해 사전에 충분히 검토하고 대응책을 마련해 두어야 한다. 이것은 통일이 이루어질 경우를 상정할 때 그 전후 과정에서 야기될 수 있는 온갖 부작용과 후유증을 최소화하기 위한 가장 기본적인 사전 준비작업이다. 통일 과정에서 가장 경계해야 할 것으로는 통일로 얻을 수 있는 경제적 이익, 예컨대 남한의 자본력과 기술력, 북한의 노동력 및 지하자원의 결합을 통해 얻을 수 있는 경제적 이익을 최우선 과제로 정하는 행태를 들 수 있다. 만약 이런 우를 범한다면 설령 물리적으로는 통일이 된다 하더라도 화학적으로는 하나가 되지 못한 채 엄청난 후유증에 시달릴 수밖에 없게 될 것이다.

통일 과정에서 무엇보다 중요한 것은 적어도 '인간' 그 자체에 대해서만은 서로 적대감을 버리고 어떻게든 이해하려고 노력하면서 상대방을 배려하는 마음가짐이다. 통일 과정을 전후해서 남북한 쌍방 모두 이제까지 사상, 문화, 생활방식 등 모든 면에서 서로 다른 체제에서 살아온 삶 자체의 근거가 상실되거나 손상당하지 않게, 서로 다름을 인정하면서 일단은 "있는 그대로" 받아들일 수 있는 관용의 자세가 무엇보다도 중요할 것이다. 나중에 여러 가지 난관을 극복하고 통일이 성취된다 하더라도 그 이후에 적어도 남북한 구성원 다수가 어느 정도 한 마음, 한 몸이 되었다고 여길 수 있는 상황에 이르기 전까지는, 모두가 상호배타적인 태도를 버리고 인내하면서 서로 배려하고 양보하는 마음을 행동으로 실천해 보여야 할 것이다.

2. 그라스의 문학세계

그라스는 1955년 남독방송의 서정시 경연대회에서 환상적인 언어와 은유로 가득 찬 「잠에서 깨어난 백합들(Lilien aus Schlaf)」(WA Ⅰ, 241f.)로 3등에 입상함으로써 문단에 데뷔했다. 그 후 첫 시집 『바람닭의 장점들(Die Vorzüge der Windhühner)』[43]과 부조리극 계열의 드

---

43 Vgl. WA Ⅰ, S. 9-57. 이 시집 이름은 같은 이름의 시(WA Ⅰ, 10)에서 따온 것이다. Windhuhn(바람닭)은 Windei(무정란)로부터 그라스가 만들어낸 조어이다. 문자 그대로는 '무정란을 낳다'라는 의미를 지니는 'Windeier legen'이라는 표현은 본래 "정신의 공허한 생산물, 전망 없는 계획" 등 부정적 의미를 지닌다. 그런데, 그라스는 이와는 달리 이 표현을 환상적인 문학에 대한 비유로서 긍정적인 의미로 바꾸어 쓰고 있다. 노이하우스는 이와 같은 맥락에서 '바람으로 만든 닭'(Huhn aus Wind)이 '환상, 정신'을 구현하는 것으로 보고 있다.(V. Neuhaus: Das Chaos hoffnungslos leben. Zu Günter Grass' lyrischem Werk. In: M. Durzak(Hg.): Zu Günter Grass. Geschichte auf dem poetischen Prüfstand, Stuttgart 1985, S. 20-45, hier S. 23.) 한편 슈톨츠는 바람닭을 "서정적 예술작품에 대한 메타포"로 본다.(D. Stoltz: Günter Grass zur Einführung, Hamburg 1999, S. 17). 아무튼 환상적 요소를 중시하

라마 작품들[44]을 잇달아 발표했지만 별다른 반응을 얻지 못했다.

그러다가 1958년 미완성 상태의 "『양철북』"으로 47 그룹[45] 상을 수상하면서 그라스는 독일 문단의 주목을 받게 된다. 1959년 마침내 그의 첫 장편 『양철북(Die Blechtrommel)』[46]이 출간되자 서독 비평계는 즉각 찬반의 소용돌이에 휘말리게 된다. 한편에서는 그라스의 탁월한 이야기꾼으로서의 서술능력, 독자를 사로잡는 형상 의지, 신랄하고 가차없는 시대비판 정신 등을 높이 평가하여 이 소설이 전후독일문학을 세계 수준으로 끌어올린 위대한 작품이라는 찬

는 그라스의 문학관은 그의 전체 작품 세계를 관류하고 있다.

44 부조리극 계열의 작품으로 2막극『홍수(Hochwasser)』(WA Ⅷ, S. 21-69. 1957년 프랑크푸르트에서 초연)와 4막극『숙부님, 숙부님(Onkel, Onkel)』(WA Ⅷ, S. 71-135. 1958년 쾰른에서 초연)이 공연되었는데, 두 작품 모두 관객과 비평가들로부터 별로 호응을 얻지 못했다. 그라스의 초기 부조리극 계열에 속하는 작품들에 대한 해설은 D. Stolz, a.a.O., S. 74-91 참조할 것.

45 1947년 창립된 47그룹에 관한 상세한 내용에 관해서는 Lettau, Reinhard(Hg.): Die Gruppe 47, Bericht Kritik Polemik, Neuwied und Berlin 1967을 참조할 것. 1958년 10월 31일부터 11월 2일까지 알고이 그로스홀츠로이테(Allgäu Großholzleute)에 있는 아들러(Adler) 여관에서 제 20차 회의가 열렸다. (Ebda, S. 137) 그 모임에서 거의 완성된 상태에 있던 700쪽에 달하는 대작 '『양철북』'의 두 장(제1장과 제34장)을 읽은 귄터 그라스는 47그룹상을 수상했다.(Ebda, S. 138)

46 Vgl. WA Ⅱ. 『양철북』은 주인공이자 일인칭 서술자인 오스카 마체라트가 간호사 도로테아 살인 사건의 용의자로 체포되어 서독 뒤셀도르프에 있는 한 "치료감호소 Heil- und Pflegeansatlt"(WA Ⅱ, 6)에 수감된 상태에서 1952년 10월부터 1954년 7월까지 약 2년의 서술시간(Erzählzeit) 동안 1899년 10월부터 1954년 7월까지 약 55년에 걸친 피서술시간(Erzählte Zeit) 동안에 있었던 자신의 생애와 가족사를 회고하는 액자구조로 된 일종의 허구적 자서전의 형태를 띤 소설이다. 외화에서는 오스카가 서독의 한 치료감호소에 수감된 상태에서 영위하는 치료감호소 생활이 이야기되고 있다. 현재 차원의 이야기가 이 틀을 이룬다. 내화는 1899년 방화범으로 경찰에 쫓기던 요셉 콜야이체크(오스카의 외할아버지)와 감자밭에서 일하고 있던 안나 브론스키(오스카의 외할머니)의 기이한 만남을 시작으로 1954년에 이르기까지 오스카의 가족사가 연대기적으로 회고되고 있다

사를 아끼지 않은 반면에, 다른 한편에서는 이 소설의 외설적, 신성모독적 측면과 그로테스크한 분위기에 초점을 맞추어 작품 전체가 철저하게 비인간적인 분위기에 휩싸인 저열하고 비도덕적인 소설이라는 혹독한 비난을 퍼부었다.[47] 비평가들의 이런 격렬한 찬반논쟁은 독자들의 관심을 더욱 부채질하여, 『양철북』은 독일 국내에서뿐만 아니라 프랑스, 미국 등지에서도 베스트셀러에 오르는 대성공을 거둔다.[48]

그 후 그라스는, 『양철북』과 함께 '단치히 삼부작(Danziger Trilogie)'[49]을 이루는 『고양이와 쥐(Katz und Maus)』[50], 『개들의 시절(Hundejahre)』[51]을 계속 발표하는데, 일반적으로 현실세계를 기피하

---

47 Vgl. F. J. Görtz(Hg.): *Die Blechtrommel.* Attraktion und Ärgernis, Darmstadt/Neuwied 1984, S. 62f.; W. J. Schwarz: Der Erzähler Günter Grass. 3., erw. Aufl., Bern 1975, S. 82-87.

48 나중에 『양철북』은 "전후 독일문학을 잠에서 깨운 경보신호이자 그 실질적인 시작이며 또한 이미 그 절정이기도 했다."(V. Hager: Später Adel für das Wappentier, In: Der Spiegel, 40 1999, S. 294-305, hier S. 300)는 평가를 받을 정도로 전후독일문학 최고의 성과로 꼽히고 있다.

49 그라스는 1974년 루흐터한트(Luchterhand) 출판사에서 『양철북』, 『고양이와 쥐』, 그리고 『개들의 시절』 세 작품을 '단치히 삼부작'이라는 이름으로 한 데 묶어 출간했다. 이 세 작품은 물론 각각 독립된 별개의 작품이다. 하지만 다음과 같은 점에서 하나의 통일체를 이루고 있다고 볼 수 있다. 1. 세계사적 사건이 일어나는 중심지로서의 의미를 갖는 단치히가 세 작품에 공통적으로 주요 무대로 설정되어 있다. 2. 주인공이나 주요등장인물들이 나치즘과 구조적으로 연관된 소시민계층에 속한다. 3. 서술자들이 전후 시점에서 최근의 역사를 회고하면서 독일민족이 저지른 범죄적인 역사에 대하여 보고하며, 극복되지 않은 과거에 대해 비판적인 입장을 견지함으로써 과거청산 문제를 테마로 삼고 있다. Vgl. H. Brode: Günter Grass, München 1979, S. 53-66.

50 WA Ⅲ, 5-140.

51 WA Ⅲ, 141-835. 3부로 이루어진 『개들의 시절』은 각 부가 서로 다른 중심적인 서

고 내면으로만 파고드는 경향이 짙은 무미건조한 독일문학 풍토에, 그의 작품들은 현실과 환상을 상호 침투시킨 독특한 서술기법과 생동감 넘치는 언어표현, 그리고 신랄한 시대비판정신으로써 신선한 충격을 가져다주었다.

그라스는 동시대의 독일작가 중에서 세계적으로 이름이 가장 널리 알려진 작가가 되었다. 그의 소설은 대중적인 통속소설을 많이 쓴 인기작가인 짐멜Johannes Mario Simmel의 작품보다 더욱 많이 읽히게 되었다.[52] 그는 "문학계의 국민적 총아"[H. E. Holthusen][53] 등의 명성을 얻으면서 작가로서 확고한 위치를 굳히게 된다. "『양철북』 출간 이래로 그라스의 가장 중요한 기능은 독일민족에게 봉사하는 것"[54]이라는 평가야말로 그라스가 독일문학에서 어떤 위치를 차지하고 있는가를 극명하게 말해준다.

술자에게 할당되고 있다는 점이 서술구조상 중요한 특징이다. 일명 에디 암젤, 하젤로프, 골트모일헨(금이빨)으로 불리는 브라욱셀이 본래 주동인물이자 편집자인데, 제1부 「아침 교대조」(WA Ⅲ, 143-277)만 자신이 서술자의 역할을 맡고, 제2부 「사랑의 편지」(WA Ⅲ, 279-575)는 하리 라베나우에게, 그리고 제3부 「마테른 이야기」(WA Ⅲ, 577-835)는 발터 마테른에게 서술자의 과제를 떠맡긴다. 한편, "개들의 시절"이라는 제목은 독일어 "Hundejahre"의 포괄적 의미를 완전하게 전달할 수 없는 한계가 있다. "Hundejahre"라는 단어는 1. 괴롭고 힘든 시절, 2. 개처럼 권력자에게 굴종하여 충성하는 소위 개 같은 인간들이 판치는 시절, 3. 총통 히틀러의 애견 프린츠를 중심으로 그 조상들(페르쿤 - 젠터 - 하라스)과 후손들, 즉 문자 그대로 소위 "역사를 만드는" 진짜 개들의 시절, 4. "개의 나이"(예문: "개 열 살은 사람 나이 일흔 살과 마찬가지이다."(WA Ⅲ, 388) "스무 살에 죽어간 셰퍼드 수컷 한 마리가 있었는데, 그건 사람의 나이로 치자면 140세에 맞먹는 거라오.(WA Ⅲ, 586) 등 전후 맥락에 따라 다양한 의미를 내포하고 있다.

52 Vgl. F. J. Görtz: Der Provokateur als Wahlhelfer. In: TuK, S. 162-174..

53 I. Tiesler: Günter Grass. Katz und Maus, München 1975, S. 9.

54 A. Burges: Ein Fisch unter Feministinnen(1978). In: D. Hermes/V. Neuhaus(Hg.):

그러나 그라스가 1966년에 1953년 6월 17일의 동독 노동자 항쟁을 소재로 한 정치적 희곡 『평민들 반란을 시험하다(Die Probejer proben den Aufstand)』[55]를 베를린에서 공연하고, 1969년 무려 190회에 걸쳐 사민당을 위해 연방의회 선거 유세를 하는 등 정치적 활동에도 적극 참여함과 동시에, 1960년대 후반 서독사회의 현실적 문제를 중심적으로 다룬 『국부마취(örtlich betäubt)』[56]와 사민당을 위한 자신의 선거기간 중의 정치적 체험과 인식을 담은 자서전적 소설 『어느 달팽이의 일기에서(Aus dem Tagebuch einer Schnecke)』[57]를 잇따라 발표하면서 소위 "제 2의 산문시대"[58]를 시작하자, 그라스는 서독 비

Günter Grass im Ausland. Texte, Daten, Bilder zur Rezeption Frankfurt a.M. 1990, S. 75-79, hier S. 75.
A. Burges는 『넙치(*Der Butt*)』(WA Ⅴ)의 영어 번역자이다.

55 WA Ⅷ, S. 397-477. 4막으로 이루어진 이 드라마는 그라스의 드라마 가운데 가장 유명하다. 동독의 세계적인 극작가 브레히트(Bertolt Brecht)가 1953년 동독 민중봉기사건에 대해 취했던 태도를 신랄하게 비판함으로써 예술가의 시대적 책임 문제를 다루고 있다.

56 Vgl. WA Ⅳ, S. 6-264. 인간 존재의 본질상 상황의 근본적 변혁은 불가능하다는 것이 거듭 새롭게 나타나는 상처만을 고칠 수 있는 이빨 치료의 비유에서 잘 나타나 있다. 궁극적인 교정이란 존재하지 않으며 우리 인간은 영원히 결함을 지닌 채 살 수밖에 없으며, 모든 잘못의 절대적 제거는 전체의 파멸의 결과를 낳음이 잘 드러난다. 이가 전혀 존재하지 않을 때에야 비로소 치료할 구멍도 없게 되기 때문이다. 1969년에 발표된 이 작품은 서독에서와는 정반대로 미국에서는 굉장한 호평을 받았다. 그건 당시 베트남 전쟁으로 야기된 출구 없는 불안한 사회적 분위기에서 이 작품에 나타난 교사와 학생간의 대화 모델을 일종의 허구적 해결책으로 보고 싶어 하는 주관적 "소망의 투영" 때문이었다. (Vgl. S. Mayer: Grüne Jahre für Günter Grass. Die Rezeption in der Vereinigten Staaten. In: TuK, S. 151-161). 한편 『국부마취』의 세 여성 인물인 린데, 베로, 이름가르트는 『넙치』의 중심 여성 인물 일제빌과 아주 흡사하다. 특히 베로는 충동적이고 머리가 텅 빈 혁명적 여권주의자로서 일제빌의 예비 연구로 기여한다.

57 Vgl. WA Ⅳ, S. 265-567. 1972년에 발표한 『어느 달팽이의 일기에서』는 테마상으

평계로부터 심지어 문학적 재능이 죽었다는 비난까지 받게 된다.[59]

그 후 1972년에 집필을 시작하여 1977년에 출간된 『넙치(Der Butt)』를 통해 그라스는 다시 예전의 명성을 되찾는다. 이미 출간 전부터 "위대한 서사작가 그라스의 컴백"[60] 작품으로 환영을 받은 『넙치』는 출간되자 대부분의 비평가들로부터 호평을 받았을 뿐만 아니라 독자들로부터도 굉장한 호응을 얻었다. 1977년 8월 10일 시판 후 8개월 이상 베스트셀러 1위 자리를 지켰고 1979년까지는 약 45만 부가 팔리는 경이로운 판매 실적을 올렸다.[61] 미국 뉴잉글랜드 지역의 독어독문학 관련 교수, 교사, 대학생 8백 명을 대상으로 실시한 여론조사 결과도 이 작품이 대단한 호응을 얻었음을 입증

로나 형식상으로 『넙치』의 가장 중요한 예비 단계였다. 특히 중요한 것은 이 소설을 통합시키는 달팽이의 이미지이다. 더디고 힘겹게 진행되며 거의 알아챌 수 없을 정도의 진보를 뜻하는 달팽이의 이미지는 점진적인 역사 발전과 결부된다. 이 소설의 서술자는 정치적으로 점진적 개혁을 신봉하는 수정주의자인 작가 그라스의 이러한 정치적 입장을 그대로 따르고 있다.

58 Bichsel-Grass-Johnson-Wohmann: Wie ein Roman entsteht. In: G. Simmerding/C. Schmid(Hg.): Literarische Werkstatt. Interviews mit Dürrenmat u.a., München 1972, S. 63-72. hier S. 69.

59 이러한 비난은 물론 그의 새로운 작품들이 『양철북』의 참신한 충격을 능가하지 못한 탓도 일부 있었겠지만, 작품 자체에 대한 미학적 평가에서 비롯된 것이라기보다는 오히려 작가 그라스의 직접적인 정치 활동에 대한 보수적인 독일비평계의 반감에서 비롯된 것으로 보는 것이 더 타당하다. 이 작품들에 대해서는 나중에 계속 재평가 작업이 이루어졌다. Vgl. M. Durzak: Der deutsche Roman der Gegenwart. Entwicklungsvoraussetzungen und Tendenzen. Böll, Grass, Johnson, Wolf, Kant. 3., erw. u. veränd. Aufl., Stuttgart 1979., S. 289-301.

60 S. Schober: Der Butt und die Ilsebills. In: Der Spiegel, 26.7.1976. Zitiert nach F. J. Görtz(Hg.): Günter Grass: Auskunft für Leser, Darmstadt/Neuwied 1984, S. 63.

61 Vgl. M. Durzak: Der deutsche Roman der Gegenwart, S.301; H. Brode, a.a.O., S. 195f.

하고 있다.[62] 『넙치』는 여러 가지 점에서 그라스의 전체 문학세계를 긴밀하게 이어주는 연결고리의 역할을 하는 작품으로 평가받고 있다. 문체상으로는 '단치히 삼부작'에 지배적으로 나타나는 바로크풍의 요설 같은 만연체와 "제2의 산문시대"의 작품에 나타나는 간결하고 냉철한 문체가 혼용되어 나타나고 있으며, 테마와 모티브 상의 맥락으로 보면, 그 이전 작품들인 『양철북』[63], 『고양이와 쥐』[64], 『개들의 시절』[65], 『국부마취』[66], 『어느 달팽이의 일기에서』 등과 연계되어 그때까지 나온 산문세계를 총결산하는 의미를 지닌

---

62 여론조사 결과, 독문학 작품 중 좋아하는 순서 1위가 『양철북』, 2위가 『넙치』, 그리고 9위가 『고양이와 쥐』였다. Vgl. S. Mews(Hg.): "The Fisherman and His Wife" Günter Grass's The Flounder in Critical Perspective, New York 1983, Introduction S. 10.

63 모권시대의 여신 아우아, 감자의 아름다움을 지닌 아만다 보이케 등 『넙치』에 등장하는 여자요리사들 대부분은 『양철북』의 주인공 오스카르 마체라트의 외할머니로 등장하는 안나 브론스키의 대지의 어머니로서의 전통을 따르고 있다. 음식의 모티브, 도피처와 거세자로서의 여성의 이미지, 즉 '대지의 어머니'와 '검은 마녀'라는 상호대립적인 모습으로서의 여성의 이미지도 두 작품에 공통적이다. 그리고 오스카르 마체라트는 심지어 『넙치』의 나치 시대를 다룬 장에서 "[...] 격분하여 『양철북』을 두들겼던 저 세 살배기 소년"((WA V, 529)으로서 부수적 인물로 등장하고 있다.

64 『고양이와 쥐』에서 필렌츠 어머니와 병든 슈트리베의 관계에서 잘 드러난, 환자를 위한 식이요법을 통해 남자를 여자에게 의존하게 만드는 음식 모티브가 『넙치』에서 오피츠와 묄러에게 환자식을 요리해주는 아그네스 쿠르비엘라의 예에서 다시 폭넓게 표현되고 있다.

65 그라스는 원래 『개들의 시절』을 '감자껍질 벗기기'라는 제목으로 쓸 계획이었으며, 감자껍질을 벗기는 가정부를 중심 서술자로 등장시키려고 했다가 중심적인 개의 이미지를 위해 그걸 포기했었다. 이 '감자껍질 벗기기' 모티브가 『넙치』의 아만다 보이케 에피소드에서 다시 이용되고 있다. Vgl. M. Harscheidt: Günter Grass: Wort-Zahl-Gott. Der phantastische Realismus in den Hundejahren, Bonn 1976, S. 58f.

것처럼 보인다.[67]

『넙치』 출간 후에도 활발한 창작 활동이 이루어졌다. 『텔크테에서의 만남(Das Treffen in Telgte)』(1979)[68], 『두산 또는 독일인들이 멸종되어간다(Kopfgeburten oder Die Deutschen sterben aus)』(1980)[69], 『암쥐

66 『국부마취』의 세 여성인물인 린데, 베로, 이름가르트는 『넙치』의 중심적인 여성 인물 일제빌과 아주 흡사하다. 특히 베로는 충동적이고 머리가 텅 빈 혁명적 여권주의자로서 일제빌의 예비 연구로서 기여한다. 또한 바로크 시대의 화가 묄러(Anton Möller)의 유명한 그림 '최후의 심판'은 두 작품 모두에서 중요한 모티브로 사용되고 있다.(W.IV, S. 256ff.; W.V, S. 130 und 296) 특히, 급진적인 변혁을 거부하고 점진적인 진보를 주장하는 '달팽이의 철학'은 이 두 작품뿐만 아니라 『어느 달팽이의 일기에서』도 함께 묶어주는 중요한 모티브이다.

67 『넙치』는 문학사업상의 이유 등으로 1977년 8월에 출간되었지만, 원래는 그라스가 "자신의 50회 생일(1977년 10월 16일)에 스스로에게 선사할 계획으로 이 소설을 집필했었다."는 사실로 미루어볼 때 『넙치』가 이전 작품 세계를 총결산하는 의미를 지닌다고 보아도 무방할 것이다.

68 Vgl. WA VI, S. 5-137. 47그룹 회장인 리히터(Hans Werner Richter)에게 바친 이 노벨레는, 바로크 시대를 다룬 『넙치』의 「넷째달」(275-335)에서 파생되어 성립된 작품이다. "어제는 내일 있었던 일이 반복해서 일어날 것이다. Gestern wird sein, was morgen gewesen ist."(WA VI, 6)라는 소설의 첫 문장은 과거와 미래가 구분 없이 동시에 존재한다는 그라스의 동시적인 시간관, 역사는 반복된다는 작가 특유의 역사의식을 잘 보여주고 있다. 47그룹의 창립연도인 1947년을 1647년도로 바꾸어 17세기에 실존했던 바로크 시대 시인들을 등장시켰다. 신교와 구교 세력 간의 갈등이 유럽을 쑥대밭으로 만들었던 30년전쟁(1618-1648)이 막바지를 향하던 때, 시인들이 독일 각지로부터 시골 마을 텔크테로 몰려든다. 분열된 조국을 마지막 남은 수단인 '언어와 문학'으로 다시 한 번 결합하는 것이 목적이었다. 그러나 전쟁으로 피폐해진 조국의 참상 속에서 인간의 기본 권리와 평화를 회복할 것을 주장하려 했던 시인들은 뜻하지 않은 사건에 말려들면서 자신들의 탐욕스럽고 위선적인 본성과 마주하게 된다. 인간의 탐욕 앞에 무너지는 허울 좋은 이상을 통렬하게 풍자한 소설이다. 그라스 특유의 아이러니와 해학으로 그려낸 비열한 군인들, 그리고 그들과 한통속이 되어버린 시인들의 모습이 실소와 서글픔을 자아낸다.

69 Vgl. W.VI., S. 139-270. 인류의 종말이라는 암울한 묵시록적 분위기를 풍기는 이 작품은 『넙치』의 여성해방법정 재판, 그리고 현재 차원의 줄거리 가닥을 받아들이고 있다. "두산(頭産)"은 여성의 자연적인 출산과 대비적으로 남성이 두뇌로 출산하

(Die Rättin)』(1986)[70], 『혀를 내보이다(Zunge zeigen)』(1988)[71], 『무당개구리 울음(Unkenruf)』(1992)[72], 『11월의 나라(Novemberland)』(1992)[73], 『아득한 벌판(Ein weites Feld)』(1995)[74], 『나의 세기(Mein Jahrhundert)』(1999)[75]를 발표한다.

는 것, 다시 말하자면 머리로 만들어내는 예술 창작 등 두뇌의 산물을 말한다.『넙치』에서 그라스는, 남성의 두산은 생명을 임신하고 출산하는 여성의 자연적인 생산력에 대한 열등감을 보상받으려는 심리에서 비롯된 것으로 보면서, 여성의 자연적인 생산력이 두산보다 우월함을 강조했다.

70 Vgl. W.Ⅶ. 이 작품도 『넙치』의 다양한 모티브를 다시 받아들이고 있으며, 특히 "여성들에 대한 넙치의 충고의 계속"(Vgl. W.Ⅶ, S.458ff.)은 두 작품의 줄거리를 서로 연관시키고 있다. 플롯이 시공간의 경계 없이 서술되고 있고 전체 줄거리도 미로 맞추기 식으로 진행된다. 장르상 동화나 기행문, 환상적 텍스트가 혼합되어 있고, 산문 사이사이에 시가 삽입되어 있으며, 상징과 은유를 통해, 핵전쟁의 위협, 자본주의의 탐욕, 숲의 죽음과 해양오염, 쓰레기 문제 등 인류의 종말이라는 암울한 분위기를 풍기고 있다. 마치 신이라도 된 것처럼 오만한 인류에게 새로운 미래 사회를 위해 재난과 종말에 대처하라는 경고의 메시지를 보내는 작품이다.

71 Vgl. G. Grass: Zunge zeigen, Darmstadt 1988. 묵화가 상당한 비중을 차지하고 있는 이 일기 형식의 작품은 그라스의 캘커타 및 방글라데쉬 여행(1986년 8월-1987년 1월) 체험에서 생겨난 것으로,『넙치』에서 바스코 다 가마로 등장한 서술자가 캘커타 빈민가의 비참한 생활상을 묘사한 부분과 연관된다.

72 Vgl. G. Grass: Unkenrufe, Göttingen 1992. "무당개구리 울음"이라는 제목은 "Unkenruf"를 문자 그대로 번역한 것인데, 원래는 "비판적인 예언이나 불길한 예언"을 의미하는 비유적안 표현이다. 독일인으로 예술사 교수인 홀아비 알렉산더 레쉬케와 폴란드인으로 고미술품 복원가인 홀어미 알렉산드라 피야트코프스카 사이의 황혼기의 사랑 이야기를 바탕 줄거리로 한 이 소설의 테마는 '독일과 폴란드의 화해' 문제이다. 피난민 출신인 남녀 두 주인공은 추방된 희생자들이 고향에 묻힐 수 있도록 "독일-폴란드-묘지협회"를 탄생시켜 두 민족 간의 화해의 계기를 마련한다는 이상적인 계획에 합의한다. 이 계획은 독일자본의 위력과 폴란드 정부의 적극 협조로 예상보다 훨씬 순조롭게 진행되는 듯했다. 그러나 이상주의적 취지는 금방 사라지고 모든 것이 상품화되어 버리고 자본의 논리에 지배당한다. 두 남녀의 사랑이 깊어감과 동시에 묘지 사업에 대한 이들의 회의도 커져간다. 결국 두 사람은 이 사업에서 손을 뗀다. 그 사이에 부부가 된 두 사람은 나폴리 여행을 떠나는데, 돌아오는 길에 교통사고로 죽는 비극적인 결말을 맞게 된다.

1999년 노벨문학상 수상 이후에도 그라스는 『게걸음으로』(2002)를 시작으로, 『마지막 춤(Letzte Tänze)』(2003)[76], 『양파껍질을 벗기며(Beim Häuten der Zwiebel)』(2006)[77], 『상자 카메라. 암실 이야기(Die Box. Dunkelkammergeschichten)』(2008)[78] 등 화제작을 계속 발표한다.

---

73 G. Grass: Novemberland. 13 Sonette. Göttingen 1993. 먹물로 그린 13개의 스케치를 동반한 이 13편의 소네트 연작은 소네트 작가로서의 그라스의 면모를 처음으로 보여준다. 여기에 수록된 시들은 환상적인 은유가 즐겨 사용되던 초기 서정시들과는 확연히 다르게 정치시의 성격을 분명히 드러내고 있다. 그라스는 나치스 돌격대와 독일 시민들이 유대인 상점과 시나고그를 공격한 "수정의 밤" 사건을 비롯한 일련의 역사적 사건들이 공통적으로 11월에 발생했음에 착안하여 독일을 "11월의 나라"로 표현하면서 독일 역사에서 반복적으로 재현되는 야만적 행위에 주목한다. 1992년 11월 23일 묄른에서 세 명의 터키여인들이 네오나치주의자들의 외국인 적대적 방화 살인의 희생물이 된 사건이 발생한 것이 이 시들을 집필한 직접적 동기가 되었다. 이 사건 이후 구동독, 구서독 지역 가리지 않고 독일의 여러 지역에서 유색인을 겨냥한 폭력, 살인 사건이 발생했는데, 이는 통일 방식에 비판을 제기한 그라스의 염려를 입증하는 것이었다.

74 Vgl. G. Grass: Ein weites Feld, Göttingen 1995. 이 소설의 제목은 독일의 "시적 사실주의"의 대표적 작가 폰타네(Theodor Fontane)의 소설 『에피 브리스트(Effi Briest)』에서 에피의 아버지 브리스트 씨가 까다로운 문제에 부딪칠 때마다 체념조로 자주 쓰는 어구인 "das ist ein weites Feld"에서 따온 것이다. 그 소설에서 이 어구는 "너무 광범위하기 때문에 조망하거나 파악하기가 어려운 문제, 한 마디로 결론 내리기 힘든 문제(또는 영역)"의 의미로 사용되고 있다. 따라서 "Ein weites Feld"를 문자 그대로 "아득한 벌판"으로 번역한 것은 원래 함축된 의미를 충분히 전달할 수 없는 한계를 지닌다. 하지만 본래 의미를 다 살릴 만한 적당하고 간결한 우리말 표현을 찾기가 힘들어 "아득한 벌판"으로 번역했다. 이 소설에는 1989년 11월 베를린 장벽의 붕괴로부터 1990년 10월 독일 통일에 이르기까지의 독일 역사상 가장 미묘했던 시기를 시대적 배경으로 삼음으로써 평소 서독이 동독을 일방적으로 흡수하는 방식의 통일을 반대해온 작가 자신의 입장이 잘 나타나 있다. 그라스의 통일관에 대한 적대적 평가는 그의 문학작품 수용에까지 영향을 미치게 된다. 대다수 독일 언론은 문학작품의 내용을 논하기 이전에 문학과 정치, 작가의 사회적 역할에 대한 논란을 제기하면서 여론의 심판을 유도했다. 통일에 관한 승리의 행진곡을 기대한 독일인들에게 이 소설은 문학작품이기라기보다 오히려 한 정치적 작가의 문학의 형식을 취한 정치 팜플렛이라는 혹평을 받는다. 이 소설 역시 역사적 사실과 허구적 현실을 상호 침투시켜 혼동시키는 몽타주 기법, 작가 폰타네와 관련된 수많

특히 자전적 소설 『양파껍질을 벗기며』는 이미 출간 전부터 독일 사회에 엄청난 격론을 불러일으킨 화제작이었다. 이 작품을 출간하기 전인 2006년 8월 그라스는 독일 일간지 〈프랑크푸르트 알게마이네 차이퉁〉과의 인터뷰를 통해, 제2차 세계대전 말기인 1944년 가을부터 전쟁이 끝날 때까지 나치무장친위대 제10 기갑사단 '프룬츠베르크'에 복무했다는 충격적인 사실을 고백했다. 이 인터뷰를 시작으로 그라스가 다른 매체와 편지 등을 통해 밝힌 내용을 간략하게 요약하면, "철없던 어린 시절 부모로부터 독립하기 위해 자원입대한 그는 나치친위대에 징집되었다. 복무 중 어떤 범죄에도 가담하지 않았지만 전쟁이 끝나고 친위대가 어떤 곳인지 알고 난 후 죄책감과 수치심에 괴로웠다. 자신이 그동안 출판한 저서와 정치행보는 그 당시 경험에서 느낀 뼈저린 교훈에 대한 고백이었다."는 것이다.

은 인용, 다양한 서술시각과 회의적인 서술태도, 19세기와 1990년 통일을 전후한 긴박한 독일 현대사의 병렬적 제시 등, 그라스가 즐겨 사용해온 서술기법을 사용하고 있다.

75 Vgl. G. Grass: Mein Jahrhundert, Göttingen 1999. 이 소설은 과학기술의 진보, 문화적 사건, 정치적 비극 등 다양한 테마를 통해 온갖 영욕으로 점철된 20세기를 서술 대상으로, 1900년부터 1999년까지 1년에 한 장씩 모두 모두 100개의 장으로 구성되어 있으며, 각각의 장에 각기 다른 시각과 목소리를 지닌 서술자가 등장해 그 해의 가장 중요한 역사적 사건을 보여준다. 무엇보다도 "해마다 모습을 바꾸어 현장에 나타나는 1인칭 서술자"의 존재(안쪽 이야기에서 서술자는 퇴역군인, 시인, 사업가, 가정주부, 소시민 등 다양한 계층의 성격이 서로 다른 인물들로 등장한다)가 거의 전지자적인 1인칭 서술자(그리고 때로는 허구적인 서술자와는 다른 실제적인 '작가 나')를 연상시키며, 역사상 위대한 인물의 시각이 아니라 희생자이자 들러리에 불과했던 사람들의 시각을 통해 이야기가 서술되고 있다. 이런 기법은 그라스의 거의 모든 작품에서 공통적으로 사용되고 있다. 작가가 직접 그린 수채화가 함께 실려 있다는 점이 이채롭다.

아무튼 무려 60여년이나 침묵을 지킨 끝에 나온 그라스의 고백은 격렬한 찬반양론을 불러일으켰다.[79]

그라스를 비난한 사람들은 주로 유대인 단체와 그 동안 그라스로부터 공격을 받았던 보수 우파 인사들이었다. 이들의 견해를 크게 세 가지로 요약해보면 다음과 같다.

1. 전쟁이 끝난 후부터 줄곧 그라스는 나치 전력이 있는 유명인사들을 비판해왔는데, 그 동안 자신의 과오는 숨기면서 양심적인 도덕군자인 것처럼 행세한 그라스의 언행에 역겨움을 느낀다.
2. 1985년 미국 대통령 레이건이 서독을 방문했을 때 수상 콜은 레이건과 함께 전몰용사 묘역을 참배하기로 결정했다. 그런데

---

76 Vgl. G. Grass: Letzte Tänze, Göttingen 2003. 시와 그림으로 표현한 에로스와 타나토스. 섹스, 전쟁과 죽음에 관한 36편의 시를 모아 자신이 직접 그린 32점의 그림과 함께 묶어 펴낸 시화집이다. 원스텝, 탱고, 폭스트롯, 왈츠 등의 춤을 통해 독일과 세계의 역사, 그리고 세계 속에서 살아온 자신의 생애를 이야기하고 있다.

77 Vgl. G. Grassr: Beim Häuten der Zwiebel, Göttingen 2006.

78 Vgl. G. Grass: Die Box. Dunkelkammergeschichten, Göttingen 2008. 그라스가 성공한 예술가로서의 자신의 삶을 성찰하며 써내려간 자전적 소설로, 특히 자식들을 제대로 챙기지 못한 자신의 회한을 담아냈다. 자식들의 다양한 시선을 통해 그 자신의 삶을 두서없지만 흥미진진하게 풀어내고 있다. 언제나 책상 앞에 서서 오래된 올리베티 타자기를 두드리며 글 쓰는 일에만 몰입했던 아버지, 자식들을 낳았으면서도 결국 혼자 있기를 원한 아버지의 모습에 이르기까지 자식들의 시선으로 묘사된 아버지 캐릭터를 통해 가족 안에서 작가 그라스의 인간적인 모습을 엿볼 수 있다.

79 이와 관련된 상세한 자료들은 다음 책과 논문들을 참조할 것. M. Kölbel(Hg.): Ein Buch, ein Bekenntnis. Die Debatte um Günter Grass' ≫Beim Häuten der Zwiebel≪, Göttingen 2007; 김용민: 고백을 통한 과거극복 - 귄터 그라스의 친위대 근무 고백을 둘러싼 논쟁, 유럽사회문화 제3호, 2009, 185-206쪽; 장희창: 귄터 그라스의 『양파껍질을 벗기며』를 둘러싼 논쟁들, 괴테연구 23권, 2010, 159-174쪽.

이 묘지에 49명의 나치친위대 소속 병사들의 유골도 함께 안치되었다는 이유로 격론이 벌어졌고, 그라스는 콜을 신랄하게 비난했다. 그 당시 그라스는 자신의 전력을 고백하면서 어떻게 소년들이 친위대에 들어갈 수 있었는지를 밝혔어야 마땅했는데, 이제 와서야 뒤늦게 고백하는 것을 이해할 수 없다.

3. 젊은 날 세상 물정 모르고 한 행위에 대한 수치심 때문에 이제까지 고백을 못했지만, 주홍글씨처럼 줄곧 자신을 짓눌러 온 그 진실을 이제 자서전이라는 문학 형식을 통해 밝히는 것이라는 그라스의 입장에 대해, 그 동안 기회가 많았음에도 침묵하고 있다가 책 출판에 맞춰 고백한다는 것은 책을 팔기 위한 마케팅 전략으로 볼 수밖에 없다는 것이다.

그라스를 위선자로 몰아붙이며 비난한 사람들은 그 동안의 그라스의 업적과 작품이 재평가되어야 하며, 친위대 복무 전력이 알려졌었더라면 노벨문학상을 수상할 수 없었을 터이니 당연히 상을 반납해야 한다는 주장까지도 했다.[80]

그라스를 옹호하는 사람들은, 본래 친위대에 지원하기 위해서는 아리안임을 증명하는 혈통 증명서가 필요할 정도로 친위대는 대단한 조직이었으나 1943년부터 이미 무장친위대는 엘리트 조직이 아니었으며, 아무튼 뒤늦게나마 젊은 날의 실수를 솔직하게 고백하고

80 잡지 「슈테른(Stern)」이 독일국민을 상대로 2006년 8월 14일 행한 설문조사에서 조사대상자의 87%는 노벨문학상을 반납할 필요가 없다고 답했으며, 8%만이 반납해야 한다고 답했다.

용서를 비는 노작가 그라스의 용기에 오히려 존경을 표해야 한다, 또는 뒤늦은 고백에도 불구하고 그라스의 작품에 대한 평가는 여전히 변함없을 것이라는 입장을 밝혔다.

아무튼 책을 더 많이 팔리게 하려는 의도로 무장친위대 복무 사실을 털어 놓았다는 비판은 노벨상 수상 금액은 차치하고라도 그라스가 그 동안 출판한 책으로 벌어들인 엄청난 인세를 고려한다면 설득력이 전혀 없다. 그라스는 나치 친위대 활동이라는 수치스러운 비밀을 끝까지 감출 수도 있었는데 왜 굳이 고백했을까? 이 물음에 대해서는 명확한 답을 알 수가 없다. 다만, 어린 시절 삶의 모든 영역에 깊숙이 침투한 나치즘이라는 "불에 덴 아이"로서 그라스가 겪었던 고통스런 체험이 그의 가슴 속에 영원히 지워지지 않은 상흔으로서 남아 있다는 것만은 논란의 여지가 없는 것 같다.

2012년 4월 4일 독일 일간지 〈쥐트도이체 차이퉁Süddeutsche Zeiitung〉과 이탈리아 신문 〈라 레푸브리카La Repubblica〉에 동시에 발표한 그라스의 「반드시 말해야만 하는 것(Was gesagt werden muss)」[81]이라는 제목의 산문시 한 편이 독일 사회를 뒤흔들었다. 9연 69행으로 된 이 시는 "핵무기 보유국인 이스라엘이 이란에 군사 공격을 감행하려 한다."면서 이스라엘이야말로 "세계 평화를 가장 위협하는 나라다"라고 원색적으로 비판하는 표현을 담고 있었다. 제 2차 세계대전 이후 오늘날까지 독일에는 정부나 사회단체는 물론 개인조차 범해서는 안 되는 불문율이 있다. 그것은 바로 이스라엘을 비판하거나

81 https://de.wikipedia.org/wiki/Was_gesagt_werden_muss

비난하는 행위이다. 독일은 이스라엘이 아무리 잘못을 저지르더라도 침묵으로 일관해 왔다. 이것은 과거의 잘못된 역사를 반성한다는 뜻이었지만 아무튼 결과적으로는 보편적 의미의 세계평화와 인류사회의 행복을 위협하는 시오니즘의 폭력을 용인하는 결과를 낳았다고 볼 수도 있다. 역사적 불문율 속에 갇혀 불의와 폭력을 보고도 침묵하는 것은 죄악이기 때문이다. 4월 8일 이스라엘 정부는 보복하듯 그라스를 '페르소나 논 그라타(기피 인물)'로 지정하고, 이스라엘 입국을 금지하는 조처를 내렸다.

그로부터 약 두 달 뒤인 5월 27일에는 〈쥐트도이체 차이퉁〉지에, 경제위기에 처한 그리스를 비판하는 세계, 특히 유럽 국가들을 향해 따가운 일침을 가하는 「유럽의 수치(Europas Schande)」[82]라는 제목의 시를 발표했다. 이 시는 재정위기를 겪고 있는 그리스를 "빈곤이란 형을 선고받은 국가"라고 묘사하며 유럽이 내놓은 그리스 해법을 비난했다. 그리스는 구제 금융에 대한 조건으로 국제 채권단으로부터 긴축과 경제개혁을 강요당하고 있었다. 마지막으로 그라스는 "그리스가 없다면 유럽의 정신은 메말라 왜소해질 것이다. 그 나라, 그의 정신이 너, 유럽을 탄생하게 한 나라"라고 시를 끝맺는다.

이 시를 발표한 지 약 3년 후인 2015년 4월 13일, 그라스는 독일 북부 슐레스비히홀슈타인 주에 위치한 항구도시 뤼베크의 한 병원에서 세상을 떠났다.

서정시로 문학 세계에 첫 발을 내디뎠던 그라스가 인생의 마지막

82 http://www.sueddeutsche.de/kultur/2.220/gedicht-von-guenter-grass-zur Griechenland-krise-europas-schande-1.1366941. 25.05.2012.

도 결국 시로 장식한 셈이다. 초기 시들이 주로 환상적인 은유로 가득한 서정시였던 반면에, 말년에 발표한 마지막 시 두 편은 현실참여적인 정치시였다는 점이 주목할 만한 사실이다.

이제까지 그라스의 문학 작품 전체에 관해 간략하게 살펴보았다. 그의 전체 문학 작품의 특징은 한 마디로 환상적 리얼리즘의 문학이라고 정의할 수가 있다. 그의 현실개념과 역사관, 그리고 동화적인 서술방식과 연관하여 그의 작품에 두드러지게 나타나는 환상적 리얼리즘의 문학세계의 특징을 살펴보기로 하자.

(1) 환상적 리얼리즘의 문학

작가는 누구나 자신이 리얼리스트라고 생각하며, 현실적인 것을 창조하려고 노력한다. 하지만 어떤 작가도 동일한 시각과 방식으로 세계를 보지는 않는다. 따라서 현실을 과연 무엇이라고 보느냐 하는 현실 개념이 문제가 되는 것이다.

환상을 현실의 일부로 포함시키는 "환상적 리얼리즘"(phantastischer Realismus)[83]의 개념에서 출발하는 그라스는 변증법적 과정을 전제로 하는 서로 모순되고 서로 지배하려는 현실들을 서술한다. 따라서 그의 작품에는, 현실적 요소와 환상적 요소가 서로 구분할 수 없을 정도로 상호 침투함으로써 경험적 현실이 본래의 성질을 상실하게 되는 그런 아주 독특한 제 3의 현실이 나타나게 된다.

---

83 『개들의 시절』을 서술구조, 언어와 문체, 특히 숫자 상징을 중심으로 정치적, 신학적 관점에서 고찰한 하르샤이트가 그라스의 작품세계를 맨 처음 "환상적 리얼리즘"으로 규정했다. Vgl. M. Harscheidt: G. Grass. Wort-Zahl-Gott. Der phantastische Realismus in den Hundejahren. Bonn 1976.

작가로서의 그라스는 문학적 형식을 통한 직접적인 사회비판을 문학의 다양한 기능들 중 하나에 불과한 것으로 여기고 있다.(W. X, S. 45) 문학이란 어떤 리얼리즘의 이름을 걸고 나오든 근본적으로 상상의 세계에서 태어난 허구라고 생각하는 그는 문학의 기능을 상상력과 환상에 토대를 둔 예술성을 통해 현실 사회에 총체적으로 참여하는 데 있다고 생각한다.

따라서 문제는 현실에 대한 개념이다. 현실을 과연 무엇이라고 보느냐가 중요한 문제인 것이다.

그라스는, 오직 가시적이고 직접 검사될 수 있는 것만이 현실로서 통용되고 환상의 영역은 아예 비사실적이고 비현실적인 것으로 비방되는 그런 리얼리즘 개념에 반대한다. 그는 환상을 현실의 일부로서 파악하여 환상도 현실 속에 함께 포함시키는 소위 "환상적 리얼리즘"의 개념에서 출발한다. 이것은 우리가 우리의 주변세계에서 감각적으로 파악할 수 있는 사실적인 것만을 포착하는 편협한 리얼리즘과 대조적으로, 사실적인 것 외에도 생각된 것, 허구적인 것, 추측된 것, 회상된 것, 꿈꾸는 것, 상상의 것, 환상의 것 등등 모든 것을 포착하는 진정 폭넓은 개념이다. 그라스의 입장에서는 이것이 총체적 리얼리즘의 의미를 지닌다.

그라스는 한 인터뷰에서 환상에 대해 이렇게 말했다.

> 그것은 현실의 다른 면입니다. 그것은 변화무쌍한 이미지들을 가지는 매우 사실적인 세계, 물론 파악할 수는 없지만 사실적인 그런 표상 세계입니다.[84]

그라스는 변증법적 과정을 전제로 하는 서로 모순되고 서로 지배하려 드는 복수의 현실들을 서술한다. 따라서 그의 작품에는 현실적 요소와 환상적 요소가 서로 구분할 수 없을 정도로 상호침투 함으로써 아주 독특한 하나의 현실이 나타나게 된다. 이처럼 그라스의 작품 속에 묘사된 현실 세계는, 경험적인 현실의 공간을 뛰어 넘어 근본적으로 상상의 공간에서 태어난, 전혀 새로운 의미를 지니는 제3의 새로운 현실 세계이다. 이처럼 폭넓고 유연한 상상의 공간이 마련됨으로써 우리의 삶을 견딜 수 없도록 압박하는 경험적 현실의 벽이 제거된다. 그라스는 경험적 현실을 상상력의 힘을 빌려 새롭게 해석함으로써 거기에 새로운 삶의 질서와 의미를 부여하려고 시도한다. "존재의 필연성으로서의 환상"(WA X, 259)은 그라스에게는 단순한 현실도피 수단의 차원을 넘어 고통스런 경험과 과거의 손실을 보상해줄 뿐만 아니라 살아가는 데 없어서는 안 될 중요한 의미를 지닌다.

그라스의 역사관 또한 현실 참여의 기준이 될 뿐만 아니라 문학작품 창작의 온상 역할도 하고 있다. 그라스의 역사관은 독일 철학자 헤겔Friedrich Hegel의 관념론적인 역사관이 안고 있는 문제점에 대한 비판의식으로부터 출발한다. 역사를 추상적이고 전체적인 것으로 파악하는 헤겔의 관념론적 역사 파악은 역사철학적으로 볼 때 실로 획기적인 것이었다. 그는 '역사를 이끌어 가는 원동력은 이성 또는 정신이며, 세계이성이 변증법적 자기발전을 함으로써 세계가

84 G. Cepl-Kaufmann: Gespräch mit Günter Grass. In. Ders.: Günter Grass, S. 295-305, hier S.299.

전개되어 나가며, 끊임없이 새로운 형상을 추구해나가는 정신이 보여주는 다양한 모습이야말로 본질적으로 진보를 나타내는 것'[85]이라고 보았다.

헤겔 이전의 철학자들이 정신을 역사적 과정과는 무관한 것으로 생각한 반면, 헤겔은 "역사 속에 있는 이성"을 역사적으로 발전하는 것, 역사 과정 속에서 스스로를 현현하는 것으로 보았던 것이다. 이는 세계사가 이성적으로 진행되어왔다고 보는 철저한 이성 중심적 사상으로, 역사적 현실에 내재하는 근본법칙, 즉 세계정신이 내적·필연적 자기 과정을 달리는 직선적 진보를 지나치게 강조한 것이다.

그라스는, 역사를 어떤 필연적인 질서와 법칙을 지닌 과정으로 보는 것 자체가 사실상 증명될 수 없는 일종의 미신에 불과하다고 생각한다. 더구나 역사를 그렇게 볼 경우, 역사상 가장 악랄한 범죄행위조차도 불가피한 필연으로서 변명될 수 있고, 그 결과 개별적인 것을 말살하고 추상화된 전체의 신격화를 야기할 위험이 너무나 크다고 생각한다. 이데올로기를 모든 것의 상위질서로 설정하고 그 미명하에 어떤 역사적 발전을 이데올로기화하는 것은 구체적이고 개별적인 삶을 침해하게 된다는 것이다. 다시 말하자면, 추상적이고 포괄적인 이론으로부터 끌어낸 행동 양식을 구체적이고 개별적인 현실의 실천 차원으로 옮겨놓게 되면, 선택의 여지가 없는 배타적인 풍토와 소름끼치는 권리 침해가 이루어지게 된다는 것이다.[86]

---

85 G. W. F. Hegel: Die Vernunft in der Geschichte, Hg. von Johannes Hoffmeister, 5. Aufl., Hamburg 1955, S. 54-78.

86 Vgl. G. Cepl-Kaufmann, a.a.O., S. 303; TuK, S. 1-3

따라서 그는 추상적인 전체성 또는 보편성의 이념에 빠져 개별적인 것들의 구체성과 가능성을 철저하게 말살해버리는 관념론적 역사개념을 부정하는 입장에 선다.

그는 역사를 논리 일관한 법칙에 따라 직선적으로 진보하는 과정이 아니라 오히려 혼돈과 모순, 그리고 우연으로 가득 찬 부조리한 과정으로 파악한다.[87] 직선적인 진보의 개념을 근본적으로 부정하는 "부조리의 모형(ein Muster von Absurdität)"인 반복과 순환의 역사관이 그의 역사관의 중심을 이룬다. 이러한 역사관에 따라 그의 작품에는 상호 모순되는 기록문서들과 책략과 우연의 요소를 함께 끌어들인 부조리한 사건들이 반복되며, 사건과 인물의 행위가 근본적으로 하나의 모델로 환원될 수 있다는 인상을 불러일으키며, "이론 적대적 태도(Theoriefeindlichkei)"[88]와 "이데올로기 적대적 태도(Ideologiefeindlichkeit)"[89]가 두드러지게 나타난다.

추상적 이론과 이념에 대한 적대적 태도는 그라스가 어린 시절 삶의 모든 영역에 깊숙이 침투한 나치즘이라는 "불에 덴 아이"로서 겪었던 고통스런 체험과도 무관하지 않다. 어린 시절 도그마적 이데올로기인 나치즘 때문에 고통스런 체험을 했던 자신의 동년배 세대의 입장을 그라스는 이렇게 밝히고 있다.

---

87 Vgl. M. Durzak: Geschichte ist absurd. Eine Antwort auf Hegel. Ein Gespräch mit Günter Grass. In: Ders.(Hg.): Zu Günter Grass, S. 9-19, hier S. 16f.

88 G. Cepl-Kaufmann, a.a.O., S. 110.

89 F. Schonauer: Günter Grass. Ein literarischer Bürgerschreck von gestern? In: H. Wagener(Hg.): Zeitkritische Romane des 20. Jahrhunderts. Die Gesellschaft in der Kritik der deutschen Literatur, Stuttgart 1975, S. 342-361, hier S. 342.

> 착색된 제복을 입고 우리는 폐허 사이에 조숙하게 서 있었다. 우리는 회의적이었고 앞으로는, 무슨 말이든 검증할 준비가, 무슨 말이든 이제 더 이상 맹목적으로 믿지 않을 준비가 되어 있었다. 어떤 이데올로기도 우리 귀에는 들어오지 않았다.(W. IX, 134)

그는 글을 쓸 때, 자신은 우연히 살아남았을 뿐이며, 이데올로기 때문에 목숨을 잃은 수많은 재능 있는 사람들을 대신해서 글을 쓰고 있다는 의식을 결코 잊지 않고 있으며[90], 모든 종류의 이상주의적 이데올로기, 전체주의적 국가 체제, 그리고 모든 정치적, 종교적 극단주의를 거부한다.[91]

역사에 대한 개념과 인식이 다르면 역사서술 방식, 서술 대상의 선정, 역사 해석 등도 달라지기 마련이다. 관념론적 역사서술방식에는 어떤 추상적 이론이나 이데올로기적 편견이 개입되어 있다. 반면에, 그라스는 구체적인 것, 개별적인 것에 충실함으로써 한 시대의 총체적 모습을 그려내고자 한다. 그러니까 사건들을 포괄적이고 전형적인 추상적 관점에서 서술하는 것이 아니라 개개인의 일상적 삶의 태도와 의식 상태를 구체적으로 보여주는 비이데올로기적인 서술방식을 사용하여 한 시대의 인간과 사물의 본질을 파악하고자 하는 것이다.

그라스는 역사적, 사회적, 이념적으로 조건 지은 계급적 성격을 띤 한 계층이 아니라 구체적 개인의 일상적 삶의 태도와 의식 상

---

90 Vgl. TuK, S. 3.

91 Vgl. D. Stolz, a.a.O., S. 11.

태를 통해 사회의 모습을 그려내고자 하며, 비이데올로기적으로 이야기한다. 이렇듯 객관적인 사회현실을 포괄적으로 관찰, 서술하지 않고, '주관적 체험자'의 눈에 비친 구체적이고 개별적인 사건이나 대상을 그리기 때문에 "현실이, 포괄적인 체계 없이 지각되는 개별적인 대상으로, 즉 해석하고 왜곡하는 일체의 이데올로기적 연관관계에서 [...] 벗어난 대상 그 자체로 나타난다."[92]

기록된 역사에서 중요한 사건들이 단지 부수적인 배경으로서 개별적이고 구체적인 이야기들 속에 통합되어 서술된다. 사건들이 전형적인 추상적 관점에서 서술되는 것이 아니라, 작중인물로 등장하는 서술자의 눈에 비친 주관적 시각을 통해 갖가지로 다양하게 굴절되어 서술된다. 세계는 전체로서가 아니라 대체로 작중인물로 등장하는 서술자의 눈에 비친 단면斷面으로 나타난다. 그리고 세계 역사가 한 개인의 전기 속에 통합되어 있으므로 서술시각이 매우 주관적으로 나타난다. 이러한 의도적인 주관성은 보다 더 높은 차원의 객관성, 즉 전체 역사의 근원적인 흐름을 파악, 인식하도록 해주는 수단이다.

이와 관련하여 그라스 자신은 다음과 같이 말한 바 있다.

> 그러나 아무튼 나에게는, 다음과 같은 한 가지 사실만은 확실합니다. 한 장편소설의 세계성은 대도시에서 대도시에로의 급작스런 장소 교체나 거대한 역사적 사건들을 직접 끌어들임으로써 입증되는 것이 아니라, 세부적인 것으로부터 보다 더 큰 연계성

---

92 V. Neuhaus: Günter Grass, S. 17.

을 입증해 보이는 데에서 바로 문학은 그런 기회를 갖는 것입니다.(TuK, 4)

그는 기존의 공적인 역사의 서술 대상 선정에 대해서도 이의를 제기한다. 역사 서술의 대상인 과거의 사실이라는 것이 실제로 존재하는 것이 아니라 역사서술자의 관념 속에서만 존재하는 것이며, 사료라는 것도 전체적으로 남아 있는 것이 아니기 때문에 역사서술자가 단편적인 문헌들을 근거로 사실에 대한 자신의 관념을 구체화시켜 놓은 데 불과하기 때문이다. 그러니까 기록문서에 의거하여 기술된 소위 "공적인 역사"라는 것도 결국 따지고 보면 수없이 많은 역사 해석 가운데 하나에 불과한 것이다. 따라서 새로운 시각을 통해 역사를 새롭게 해석함으로써 언제라도 기존의 역사 해석은 수정될 수 있다고 그는 생각한다.

과거 사회의 추상적 구조를 주로 사료에 의거하여 학술적으로 밝히는 역사학자와는 달리, 역사적 사실들을 과학적으로 실증하는 것이 작가의 사명은 아니라고 믿는 "그라스에게는 역사가, 개인이 기껏해야 방관자나 청취자로 참여하는 탈개인화된 사건이 아니라, 모든 사건들과 정서들의 총합"[93]이며, "일련의 사건들이 아니라 과거와 현재의 갖가지 경험들과 태도들, 그리고 예상들의 역동적인 상호작용인 것이다."[94]

---

93 C. Mayer und V. Neuhaus: Ein Mann mit seiner gelebten Geschichte: Es war einmal. Nachwort zu *Der Butt*. W.V, 653.

94 The Dick Cavett Show, PBS, 27.Nov.1978. Zitiert nach W. R. Adolph, a.a.O., S. 124.

이러한 현실개념과 역사관을 토대로 한 동화적 서술방식은 그라스의 문학세계를 일관하는 중요한 특징 가운데 하나로, 이미 『양철북』에서 매우 효과적으로 사용되고 있다.

주인공이자 일인칭 서술자인 오스카르 마체라트가 전후 서독의 한 치료감호소(Heil-und Pflegeànstalt)[95]에 수감된 상태에서 단치히의 소시민 사회와 전후 서독사회를 무대로 자신의 생애와 가족사를 통해 20세기 전반의 독일 역사를 연대기적으로 회고하는 일종의 허구적 자서전인 『양철북』은, 물론 과거청산을 다룬 역사소설, 시대소설의 성격을 분명히 띠고 있다. 그러나 환상적인 요소로 가득 찬 동화적 서술형식 때문에 통상적인 의미의 역사소설이나 시대소설과는 전혀 다르다.

제1부의 마지막 장인 '믿음 소망 사랑'(WA Ⅱ, 236-247)에 동화적 서술형식이 가장 잘 드러나 있다. 이 장은 동화에 전형적인 표어 "옛날 옛적에"로 시작한다.

> 옛날 옛적에 한 음악가가 있었는데, 그는 마인이라고 불렸으며 트럼펫을 정말 멋있게 불 줄 알았다.(WA Ⅱ, 241)

트럼펫 연주자 마인은 네 마리의 고양이를 셋집 다락방에 처박아 놓고 키우면서 외롭고 따분한 삶을 나태하게 살아가고 있다. 현실

---

95 치료감호소(治療監護所)는 기존의 번역서들에서 "정신병원" 또는 "정신요양소" 등으로 번역되었다. 그러나 주인공 오스카르가 살인죄로 기소되었지만 정신 이상을 보인다는 소견에 따라 피감호자로 수용해서 치료하는 시설이기 때문에 "치료감호소"로 번역하는 것이 옳다.

에 적응하지 못하고 사는 인생 낙오자 마인에게 나치의 등장은 새로운 삶의 활력을 되찾을 수 있는 계기가 된다. 그는 20년대에 공산주의 청년단체 회원이었고, 사회민주주의 단체인 '붉은 매'에 회비를 내던 좌익분자였는데 1938년 5월 갑자기 새로운 인생을 시작한다면서 극우인 나치스 돌격대의 기마군악대에 들어가게 된다.(208) 그런데 자신이 키우던 고양이를 냄새가 독하다며 때려죽이게 되고, 이 일로 비인간적인 동물학대죄를 범했다는 이유로 돌격대에서 쫓겨나게 된다. 그는 1938년 11월 8일 밤과 9일 새벽 사이, 그 유명한 "수정의 밤"에 유대인 예배당을 불 지르는 등 유대인 박해 활동을 열심히 했는데도 끝내 돌격대에 다시 복귀할 수는 없었다.

마인의 운명은 한 소시민의 개별적 운명을 넘어 20세기 전반 독일 소시민계층 전체의 운명을 전형적으로 보여준다. 제1차 대전에 의해 삶의 토대와 방향감각을 상실한 그들은 나치즘에서 집단에의 소속감과 사회적 정체성을 얻지만 정치 사건의 진행 속에서 결국 몰락하고 만다. 마인의 예에서 우리는 소시민이 자발적으로 나치즘의 토대가 된 원인을 알 수 있다. 개인적 영역에서 겪은 삶의 좌절을 정치적 영역에서 해소하려는 보상심리, 개인적 결함을 은폐하기 위한 자기 방어적 동조현상 등이 바로 소시민들이 나치화한 원인인 것이다. 그라스는 소시민의 사회적, 경제적 조건보다는 오히려 그들의 태도와 의식에서 나치화의 원인을 찾으려했다. 따라서 그라스는 파시즘에 대한 기존의 도식적인 사회학적 모델을 따르지 않는다. 그는 나치즘의 역사를 다루면서도 나치즘을 정면에서 공격하는 것이 아니라 단치히 소시민들의 일상적 삶을 세부적이고 자세하게 사실적으로 보여줄 뿐이다.

이 장은 시작과 마찬가지로 동화에 전형적인 표어인 "옛날 옛적에"로 끝나고 있다.

> 옛날 옛적에 한 음악가가 있었는데, 그는 마인이라고 불렸으며, 만약 죽지 않았다면, 오늘도 여전히 살아서 다시 멋있게 트렘펫을 불 것이다.(WA Ⅱ, 247)

과거에 저지른 죄악이 오늘날에도 여전히 위장된 채 존재할 수 있다는 가능성이 동화적 서술형식을 통해 강조된다. 마인의 트럼펫으로 상징되는 나치즘의 비이성적 공격성이 초시간적으로 재현될 가능성이 있음을 경고함으로써 동화적 서술형식은 폭력적인 역사의 반복적 성격을 드러내는 효과적인 수단이 된다. 사도 바울이 가장 중요한 기독교적 복음으로 가르친 고린도 전서 13장의 믿음-소망-사랑의 메시지와 인간들이 실제 저지른 잔혹하고 비합리적인 행위 사이에 존재하는 모순이 추상적이거나 이론적인 설명을 통해서가 아니라 동화적 서술구조 속에서 구체적인 제스처를 통해 전달된다. 전개되는 사건의 인과관계가 분석적으로 설명되는 것이 아니라 반복과 변주를 통해 점점 더 강렬한 인상을 남기며, 그 결과 상황의 위험성이 독자에게 서술을 통해서가 아니라 구체적인 제스처를 통해 전달된다. 중요한 것은 인과관계를 합리적으로 재구성하는 것이 아니다. 동화적 서술형식은 어떤 합리적 서술모델도 무력하게 만들어버리며, 비합리적인 사건들을 논리적인 설명 없이 이해하기 쉽게 만들어준다.

환상적 요소로 가득 찬 동화적 서술형식은 서술상황과 서술시각의 측면에서도 매우 중요한 의미를 갖는다.

오스카르 마체라트는 "나는 태어날 때 이미 정신적인 발전이 완료된 상태라 그 뒤로는 그것을 단지 입증하기만 하면 되는 그런 총명한 젖먹이에 속한다."(WA Ⅱ, 46)고 말하고 있다. 자신의 출생까지도 보고해야하는 이런 환상적 요소의 첨가는 주인공-서술자 오스카르를 통상적인 일인칭 서술자의 제한된 시각으로부터 벗어나 거의 전지자적 서술자의 우월한 서술입장에 도달하도록 해주는 서술장치이다. 더구나 오스카르는 세 살 때 고의로 성장을 중단한 난쟁이(WA Ⅱ, 64) 상태로 머물기 때문에 다른 사람들의 경계대상이 되지 않음으로써 관찰자로서 매우 유리한 입장에 서게 된다. 또한 정상적인 어른들의 아래에 서서 위를 올려다보는 소위 "개구리시각"을 지니게 된다. 사물을 아래로부터 보여주면서 변형시키고 전통적 가치체계를 완전히 뒤엎는 그의 개구리 시각[96]은 나치즘의 토대가 된 소시민 사회의 타락한 악취의 분위기를 드러내는 데 매우 효과적이다. 이 아래로부터 올려다보는 시각은 자연스럽게 뒤로부터의 시각으로 옮겨간다. '연단'(WA 125-144) 장에서 잘 나타나듯이 연단을 뒤에서 바라본 사람은 연단 위에서 거행되는 모든 일이 거짓임을 깨달을 수 있다. 따라서 뒤로부터의 시각은 외형적인 질서 뒤에 숨어 있는 기만적인 허구를 폭로하는 데 매우 효과적인 서술 장치가 된다.

또 하나의 환상적 요소인 오스카르의 유리 파괴의 목소리는 나치

---

96 M. Durzak: Fiktion und Gesellschaftsanalyse. Die Romane von Günter Grass. In: Ders.(Hg.): Der deutsche Roman der Gegegnwart, S, 247-316, hier S. 263.

시대의 공격적, 파괴적 분위기를 암시하며, 나치 등장과 더불어 성장을 중지하고 나치의 몰락과 함께 다시 성장하기 시작하는 그의 신체의 변화도 역시 역사에 대한 상징이라 볼 수 있다. 전후에 그는 다시 성장을 중단하고 꼽추가 되는데 이는 경제부흥 후 안락함만을 꾀하면서 과거의 잘못을 망각하려는 전후 서독 사회의 불구 상태와 상응한다.

『개들의 시절』에도 동화적인 내용뿐만 아니라 "옛날 옛적에"로 시작되는 동화적 서술방식이 두드러지게 나타난다. 동화적인 내용적 특징들은, 에두아르트 암젤(제1부 「아침 교대조」의 주인공이자 서술자)과 예니 브루니즈라는 두 작중인물이 눈 속에 갇혀 있다가 풀려났을 때 뚱뚱했던 몸매가 날씬한 몸매로 바뀌는 '눈의 기적' 장면, 발터 마테른(제3부 「마테른 이야기」의 서술자)의 아버지인 방앗간 주인 안톤 마테른의 '미래를 예언하는 밀가루 벌레', 그리고 전후시기에 7세부터 21세까지의 청소년들로 하여금 그들 부모 세대의 제3제국에서의 부끄러운 과거를 명확하게 볼 수 있도록 해주는 놀라운 '기적의 안경' 등에서 잘 나타나고 있다. 그리고 "옛날 옛적에"로 시작되는 동화적 서술방식이다. 제2부 「사랑의 편지」(WA Ⅲ, 279-575)에서 "옛날 옛적에 툴라라고 불리는 한 소녀가 있었다."(WA Ⅲ, 502)를 시작으로 "옛날 옛적에 개 한 마리가 있었다."(WA Ⅲ, 575)에 이르기까지 "옛날 옛적에 ...가 있었다."는 동화적 어조가 눈에 띄게 반복적으로 사용되고 있다. 이로써 소설이 전체적으로 인과론적인 질서정연한 도식을 거부하는 서사적 네트워크가 된다.

그라스의 작품 중에서도 여러 가지 의미에서 가장 동화적인 소설은 『넙치』이다. 제목부터 그림 형제의 전래 민중동화집에 수록되어 있는 「어부와 그의 아내」에 등장하는 마적인 물고기 넙치에서 따왔을 뿐만 아니라, 줄거리도 환상적인 동화 속 이야기처럼 현실에서는 도저히 일어날 수 없을 것 같은 내용으로 가득 차 있다. 무려 4천여 년을 거치는 동안 동일한 존재로서 살아온 주인공-서술자 '나', 그리고 모든 시대에 그와 짝을 이루어 등장하는 일제빌, 모권시대부터 현재에 이르기까지 남성의 충고자 역할을 맡아온 넙치 등 경험적인 현실세계에서는 상상조차 할 수 없는 환상적 요소들이 사실적 요소들과 서로 구분될 수 없이 상호 침투함으로써 역사적 - 실제적 모사와 미학적 - 허구적 이야기 서술이 거의 구분될 수 없을 정도이다. 이때 환상적 요소는 경험적인 현실의 이면을 들추어냄으로써 보다 더 높은 차원의 총체적인 현실상을 그려내는 또 하나의 다른 현실의 영역으로서 기능하고 있다. 이런 환상적 리얼리즘의 세계를 가장 효과적으로 그려낼 수 있는 서술수단이 바로 동화적 서술형식이다.

그라스는 『넙치』 출간 직후 인터뷰에서 동화적인 서술방식에 관해 다음과 같이 말했다.

> 나는 『양철북』부터 시작하여 처음부터 동화형식, 즉 '옛날 옛적에 서술'을 사용했으며, 이 특수한 독일적 서술형식을 우리 문학의 토대들 가운데 하나라고 생각합니다.〔…〕나는 이제야 비로소 동화가 하나의 현실로서 발견되기 시작한다고 생각합니다.〔…〕그 간결한 형식의 동화 속에 예컨대 소위 그렇게 깊숙이 파고드는 심리주의 소설에서보다도 더 많은 리얼리티가 묘사되고 있다는 인식이 널리 만연되어 있습니다.[97]

인간의 삶이 특정한 시간과 공간의 구속을 받는 것은 논리적 합법칙성에 속한다. 그러나 동화에서는 이 모든 것이 힘을 잃는다. 동화에서는 경이로운 것이 일상적인 것처럼 자명한 것이 된다. 사실적 심리소설에서는 동화적 요소의 끼여듦이 미학적 결함이 된다. 그건 현실의 혼돈과 모순을 예술적 인식 모델로 옮길 수 없을 때 동화적 요소를 보충함으로써 현실의 개연성을 뛰어넘어 혼돈과 모순을 조화시키려는 시도로 여겨지기 때문이다. 이처럼 부정적인 동화적 요소의 삽입이 동화적 서술의 서사 개념에서는 오히려 매우 긍정적으로 평가된다. 사실주의적 사회소설의 합리적 심리학은, 인간의 마음을 움직이는 모든 행동들과 경험들과 사건들을 이성의 힘으로 꿰뚫고 들어갈 수 있다는 전제 위에 세워져 있다. 환상의 영역, 희망들, 불안과 꿈들, 의식의 문지방 아래 있는 내적인 경험들은 합리주의적 심리학에 의해서는 감지되지 않는다.

서로 평형을 이루며 대립하는 힘들이 명백히 표현되고 있다. 한편에는 인과적인 줄거리 전개와 성격들의 그럴 듯한 심리적 묘사로써 현실의 서사적 모습을 그려내는, 유럽의 서사문학 전통에 바탕을 둔 심리소설이 있다. 다른 한편에는 인간의 태도와 행동을 그의 현실 상황에서 규정짓는 이러한 합법칙성과 인간의 행동 방향을 조종하는 논리적인 이성적 원인들로부터 벗어난 동화적 서술 형식이 있다.

동화적 서술원리는 환상의 힘을 빌려 이러한 내적인 경험들 속으로 깊숙이 파고들어 합리적인 것의 단단한 껍질을 부수어 연다.[98] 그

---

97 Raddatz, Fritz J.: Heute lüge ich lieber gedruckt. Zeit-Gespräch über den Butt mit Günter Grass. In: Die Zeit, Nr.34. 12.8.1977, S. 29-30, hier S. 30.

라스의 작품에서는 동화 형식이 현실의 개연성의 척도들을 의식적으로 뛰어넘는 서술모델로서 구성된다. 그라스의 경우 결국 "경험적 현실의 인과론적인 네트워크를 뚫고 들어가 전혀 새로운 눈으로 사건들을 보도록 하는 현실농축적 묘사를 위한 서술적 전략"[99]을 위해 동화적 서술형식이 요구되는 것이다.

작품 속에 정치성과 역사성을 띤 사실적인 요소들이 엄청나게 몽타주 되어 있음에도 불구하고 동화적 서술 형식 때문에 작품의 전체 분위기는 오히려 환상적 느낌을 불러일으킨다. 그라스의 전체 작품에 걸쳐 두드러지게 나타나는 이러한 현상은 그의 문학이, 환상을 현실의 일부로서 파악하여 현실 속에 함께 포함시키는 환상적 리얼리즘의 개념으로부터 출발하기 때문에 생겨난 것이다.

환상의 힘을 이용하여 역사 교과서나 공식적인 역사서적에는 억압되고 배제되어 있는 것을 제시함으로써 공적인 역사기술을 능가하는 것이 중요한 것이다. 이것은 작가의 의무이자 특권일 수 있다. 그라스는 "소위 신빙성 있는 것으로 전해져 내려온 사실들보다 더 정확한 사실을 고안해낼 수 있다"[100]고 믿는다. 이로써 환상적인 동화형식은 역사를 새롭게 해석하려는 대체역사의 서술에 적합한 수단이 된다.

사실적 요소와 환상적 요소가 예기치 못하게 병렬되고 서로 지속

---

98 Vgl. M. Durzak: Es war einmal. Zur Märchen-Struktur des Erzählens bei Günter Grass. In: Ders.(Hg.): Zu Günter Grass. Geschichte auf dem poetischen Prüfstand. Stuttgart 1985. S. 166-177, hier S. 168.

99 Ebda., S. 169.

100 TuK, S. 31.

적으로 끼여듦으로써 독특한 효과가 생겨난다. 이때 환상적 요소는 경험적인 현실 세계와 동떨어진 영역으로서가 아니라, 오히려 가시적인 경험적 현실의 이면을 들추어냄으로써 총체적인 현실상을 그려내는 또 하나의 다른 현실의 영역으로서 기능하고 있다. 이처럼 "그라스의 작품에는 동화와 구체적인 시대사, 아주 생경한 환상성과 아주 견고한 리얼리즘, 가공적인 것과 실제적인 것, 신화적인 것과 정치적인 것이 서로 배타적이지 않고 상호 보완하고 있다."[101]

요컨대, 그라스의 환상적 리얼리즘의 소설들에 엄청난 탄력성과 유연성, 시적인 생명력을 부여해주는 것은 바로 현실과 환상, 상호 보완적인 이 두 차원 사이에서 끊임없이 일어나는 반어적 상호작용인 것이다.

(2) 잃어버린 고향 단치히와 상실의 미학

단치히는 그라스가 태어나 어린 시절을 보낸 공간으로서 그의 육체와 영혼의 고향일 뿐만 아니라 그라스 자신이 "나의 문학의 원천이 숨겨진 채 파묻혀 있는 곳"[102]이라고 밝히고 있듯이 그의 문학적 고향이기도 하다. 단치히와 그 주변 지역들은 소위 "단치히 5부작"[103]

---

101 V. Neuhaus: Günter Grass: Die Blechtrommel. In: V. Neuhaus u.a.: Interpretationen Romane des 20. Jahrhunderts Band 2, Stuttgart 1993, S. 120-142, hier S. 127.

102 E. Rudolph: Günter Grass. In: Ekkehart Rudolph(Hg.): Protokolle zur Person, 1971 S. 60. Zitiert nach Volker Neuhaus: Günter Grass Stuttgart 1979 S. 1.

103 카타리나 할은 기존의 '단치히 3부작'(『양철북』, 『고양이와 쥐』, 『개들의 시절』)과 『국부마취를 당하고』 그리고 『게걸음으로』, 다섯 작품을 '단치히 5부작'이라고 부르고 있다. Vgl. Katharina Hall: Günter Grass's "Danzig Quintet". Explorations

뿐만 아니라 『넙치』, 『암쥐』, 『무당개구리 울음』은 물론 『나의 세기』를 비롯하여 그라스의 거의 모든 작품에서 주무대로 등장하고 있다.

역사적으로 볼 때 중세 이후로 독일 도시였던 단치히는 게르만과 슬라브 민족이 마주치는 단층선적 지역이었다. 단치히는 18세기 이후 독일, 프랑스, 폴란드의 정치적 이해의 표적이 되어오다가 바익셀 강어귀에 위치하고 있다는 지형학적 중요성 때문에 독일령 단치히는 제1차 세계대전이 끝난 후 베르사유 조약에 따라 1920년 11월 15일 자유도시의 지위를 얻게 되고 독일로부터 분리되어 국제연맹의 통치를 받게 된다. 그 결과 단치히와 그 배후지역은 굴덴Gulden이라는 자체 화폐를 사용하고 폴란드의 관세구역에 속했다. 그렇지만 독일인 인구의 비율이 높았기 때문에 폴란드 영입이 불가능한 한계가 있었다. 자유도시 단치히는 동쪽으로는 발트해에 이르는 폴란드령 회랑을 사이에 두고 동프로이센과 떨어져 있어 지리적으로 독일제국과 분리되어 있었음에도 불구하고 제1차 세계대전 이후 민족주의적 구호인 "제국으로의 귀향(Heim ins Reich)"이라는 구호 아래 추진된 실지회복운동의 결과 나치에 동조하는 투표율이 50%를 넘겨 1932년부터 나치당이 단치히를 장악하게 되고 1939년에는 히틀러에 의해 제3제국에 강제 편입된다. 단치히는 1939년 9월 1일 제2차 세계대전이 시작되었던 곳이다. 전쟁 통에 1944년 고향으로부터 피난을 떠난 그라스는 『양철북』 집필을 마무리하기 위해 피난 후 처음으로 1958년, 폴란드 영토가 됨으로써 이름도 그단스크로

---

in the memory and history of the Nazi Era from "Die Blechtrommel" to "Im Krebsgang". Lang, Bern u. a. 2007.

바뀐 단치히를 방문한다. 전쟁으로 폐허가 된 단치히를 폴란드 측이 지대한 노력을 기울여 복구 작업을 했지만 그라스는 이 복구된 도시 그단스크에서 자신이 기억하고 있는 옛 단치히의 모습을 다시 발견하기가 어려웠다. 그 후 그는 문학작품 안에서 단치히를 부활시킴으로써 잃어버린 고향을 문학을 통해 복원하게 된다.

『개들의 시절』에 단치히와 그 외곽지역 랑푸르가 지니는 의미가 다음과 같이 간명하게 소개되어 있다.

> 옛날 옛적에 한 도시가 있었는데,〔...〕그곳의 한 외곽지역 이름은 랑푸르라고 불렸다. 랑푸르는, 이 세상에서 일어났거나 일어날 수도 있었을 모든 일들이 이곳에서도 일어나거나 일어날 수도 있을 정도로 그만큼 크기도 했고 그만큼 작기도 했다."(WA Ⅲ. 519)

유럽의 변방 도시 단치히는 서로 다른 언어, 인종, 종교, 문화가 뒤섞인 혼종화의 공간으로서 동유럽의 다른 도시들, 예컨대 리투아니아의 빌뉴스Vilnius 등과 같이 지난 몇 세기에 걸쳐 성립된다. 이러한 도시들의 다문화적 정체성은 20세기에 와서 전쟁과 파괴, 이로 인한 추방, 피난, 강제 이주의 역사로 대체된다.

이런 의미의 맥락에서 보자면, 우리 독자가 그라스의 작품에 묘사된 단치히 – 랑푸르를 통해 경험하는 역사는 특정 지역 단치히 – 랑푸르의 역사가 아니라 어두운 과거 속에 묻혀버린, 또 다른 세계 지도상의 임의의 한 마을, 즉 하나의 문학적 모델의 역사라고 말해도 좋을 것이다. 랑푸르는 지리적, 역사적으로 특정할 수 있는 어떤 하나의 마을을 넘어선다. 그것은 비슷한 역사를 배경으로 하는 이 세상 어느 곳의 한 마을일 수 있다. 랑푸르의 의미는 바로 지리적-역사적 의미와 문학적 의미 사이의 긴장관계에서 찾아져야 할 것이다.

그라스는 1975년 9월 루돌프E. Rudolph와의 인터뷰에서 단치히를 작품의 주무대로 삼는 이유를 이렇게 밝혔다.

> 그것은 사람들이 지니고 다니는 악취 때문이며, 그곳에서 경험했던 뚜렷한 특징 때문이며, 그곳에서 일어난 일들은 다른 곳에서도 일어날 수 있으리라는 생각, 즉 세계 어디에서나 – 물론 그 색조야 각양각색이겠습니다만 – 일어날 수 있고 또한 실제로 일어났던 일들이 바로 그 지방에서 반영되어 일어난다는 생각이 들기 때문입니다. 단치히는 특히 독일인들과 폴란드 인들의 충돌, 그 도시의 세계 개방적 위치, 변화무쌍한 역사 등에 대해 숙명적이었습니다. 내가 단치히와 그 주변 세계에 대해 왜 집중하는가에 대한 또 하나의 다른 이유는 아마 내가 그 도시를 잃었다는 데 있을 것입니다.(W.X, 180)

그라스에게는 단치히에서 일어난 사건이 세계사적 사건의 반영으로서의 의미를 지닌다. 이로써 단치히는 단순한 지방도시의 개별성을 넘어선 보편성을 획득한다. 그라스에게는 단치히와 그 외곽지역 랑푸르가 "세계의 수도이자 중심점이다. 독일의 다른 모든 도시들, 예컨대 뒤셀도르프, 함부르크, 쾰른, 그리고 베를린도 모두 이 중심의 둘레를 돌고 있는 그저 위성도시 또는 외곽도시일 뿐이다."[104] 따라서 그라스의 단치히가 조이스James Joyce의 더블린이나 포크너William Faulkner의 제퍼슨과 비교되었던 것은 결코 우연이 아니며, 그라스에 의해 거듭 형상화된 단치히는 만Thomas Mann의 뤼베크, 되블린Alfred Döblin의 베를린, 카프카의 프라하와 동일한 비중을 지닌다고 해도 지나친 말은 아닐 것이다.

1992년 독일사회에 만연하는 외국인에 대한 증오 및 적대행위, 그리고 극우화 현상을 계기로 행한 「상실에 대한 연설(Rede vom Verlust)」에서 그라스는 스스로 상실의 미학이라고 이름붙인 것을 다음과 같이 설명하고 있다.

> 내 책의 대부분은 사라져 버린 단치히 시와 그 주변의 구릉지와 평지, 그리고 파도가 힘없이 부딪치는 발트해를 문학으로 불러내고 있으며, 또한 그단스크도 세월이 지나면서 계속 글로 씌어지고자 하는 주제가 되었습니다. 상실은 나를 달변으로 만들었습니다. 오직 완전히 잃어버린 것만이 열정적으로 끝없는 명명을 요구합니다. 사라진 대상이 다시 나타날 때까지 그것의 이름을 그토록 오랫동안 소리쳐 부르는 이 광기. 문학을 위한 전제로서의 상실. 나는 나의 이 경험을 논제로서 세상에 유포시키려는 거의 그런 경향이 있습니다.[105]

현실에서 잃어버린 고향을 문학을 통해 복원한 결과로서의 경계

104 K. L. Tank: Günter Grass, 2. Aufl., Berlin 1965, S. 12.

105 G. Grass: Rede vom Verlust. Über den Niedergang der politischen Kultur im geeinigten Deutschland. Göttingen, 1992, S. 41f.

넘기 및 정체성의 확장은 그라스 문학의 근간이 된다. 1960년대 이래로 줄곧 그라스는 독일이 스스로 전쟁을 일으킨 죄에서 비롯된 고향 상실은 되돌릴 수 없는 상실이라는 주장을 펴왔다. 그는 기민·기사당 연합정권의 국경 회복과 민족통일 약속은 "고향에서 쫓겨난 자(Heimatvertriebene)"라 불리는 슐레지엔, 동포메른, 동프로이센 출신의 실향민들을 무마하기 위한 제스처에 불과한 기만행위라 비판하고, 1970년 독일-폴란드간의 바르샤바 협정을 계기로 실향의 문제에 "지리적 손실을 문화적 이득을 통해 메운다."고 함으로써 실향의 담론에 "문화"라는 새로운 차원을 도입한다. 고향 상실과 문학을 통한 복원의 미학이라고 부를 수 있는 이런 입장은 정치적·이념적 분단이 야기한 독일민족 정체성의 결함을 문학과 문화적 투영을 통해 새로운 정체성을 정립함으로써 극복한다는 입장으로서, 오늘날 새로운 민족이동의 시대에 민족 정체성 설정에 기여하게 된다.

(3) 글쓰기와 그림그리기의 상호작용

그라스가 다양한 재능을 갖추고 있음은 잘 알려져 있는 사실이다. 그는 문학적 재능뿐만 아니라, 재즈 음악가로 생계를 꾸려갈 수 있을 정도의 음악적 재능, 그림, 조각 등의 조형 예술적 재능은 말할 것도 없고, 심지어 빼어난 요리 실력도 갖춘 작가이다. 그 중에서도 특히 문학적 재능과 조형 예술적 재능이라는 이중재능과 그 상호작용 관계를 아는 것은 그의 문학세계를 이해하는 데 매우 중요하다.

그는 1947년에 뒤셀도르프에서 석공 및 석각 견습공 생활을 했고, 1948년부터 뒤셀도르프 미술대학에 다니면서 그래픽 작가 마게스Sepp Mages와 조각가 판코크Otto Pankok로부터 사사받았으며, 1953년부터 1956년까지는 베를린 예술대학에서 조각가 하르퉁Karl Hartung밑에서 조각 수업을 받았으며, 본격적으로 글 쓰는 작가 활동을 시작하기 전에 이미 조각가, 그래픽 작가로서 예술 활동을 시작했다.[106]

중요한 것은, 문학적 재능이 조형 예술적 재능과 상호영향을 주고받는다는 사실이다. 그라스는 '단치히 3부작'을 이루는 『양철북』, 『고양이와 쥐』, 『개들의 시절』의 표지 그림뿐만 아니라 『무당개구리 울음』, 『아득한 들판』, 『게걸음으로』 등 자신의 모든 작품의 표지 그림을 직접 그렸을 뿐만 아니라, 『나의 세기』에서는 작품 안에 수채화를 그려넣기도 하고, 시와 그림을 함께 수록한 시화집들도 적잖게 출간하기도 했다.

무엇보다도 우리가 주목해야 할 것은 그라스의 경우 글쓰기와 그리기 작업이 통상적으로 상호 연관성 하에 이루어져 왔다는 사실[107]

---

106 우리나라에서도 그라스의 조형예술 작품들을 직접 접할 수 있는 좋은 기회가 몇 차례 있었다. 필자가 확인한 바로는, 2001년 6월 20일부터 7월 7일까지 동대입구 전철역 근처 파라다이스 빌딩 안에 있는 한국문학관에서 그라스의 동판화 30여점이 전시된 것이 최초였다. 그 후 2006년 2월 8일부터 2월 28일까지 서울 종로구의 갤러리 '고도'에서 권터 그라스 판화, 조각전이 열렸다. 그라스 사후에는, 2015년 12월 12일부터 2016년 2월 12일까지 두 달간 제주현대미술관에서 '권터 그라스 특별전'이 열렸는데, 그라스의 드로잉과 판화 작품 80여점과 조각 작품 11점(뤼베크의 권터 그라스 하우스 소장품)을 선보였다. 그리고 2016년 4월 8일부터 5월 8일까지 단원미술관에서 안산시 승격 30주년을 기념하는 권터 그라스 특별전에서는, 그라스의 판화작품 80여점과 조각작품 10여점 외에도 자필 시원고와 『양철북』 포스터 등 권터 그라스의 문학과 조형예술작품이 접목된 다양한 자료가 전시되었다.

107 스케치, 석판화, 동판화, 그래픽, 조각 등 그라스의 조형예술 능력, 그리고 글쓰기와 그리기의 상호연관성을 잘 보여주는 중요한 작품과 작품모음집은 다음과 같다. G, Grass: Zeichnungen und Texte 1954-1977. hg. von Anselm Dreher, Darmstadt/ Neuwied 1982;(앞으로는 ZT로 줄여서 인용함); G. Grass: Radierungen und Texte 1972-1982. Hg. Anselm Dreher, Darmstadt/ Neuwied 1982; G. Grass: In Kupfer, auf Stein. Göttingen 1986(앞으로는 KS로 줄여서 인용

이다.

그라스가 새로운 표현 가능성들을 더듬듯 시험하고 새로 시작하는 단계에서는 거의 언제나 서정시와 그림 그리기의 병렬적인 작업이 있었다. 한편으로 그림 그리기는 그 자체로 끝나는 것이 아니라 계속 글로 씌어지고, 다른 한편으로는 "글로 쓴 메타포"(die geschriebene Metapher)(W. IX, 789)는 그림 그리기를 통해 검증되는 것이다. 이렇듯 "서로 바로 잡아주고, 서로 참견하며, 서로 배척하거나 보완해 주는 두 개의 원리"[108]인 글쓰기와 그림 그리기라는 서로 상이한 표현양식들을 이용하여 그라스는 그것들 상호간의 생산적 활동의 결실을 만들어냈다.[109]

첫 시집 『바람닭의 장점들』에서는 심지어 상상의 바람닭을 그린 그래픽 작품들[110]이 시와 동등하게 목차에 제시되어 있다.

달팽이와 함께 그려진 자화상이 나타나는 1972년에 생겨난 두 개

함); G. Grass: Dummer August, Gedichte, Lithographien und Zeichnungen. Göttingen 2007; G. Grass: Ach Butt, dein Märchen geht böse aus. Gedichte und Radierungen. München 1996; G. Grass: Mein Jahrhundert, Göttingen 1999; G. Grass: Letzte Tänze, Göttingen 2003.

108 E. Rudolph: Günter Grass. In: Ders.: Aussage zur Person - Zwölf deutsche Schriftsteller im Gespräch mit E. Rudolph, München 1976. Zitiert nach V. Neuhaus: Günter Grass, Stuttgart 1979, S. 21.

109 그라스 자신이 이 두 원리의 상호작용에 대해 "시들과 그래픽 작품들은 상호연관하에서 서로를 발전시킨다. 그래픽 작품들은 그림으로 그린 시들일 때가 많으며, 많은 시들은 윤곽들을 글로 바꾼 것이며 회색의 색조에 음영을 나타낸다. [...] 그래픽의 상으로 바뀔 때에만 비로소 언어의 은유는 자체의 영속성 여부를 입증한다."(W. IX, 790)고 밝힌 바 있다.

110 Vgl. ZT, 〈Hahn〉(Nr.4, Nr.5), 〈Hahn und Schlüssel〉(Nr.6), 〈Großes Huhn〉(Nr. 7) 등이 있다.

의 동판화[111]는 『어느 달팽이의 일기에서』와 연관된 모티브로, 점진적인 개혁을 요체로 한 "달팽이의 철학"을 주장하는 '서술자 나'의 태도와 연관된다.

『텔크테에서의 만남』을 작업할 때에는, 대내외적으로 황폐한 시대에서 작가들의 절망적인 상황을 글로 표현[112]하기 전에, 그런 상황을 비유적으로 보여주는, 돌 더미를 뚫고 불쑥 솟은 '깃털 펜을 든 작가의 손'을 형상화한 그래픽 작품들[113]에 대한 작업이 있었다.[114]

특히 『넙치』 집필 과정 중에 시, 그래픽, 그리고 산문의 병렬적인 작업, 이 세 가지 상이한 표현방식 간의 상호작용이 활발하게 이루어졌다.[115]

그라스의 문학 작품과 그래픽 작품 양쪽 모두에서 자주 음경 상징으로 나타나는 뱀장어를 형상화한 동판화 〈내가 일제빌에게 선사한 뱀장어(Der Aal, den ich Ilsebill schenkte)〉[116], 길게 늘어져 있는 감자 껍질과 탯줄을 병렬적으로 묘사한 동판화 〈감자들-탯줄(Kartoffeln-Nabelschnur)〉[117], 그리고 여성의 자연적인 생산능력과 대조적으로 두

---

111 Vgl, KS, 〈Selbstporträt Ⅰ〉(Nr.12), 〈Selbstporträt Ⅱ〉(Nr.15).

112 "사람들이 그들을 설령 돌로 치고, 증오로써 파묻어버린다 하더라도, 그래도 펜을 든 손이 그 돌더미를 헤치고 불쑥 솟아나올 것입니다."(W.Ⅵ, 134)

113 Vgl. KS, 〈Das Treffen in Telgte〉(Nr.135), 〈Des Schreiber's Hand〉(Nr.136), 〈Westfälischer Friede Ⅱ〉(Nr. 137).

114 Vgl. W. Ⅸ, S. 789.

115 이에 관한 상세한 내용에 대해서는 박병덕: 권터 그라스의 문학세계, 다섯수레, 2001, 50-68쪽을 참조할 것.

116 Vgl. KS, Nr.99.; W.Ⅴ, S.80.

뇌로 생산하는 남성의 두산 모티브를 비유적으로 형상화한 1980년의 동판화 〈두산(Kopfgeburten)〉[118] 등도 글쓰기와 그림 그리기의 상호작용을 잘 보여준다.

『넙치』 집필중인 1976년에 「여덟째달」과 연관된 두 개의 스케치[119]가 생겨났었다. 출간 이후인 81년부터 82년 사이에 나온 22개의 석판화 연작 〈아버지날(Vatertag)〉[120]은 「여덟째달」에 묘사된 '아버지날' 에피소드의 여러 모티브를 그래픽 작업을 통해 다시 실험하려는 시도로 보인다. 「여덟째달」의 그로테스크하고 희화적이면서도 비극적인 내용과 걸맞게 이 그래픽 작품들은 매우 그로테스크하고

---

117 Vgl. KS, Nr.92. 이 동판화는, 소설에서 감자껍질처럼 길게 늘어놓는 아만다의 이야기 서술(341)과 연관된다.

118 KS, Nr.149.

119 Vgl. ZT. 〈...그때 지기가 말했다 Da sagte Siggi〉(Nr.73), 〈...그때 넙치가 말했다 Da sagte der Butt〉(Nr.72) 이 스케치에는 울고 있는 빌리, 그리고 맥스헨과 넙치의 모습이 이와 관련된 「여덟째달」(WA V, 568-571)의 텍스트와 함께 그려져 있다.

120 Vgl. KS, Nr.12L-33L. 〈Am Himmelfahrtstag〉(Nr.12L), 〈Alle vier〉(Nr.13L) (이 석판화에는 원통형 모자들이 버섯, 음경 모습으로 나타나 있다. 버섯과 음경의 동일시를 통해 남성용 모자는 성적인 공격성의 상징이 되며, 이를 통해 소설 텍스트(536)와 연관된다.) 〈Mit Pilzhüten〉(Nr.14L), 〈Hornhechte〉(Nr.15L), 〈All die zehntausend, nein hunderttausend Männer〉(Nr.16L), 〈Und als am Vatertag...〉 (Nr.17L), 〈Viel edler geformt〉(Nr.18L), 〈Fischköpfe〉(Nr.19L), 〈Danach hingen sie ihren Gedanken nach...〉(Nr.20L), 〈Fuß nach Fuß, Griff um Griff〉(Nr.21L), 〈Jeder für sich〉(Nr.22L), 〈Siggi und Fränki〉(Nr.23L), 〈Freundschaftspyramide〉(Nr.24L), 〈Sind doch die Frauen wie schon Goethe sagte〉(Nr.25L), 〈Streit〉(Nr.26L)(이 석판화에는 빌리, 맥스헨, 지기, 프렝키, 네 여자의 이름이 싸우는 그림과 함께 씌어져 있다), 〈Die Krähen folgten〉(Nr.27L), 〈Da sagte der Butt...〉(Nr.28L), 〈Billy erwachte〉(Nr.29L)〈Von Baum zu Baum〉(Nr.30L), 〈War das noch ein Mensch〉(Nr.31L), 〈Scherbengericht〉(Nr. 32L), 〈...Danach ging das Leben weiter〉(Nr.33L).

회화적이면서도 음울한 느낌을 준다.

『넙치』의 모티브가 된 일련의 그래픽 작품과 시들 사이의 긴밀한 연관성, 그리고 산문에 대한 서정시의 독자적인 동력은, 결국 1983년에, 『넙치』 성립 시기의 시들과 그 시의 테마에 상응하는 그래픽만을 따로 모은 최종 모음집 『아, 넙치님, 당신의 동화는 나쁘게 끝나는군요(Ach Butt, dein Märchen geht böse aus)』를 생겨나게 했다. 이 모음집에는 『넙치』에 삽입되어 있지 않은 시 14편[121]도 실려 있다. 대부분의 경우 그에 상응하는 동판화가 있으며, 그 중 일부는 『넙치』의 산문 텍스트와 연관되어 있다. 성립시기로 볼 때, 먼저 시와 동판화들이 동시에 생겨나고, 나중에 동일한 모티브가 산문에도 나타난 경우도 있고, 그 반대의 경우도 있다.

작품 전체에 걸쳐 나타나는 중심 모티브 중의 하나인 '깃털불기' 모티브의 경우도 마찬가지이다. 1974년의 동판화 〈깃털불기(Federn blasen)〉[122]에는 얼굴 위에 떠다니는 깃털과 함께 그라스의 자화상이 묘사되어 있다. 이 그래픽에 상응하는 동명의 시가 나중에 1974년 5월 브란트의 사퇴와 연관된 소설의 산문 속에 그대로 받아들여지

---

121 Vgl. W. I , S.223-238: 〈Mein Schuh〉(224f.), 〈Kinderstunde〉(226), 〈Übers Jahresende in Budissin〉(227), 〈Schöne Ausssicht〉(228), 〈Pappi〉(229), 〈Torso weiblich〉(230), 〈Was Vater sah〉(231), 〈Federn blasen〉(232), 〈Im Apfelgarten〉(233), 〈Liebe geprüft〉(234), 〈Doch aber〉(235), 〈Dein Ohr〉(236), 〈WIe ohne Vernunft〉(237), 〈Scenisches Madrigal〉(238).

122 Vgl. KS. Nr.75; Ach Butt, S.95. 74년의 〈Kuhauge mit Fedrn〉(Nr.62), 〈Federn〉(Nr.63), 〈Fünf und eine Feder〉(Nr.64), 〈Sechs Federn〉(Nr.65)에는 자화상이 그려져 있지 않다. 〈Federnbläser I 〉(Nr.74)(그림 18 참조)은 〈Federn blasen〉과 비슷하게 그라스의 자화상이 그려져 있지만, 80년의 〈Federnbläser II 〉(Nr.161)에는 자화상 대신 한 여자의 얼굴이 깃털과 함께 묘사되어 있다.

고 있다.(522)[123]

이 예만으로도 『넙치』의 집필을 전후하여 글쓰기와 그림 그리기의 상호작용이 있었음을, 특히 시와 그래픽 작품 간에 매우 긴밀한 상호작용이 이루어졌음을 밝히는 데는 충분할 것이다. 시와 그래픽 작품간의 상호작용의 비중으로 미루어 본다면, 시들은 근본적으로는 산문과 독립해 있으며 『넙치』의 테마를 형상화한 그래픽 작품들과 함께 독자적인 영역을 이루고 있다고 볼 수도 있다.[124]

그라스는 초기 작품부터 추상적이고 보편적인 것보다는 "구체적으로 관찰할 수 있는 것, 사물들에 철저하게 한정"[125]시켜 어떤 대상이나 사물을 주관적 시각에서 지극히 세부적으로 묘사해왔다. 그라스 소설의 서술자들은, 있는 그대로 보여주고자 집착하고 있는 사물 자체에 대한 이야기 외에 다른 것에는 도무지 관심이 없다는 듯이 사물의 세부적인 묘사에만 힘을 쏟고 있다. 따라서 아무런 중요성도 없는 것처럼 보이고 의미마저 잘려나간 것처럼 보이는 사물 그 자체가 문제시된다.

이처럼 그라스의 텍스트에 묘사된 대상들은 일단은 그 자체만을 지시하므로 추상적 의미 지시가 결여되어 있다. 따라서 서술된 내용은, 일체의 해석이나 의미 방향을 암시하지 않고, 독자에게 직접적으로 제시된다. 변하기 쉬운 인간 세계보다 순수하고 진실한 사물의 세계를, 그 세계에 무엇을 덧붙이거나 어떤 해석을 개입시키

123 Vgl. Ach Butt, S. 94.

124 Vgl. P. Brady, a.a.O., S. 204.

125 V. Neuhaus: Günter Grass, S. 11.

지 않고, 단지 철저한 관찰을 통해 눈에 보이는 그대로 묘사함으로써, 사물 자체로 하여금 말하게 하는 것이다. 이러한 비유적 언어 표현 방식은 그의 작품 해석을 어렵게 만드는 한 원인으로 지적되어왔다.[126]

사물에 대한 세부적이고 자세한 묘사는 원래 사물의 본질을 파악하려는 시도에서 비롯된 것이다. 그런데 이러한 본래 의도와는 달리, 극도로 세부적이고 정밀한 묘사는 오히려 환상적인 느낌을 불러일으킨다. 세밀하게 묘사된 눈에 보이는 사물이나 대상 저 너머에 또 다른 무엇인가가 있다는 느낌을 야기함으로써 가시적인 사물의 세계는 오히려 자체의 본래 성질을 완전히 잃어버린 전혀 다른 것처럼 나타나게 되고, 결국 다양한 의미를 부여받게 된다. 그것은 묘사된 사물이란 결국 서술자의 주관과 체험을 통해 변화된 사물인 것이며, 그 자체를 넘어선 이념적, 상징적 의미를 띠게 되기 때문이다. 따라서 비유적 표현을 통해 오히려 의미의 다양성과 애매한 불확실성이 증대된다.

조형예술적 재능과 연관된 "대상에 대한 집착(Sucht zum Gegenstand)"[127]과 "구체적 비유로 형상화하려는 강제적 욕구 das zwanghafte

---

126 이와 관련해 바겐바흐는 『양철북』을 분석하면서 이렇게 말했다. "해석이 거부되고 미로에 빠진다. 텍스트는 원칙적으로 해석에 적대적이다. [...] 텍스트의 관심사는 바로 다름 아닌 사물 자체에 있다. 텍스트는 비유적이고 정밀하다." K. Wagenbach: Günter Grass. In: K. Nonnenmann(Hg.): Schriftsteller der Gegenwart. 53 Porträts. Olten/Freiburg 1963, S. 118-126, hier S. 120f.

127 Interviews mit Günter Grass in Frankfurter Neue Presse(14.11.1959) zitiert nach F. Richter: Die zerschlagene Wirklichkeit. Überlegungen zur Form der Danzig-Trilogie von Günter Grass, Bonn 1977, S. 69.

Bedürfnis des "Ins-Bild-Bringens"[128]는 문체와도 상응한다. 추상적인 관념어조차도 비유적인 표현을 통해 구상적인 모습을 띠고 나타나게 되는 것이다. 그러니까 비유적 언어와 그래픽 작품은 그라스가 사물을 구체적인 상으로 형상화하려는 의도에 따른 형식상의 상응물이다.

이러한 비유적인 언어 표현이 『게걸음으로』에는 어떻게 나타나고 있으며 그 기능과 의미는 무엇인가 하는 문제에 대해서는 나중에 제IX장 제4절에서 밝히게 될 것이다.

---

128 S. Mayer, a.a.O., S. 21.

Ⅲ. 서술의도와 수용사 및 연구 상황

1. 서술의도: 사회적 타부의 문학적 형상화

『게걸음으로』에 나타난 서술의도를 살펴보기 전에 우선 그 집필과정과 성립사에 관해 살펴볼 필요가 있다.

『게걸음으로』는 집필 초기 단계에 이미 최종 확정된 제목이 아니었고, 원래 가제는 "배들이 침몰하고 있다(Schiffe versenken)"[1]였다. 이 가제는 작품의 중심소재인 '빌헬름 구스틀로프 호'의 침몰 사건에 초점을 맞춘 제목이라고 볼 수 있다. 그런데 작품 집필 과정에서 그 소재를 어떤 방식으로 이야기해나가는 것이 가장 효과적일까 하는 서술방식의 문제에 무게중심이 실리게 되면서 최종 제목을 『게걸음으로』로 바꾸었던 것이라고 추정해도 무방할 것 같다. 이 문제에 관해서는 제Ⅳ장 제 3절에서 서술방식에 관해 다룰 때 상세하기 살펴보기로 하겠다.

「제4장」 맨 처음 시작부분에서 일인칭 서술자 파울 포크리프케가 작품 성립사와 관련해 다음과 같이 언급하고 있다.

> 단치히 시와 그 주변 지대와 직결되어 있거나 아니면 느슨하게 연결되어 있는 모든 이야기 줄거리는 원래부터 자기 몫이라는 것이다. 그러므로 다른 사람이 아닌 바로 자신이 그 배와 관련된

---

1 V. Neuhaus: ≫Ech ich nur noch dafier, daß main Sohn aines Tages mecht Zeugnis ablegen≪. - Das zweite Leben der Tulla Pokriefke. 여성연구논총 제9집 제2호, 2011, S. 75-96. hier S. 88.

> 모든 것, 그 배의 이름이 그렇게 붙게 된 원인, 그리고 전쟁 시작 이후 그 배가 어떤 목적을 달성해야 했는지에 관해 보고해야 마땅했을 터이며,〔...〕그 배의 최후에 대해서도 짧게 또는 길게 요약해서 자신이 이야기했어야 마땅하다는 것이었다. 두꺼운 책『개들의 시절』이 출판된 직후부터 이 소재가 그에게 맡겨졌다는 것이다. 그가 -다른 누가 한단 말인가?- 그 소재를 한 꺼풀 한 꺼풀 벗겨내야만 했다는 것이다. 왜냐하면 툴라를 필두로 포크리프케 일가의 운명에 관한 암시들이 없지 않았기 때문이라는 것이었다. 임신한 툴라를 포함해서 그 일가의 나머지 구성원이-툴라의 오빠 둘은 전사했다-이미 만원 상태인 구스틀로프 호에 마지막으로 승선해 자리를 잡았던 수천의 피난민들 중에 섞여 있었다는 사실만은 최소한 예감할 수 있었다는 것이다.(IK, 77)

무엇보다도 우리의 주목을 끄는 것은 허구적 인물이 아닌 실제 작가 그라스의 소설『개들의 시절』의 줄거리, 그리고 툴라를 중심으로 한 포크리프케 일가의 허구적인 작중인물들을 구스틀로프 호와 연관시켜 언급하고 있다는 사실이다.

『게걸음으로』를 제대로 이해하기 위해서는『개들의 시절』과 연계하여 작품의 성립사를 살펴볼 필요가 있다.『게걸음으로』는『개들의 시절』의 속편이라고 불려도 좋을 정도이다.『게걸음으로』에는『개들의 시절』과 직간접적으로 연관된 내용이 거의 3분의 1에 이를 정도로 엄청난 비중을 차지하고 있기 때문이다. 그라스의 전체 작품들 사이에 상호텍스트성이 두드러진다는 사실을 고려한다 하더라도, 40년 전에 출간된 소설의 줄거리가 다른 작품에 이렇게 큰 비중을 차지한다는 것은 매우 놀라운 일이다. 왜 이런 현상이 생기게 된 것일까? 필자의 추측으로는, 작가 그라스가 『개들의 시절』을 출간한 이후에도 계속해서 그 작품에 대해 큰 애착을 갖고 미련을 떨치지 못했기 때문이었던 것 같다.

출간되기 이전부터 큰 기대를 모았던 『개들의 시절』은 1963년 출간되자 처음 얼마 동안은 『양철북』과 더불어 "독일 전후문학의 두 최고봉"[2]이라는 찬사까지 받을 정도로 호평을 받았다. 그러나 곧바로, 그 작품에 대해 "서술시점이 지나치게 세분화 되어 있고 서술구조 또한 너무 복잡하며 길이도 300쪽 정도면 좋았을 텐데 너무 길다."[3]는 등의 이유를 들어 혹평한 발터 옌스Walter Jens를 필두로 악평이 이어지면서, 이해하기가 힘든 소설로 치부되어 결국 독자들로부터 외면당하는 신세로 전락하고 말았다. 물론 그 후 "작가집단"이라는 서술상황에 주목하며, 세 명의 공동서술자의 구성을 "희생자, 증인, 가해자"의 시점의 복합체로 분석한 괴체의 박사학위 논문[4]이 나오자 문학연구가들의 평가는 대체로 호의적으로 바뀌기는 했지만, 그러나 일반 독자들부터는 별로 사랑을 받지 못했다.

반면에 그라스 자신은 『개들의 시절』을 "그의 가장 성공적인"[5] 작

---

2 H. F. Nöhbauer: Die große Danziger Hundesaga, in: Abendzeitung, München 10/11.8.1963

3 Vgl. W. Jens: Das Pandämonium des Günter Grass. In: G. Loschütz(Hg.): Von Buch zu Buch. Günter Grass in der Kritik. Eine Dokumentatioin. Neuwied/Berlin 1968, S. 85-89.

4 Vgl. A. Goetze: Pression und Deformation. Zehn Thesen zum Roman "Hundejahre" von Günter Graß [!]. Göttingen 1972.

5 G. Grass/H. Zimmermann: Vom Abenteuer der Aufklärung, Werkstatgespräche,

품이라고 여겼으며, 그 소설에 대한 강한 애착을 감추지 않고 여러 차례 밝혔다.[6] 자신의 기대와는 달리 푸대접을 받아온 『개들의 시절』에 대해 그라스는 항상 아쉬움을 떨쳐버리지 못한 채 어떻게든 그 작중인물들과 줄거리만이라도 되살리고 싶었을 것이다. 그리고 가슴 깊숙이 늘 품어왔던 그 한을 결국 『게걸음으로』에서 푼 것 같다는 생각이 든다.

아무튼 집필 과정에서 그라스가 2001년 2월 1일 밤부터 2일까지 한숨도 잠을 이루지 못하고 일찍이 『고양이와 쥐』와 『개들의 시절』에 등장하는 작중인물 툴라 포크리프케를 빌헬름 구스틀로프 호의 침몰 참사에서 살아남은 인물로 만드는 착상을 했을 때에야 비로소, 그라스의 집필 조수인 역사가 미셔Olaf Mischer에 의해 제공된 자료들이 『게걸음으로』에서 생명을 얻기 시작한다.[7]

『개들의 시절』의 줄거리와 작중인물들이 『게걸음으로』에서 구체적으로 어떻게 수용되고 어떻게 변형되어 나타나는가 하는 문제에

Göttingen 1999, S. 294.

6 몇 가지 예를 들면 다음과 같다. "『개들의 시절』은 한 단계 더 높은 수준의 작품", "나의 가장 좋은 작품이고, 아마 앞으로도 그럴 거라고 생각합니다."(Vgl. M. Jurgensen(Hg.): Grass: Kritik-Thesen-Analysen. Bern 1973, 51f.); "작가의 관점에서 보면 『개들의 시절』이 더 중요한 작품입니다. [···] 나에게는 이 작품이 가장 생생하게 느껴집니다. 『양철북』의 상당 부분이 나로부터 멀어진 반면, 나는 오늘날까지도 여전히 『개들의 시절』과 씨름하고 있습니다."(F. J. Görtzf(Hg.): Günter Grass: Auskunft für Leser. Dartmstadt und Neuwied 1984., S. 33); "서술과정에서 보자면 『개들의 시절』이 더 복합적이고, 더 모험적이라고 생각합니다. 이 작품에는 물론 어떤 파편적인 면이 있지요. 하지만 그것 또한 나에게는 훨씬 매력적입니다."(V. Neuhaus: Schreiben gegen die verstreichende Zeit, S, 91.)

7 G. Grass: Fünf Jahrzehnte. Ein Werkstattbericht. Hg. von G. Fritze Margull. 2004, S. 421.

대해서는 제VI장 제2절 제1항에서 상호텍스트성을 다룰 때 상세하게 살펴보게 될 것이다.

『게걸음으로』의 중심소재는 세계역사상 최대의 해운참사였던 '빌헬름 구스틀로프 호'의 비극이다. 역사상 최대의 사망자를 낸 최악의 해상 선박사고였지만, 이 비극적 참상의 전모는 오랫동안 거의 밝혀지지 않은 채 역사의 무덤 속에 묻혀 있었다. 『게걸음으로』의 일인칭 서술자 파울이 말하고 있듯이, "빌헬름 구스틀로프 호와 그 저주받은 역사는 전 독일에서 수십 년 동안 금기였다."(IK, 31) 그것은 빌헬름 구스틀로프 호가 나치의 선전도구로 이용된 배였다는 사실 때문이기도 했지만, 그 참사 이야기는 독일민족의 피난과 추방의 역사와 결부되면서 자칫 독일민족을 전쟁의 가해자가 아니라 전쟁의 희생자로서 바꾸는 이야기가 될 수도 있었기 때문이다.

제2차 세계대전이 독일의 패배로 끝난 후에 독일사회에서는 타부로서 공개적인 언급을 피되는 것이 몇 가지 있었다. 예를 들면 나치 이념과 체제를 위해 목숨을 희생한 소위 "순교자"(IK, 9), 나치를 상징하는 문양인 갈고리 십자가 기旗(IK, 34), 아우슈비츠 강제 수용소(IK, 50, 118)나 그 밖의 나쁜 일(IK, 50) 또는 유대인 박해(IK, 63), 미국 제 8 항공대 소속 폭격기 편대들의 폭탄 투하(IK, 86)에 의한 피해, 여자들을 강간하고 민간인을 학살한 소련군의 잔학상(IK, 100-101), 특히 빌헬름 구스틀로프 호의 침몰(IK, 96) 같은 피난민의 참사, 동프로이센 피난민들의 고통스런 참상(IK, 99)을 입 밖에 내는 것이 금기시 되었다.

특히나 빌헬름 구스틀로프 호의 침몰처럼 독일인들이 엄청난 수의 인명피해를 입은 사건은 천인공노할 전쟁을 일으키고 대량학살까지 저지른 역사의 수치스런 가해자로서의 독일민족이 자칫 피해자의 입장을 강변하는 것으로 보일 수도 있을까봐 공개적으로 입밖에 내는 것을 무척이나 꺼려했다. 그러나 전후 뉘른베르크 전범재판이 열리고 있던 때에 전범 변호인단이 "연합군이 독일의 드레스덴을 무차별 폭격하여 무고한 민간인을 살상한 것, 소련이 발트해 국가들과 폴란드 일부를 점령한 것도 사실상 전쟁범죄에 속하는 것"이라는 주장을 펼쳤던 사실로 유추해볼 때, 독일인들의 뇌리에는 여전히 전쟁의 기억. 특히 드레스덴 폭격과 민간인에 대한 소련의 잔혹한 행위에 대한 기억이 생생했으므로[8] 독일 민간인들이 마음속으로는 스스로를 가해자로서 뿐만 아니라 틀림없이 피해자로도 느꼈을 것이다. 단지, 전후 사회가 전반적으로 피해자로서의 독일인 이야기를 꺼내는 것을 거의 금기시하는 분위기였기 때문에 어쩔 수 없이 침묵할 수밖에 없었을 것이다.

사실 KdF[9] 소속 선박인 빌헬름 구스틀로프 호 침몰 사건은 오래전부터 그라스의 마음을 사로잡아온 소재였던 것 같다. 그라스는 이미 첫 장편소설 『양철북』[10]에서는 물론 『암쥐』[11]에 이르기까지의

---

8 송충기: 뉘른베르크 재판과 나치청산, 역사교육 93집, 223-249쪽. 230쪽 참조.

9 KdF는 "기쁨을 통해 얻는 힘"이라는 의미를 지닌 Kraft durch Freude의 약자이다. 나치 시절 독일노동전선의 산하조직 이름이다.

10 "그리고 셰플러 부부가 말년에 찍은 사진도 몇 장 있다. KdF 선박 빌헬름 구스틀로프 호의 갑판 위에서 의자에 앉아 있거나 아니면 구명정 앞에서 찍은 것이거나 동프로이센 해운 소속 탄넨베르크 호의 산책 갑판에서 찍은 사진들이다."(WA Ⅱ, 60); "KdF 여행자들의 스냅사진"(WA Ⅱ, 61) 그레트헨 셰플러의 "백야의 나라로 KdF 여행 이야기"(WA Ⅱ, 202); "그렇지만 카터 부인을 비롯하여 시계방 주인 라우프샤트, 아이케 일가와 슐라거 일가는 몇 가지 짐을 싸서 그곳에서 도망쳤다. 그들에 대해서, 그리고 그레트헨과 알렉산더 셰플러 부부에 대해 나중에 들린 소문은, 그들

자신의 여러 작품들 속에서 마치 기억으로부터 도무지 사라지지 않는 강박관념인 것처럼 빌헬름 구스틀로프 호를 직·간접적으로 언급했으며, 『나의 세기』에서도 1945년의 해에 전쟁 기자의 고백적 목소리를 통해 "침몰되기 3일 전의 빌헬름 구스틀로프 호를 보았다"[12]고 하면서 이 사건을 언급하고 있다. 이런 맥락으로 미루어볼 때 그라스는 이 역사적 사건을 오래 전부터 염두에 두었을 뿐만 아니라 언젠가는 이 소재를 작품으로 쓸 생각을 해왔던 것 같다.

물론 이미 『양철북』에도 전쟁피해 당사자로서 독일민간인들의 모습, 그러니까 연합군 측의 공중폭격, 동프로이센으로부터 피난, 소련군의 부녀자 겁탈과 살상 등에 대해서는 비교적 자세하게 이야기된 바 있다. 하지만 '빌헬름 구스틀로프 호' 침몰이라는 비극적인 사건은 그라스에게는 '뜨거운 감자' 같은 소재였다. 문학은 역사의 이름 없는 패자들과 희생자들의 이야기를 복원하고, 그들의 고통을 증언해야 한다는 입장을 줄곧 견지해온 작가로서, 또한 그 자신이 피난길의 고통과 희생을 생생하게 체험했던 단치히 출신의 피난민으로서, 그라스는 오래 전부터 이 비극적 사건을 문학작품으로 남겨야한다는 강박관념에 시달리고 있었다. 하지만 이 소재를 작품화

이 마지막 순간에 예전 KdF의 배를 가까스로 타고 떠났다고 하는데, 슈테틴이나 뤼벡 방향으로 갔거나 아니면 기뢰에 부딪쳐 공중으로 날아가 버렸는지도 모른다고 했다."(WA Ⅱ, 475)

11 "그리고 45년 1월 그 당시 고텐하펜이라고 불렸던 그디니아에서 피난민들을 가득 싣고 출항했던 KdF 선박인 빌헬름 구스틀로프 호가 단치히 만을 떠난 후 곧바로 어뢰에 맞아 가라앉았을 때, 배 안에는 쥐 한 마리 없었다."(WA Ⅶ, 274)

12 G. Grass, Mein Jahrhundert, Göttingen 1999, S. 182.

한다는 것은 여러 가지로 현실적인 어려움이 있었다. 그것은 윤리적, 정치적 차원의 문제일 뿐만 아니라 문학적 차원의 문제까지 겹친 참으로 해결하기가 쉽지 않은 어렵고 복잡한 문제였다.[13]

역사적 진실을 문학을 통해 복원해야 한다는 심리적 압박과 그것을 어렵게 만드는 현실적 제약 사이에서 그라스는 고심을 거듭했던 것이다.

그라스는 이 이야기를 기피해온 것에 대해 자책감을 숨기지 않는다. 그라스는 "종전 직전에 있었던 독일인들의 집단 피난, 그리고 독일의 지상과 공중에서 행해진 폭격사건들이 전후 독일문학에서 차지한 자리가 작았다."[14]고 술회하면서 스스로의 태만과 무능이었음을 시인하기도 한다. 나아가서 『게걸음으로』에서 작가 그라스의 분신이라 할 수 있는 허구적인 작중인물 "그 양반"[15](IK, 7)은 서술자를 통해, "자신들의 죄가 막중했다고 해서 그리고 오랫동안 후회를 고백하는 일이 우선되었다고 해서 그토록 많은 고통에 대해 침묵한 것"이 옳았는지에 대해 의문을 제기하고 있다.(IK, 99) 『게걸음으

13 김누리: 역사적 터부의 문학적 형상화-귄터 그라스의 소설 『게걸음으로 가다』의 서사구조 연구. 실린 곳: 독일문학 제 85집 44권 1호, 2003, 256-280쪽. hier 257-258쪽을 참조할 것.

14 Vgl. G. Grass/C. Milosz/W. Symborska,/T. Venclova: Die Zukunft der Erinnerung. Göttingen 2001, S. 33.

15 '그 양반'은 독일어 'jemand'를 옮긴 것이다. 'jemand'는 불특정한 '누군가'를 가리키는 말로서, '아무개', '모모인사', '모씨' 등 여러 가지로 번역 가능한 단어이다. 그런데 일인칭 서술자가 구체적으로 누구라고 기술하지는 않고 있지만 자신에게 글 쓰는 작업을 맡긴 사람으로 사실상 잘 알고 있는 인사라는 점에서 '그 양반'으로 번역하는 것이 바람직할 것 같다. '그 양반'의 기능과 역할에 대해서는 제Ⅳ장 제2절에서 메타픽션의 서술차원을 고찰할 때 상세하게 밝힐 것이다.

로』에서 서술자가, "기피되어온 그 테마가 신나치주의자들에게 맡겨져서는 안 될 일이었다"(IK, 99)고 말하고 있듯이, 작가 그라스 역시, 오늘날 독일 젊은이들 사이에서 확산되고 있는 극우적 성향이 그 동안의 침묵과 무관하지 않다고 보고 있음에 틀림없다. 『게걸음으로』는 그동안 금기시되어온 과거 역사를 단순히 재구성하는 것이 아니라, 멈추지 않은 채 급기야 왜곡된 모습으로 현실 속에서 젊은 세대에게로 이어져가고 있는 역사에 대한 기억이라고 할 수 있다. 기억 속에 묻어버린다고 해서 묻힐 수 있는 이야기가 아니라는 인식 때문에 그라스가 뒤늦게라도 오해와 비판을 무릅쓰고 사회적 타부로서 기피되어온 주제인 빌헬름 구스틀로프 호 침몰이라는 비극적 참사에 관한 이야기를 문학적으로 형상화 하게 되었을 것이다.

그렇다면 오랫동안 사회적으로 금기시 되어오던 소재를 문학적으로 형상화한 작품 『게걸음으로』는 전문적인 문학비평가, 그리고 일반 독자들로부터는 과연 어떻게 받아들여졌는가?

2. 수용사 및 연구 상황

2002년 출간된 노벨레 『게걸음으로』는 그라스가 1999년 노벨문학상을 수상한 이후 내놓은 첫 작품이다. 이 노벨레에 대한 세간의 관심은 출간 이전부터 대단했다. 초판본이 2월 4일에 나왔는데, 사흘 전인 2월 1일부터 이미 서평이 나왔으며 출간되자마자 동시에 각종 신문과 잡지에 수많은 서평이 쏟아져 나왔다.[16]

출간 직후 쏟아진 평가들 가운데 특히 라우프와 하게의 서평은 작품이 지니는 문학성에 대해 서로 정반대의 평가를 내리고 있다는 점에서 주목할 만하다. 라우프[17]는 이 작품이 지니는 타부 파괴적 성격에 대해서는 "지금까지 집단적인 침묵의 명령이 내려졌던 테마에 대해 다시 이야기할 수 있는 길을 열어준 타부 파괴자는 갈채를 받을 만하다. 그가 한 일은 옳다."며 긍정적인 평가를 하고 있다. 하지만 작품의 문학성과 관련해서는 "그러나 그것은 문학과는 아무런 관계가 없는 것이다."고 단언하면서 회의적으로 평가했다. 반면에 하게[18]는 이와 완전히 상반된 평가를 내리고 있다. 하게는 이 작품이 '역사를 하나의 형식으로 압축한', '위대한 문학적 세련미'를 보여주고 있다고 평가하면서 "작가는 자신의 테마를 완전히 의식하고 있다. 이 작품에서는 하나의 역사를 서술하려는, 즉 역사를 하나의 형식으로 압축적으로 제어하려는 욕구가 엿보인다. 오랫동안 그라스는 이 작품보다 더 설득력 있는 산문 작품을 쓴 적이 없다."고 단언하며 작품의 심미성을 극찬한다.

시사주간지 슈피겔은 "독일판 타이타닉. 새로운 그라스: 난민수송선 '빌헬름 구스틀로프 호'의 억눌린 비극"[19]이라는 제목 하에 작가 그라스의 사진, 그리고 침몰하는 거대한 선박의 그림을 함께 실어

---

16 책 말미에 수록한 참고문헌 목록(3. 『게걸음으로』에 관한 신문과 잡지의 서평)을 참조할 것.

17 U. Rauff: Untergang mit Maus und Muse, Süddeutsche Zeitung 05.02.2002.

18 V. Hage: Das tausendmalige Sterben, in: Der Spiegel, Nr.6/ 04.02.2002.. S. 184-190.

19 Der Spiegel: Die deutsche Titanic. Der neue Grass: Die verdrängte Tragödie des Flüchtlingsschiffes "Wilhelm Gustloff", Nr. 6/4.2.02)

표지를 장식하면서 이 신작을 커버스토리로 상세하게 소개했다.

이 책을 출간한 슈타이들Steidl 출판사의 치밀하고 적극적인 홍보 활동 탓도 있었겠지만 아무튼 언론과 평단의 전반적인 호평[20], 특히 독자들의 적극적 관심과 호응에 『게걸음으로』는 예약판매만으로 『해리 포터』를 제치고 일약 베스트셀러 1위에 올랐으며, 본격 문학작품으로는 매우 이례적으로 오랫동안 수위 자리를 지켰다. 2월 4월자로 찍은 초판 5만부는 출간 일주일 만에 이미 매진되었으며, 한 달도 지나기 전에 거의 40만부 가까운 책이 팔려나갔다. 슈타이들 출판사는 초판을 찍은 지 3개월도 지나기 전에 3판의 인쇄부수를 무려 50만부로 올려 찍었다.[21] 아직 정확한 통계자료가 나오지 않아 명확한 사실을 확인할 수는 없지만, 3월 25일부터 27일까지 작가 그라스의 주재 아래 뤼베크의 부덴부르크 하우스에서 개최된 『게걸음으로』 번역자 세미나에 20여 개국의 번역자들이 모여든 것을 고려해본다면, 세계 각국에서 출간된 번역본[22]까지 함께 고려할 경우 실로 엄청난 수의 독자가 이 작품을 읽었다고 추정하는 것이 합리적일 것이다.

---

20 심지어 그라스의 새로운 작품이 나올 때마다 매번 거의 악의적인 혹평을 해온 '독일비평계의 교황' 라이히-라니츠키(Marcel Reich-Ranicki)조차 이 작품에 대해 "읽으면서 울었다."고 밝히면서 '최고의 작품'이라는 찬사를 아끼지 않았다.

21 S. Brünger: Kriege der Erinnerung. Deutsche Erinnerungskultur zwischen Literatur und Geschichswissenschaft anhand Günter Grass' Novelle *Im Krebsgang*, Magisterarbeit. Universität Mannheim 2006. S. 68.

22 Vgl. R. G. Moeller: Sinking Ships, the Lost Heimat and Broken Taboos: Günter Grass and the Politics of Memory in Contemporary Germany, in: *Contemporary European History*, 12,2. 2003, pp.147-181. hier p. 147. 묄러에 따르면 31개 이상의 언어로 번역되었다고 한다.

『게걸음으로』가 폭발적인 화제를 불러일으킨 것은 노벨문학상 수상 이후 더욱 확고해진 작가의 세계적인 명성 등의 영향도 물론 있었겠지만 무엇보다도 이 작품이 지난 반세기 동안 독일사회에서 철저히 금기시되어온 주제, 즉 희생자로서의 독일민족의 문제를 다루고 있기 때문일 것이다. 더구나 독일의 좌파지식인을 대표하는 인물로 자타가 공인하는 작가 그라스가 극우파들의 단골메뉴인 이 주제와 정면 대결을 감행했다는 사실이 관심을 증폭시켰을 것이다. 독일의 역사적 죄과에 대한 반성과 과거 청산을 누구보다도 단호하게 요구해온 그라스가 "가해자에게 희생자의 역할을 맡도록 하는 테마로 방향전환을 한 것"[23]처럼 보인 점이 많은 사람들에게 대단한 '사건'으로 받아들여진 것이다.

물론 문학 작품의 성공적 판매나 독자의 호응도는 기대지평의 충족에 대한 척도일 뿐, 반드시 미학의 척도로서 기능하는 것은 아니다. 하지만 『게걸음으로』는 미학적으로도 뛰어난 예술 작품이라는 것이 필자의 생각이며, 이 저술 과정은 필자의 이와 같은 생각이 옳음을 밝혀 나가는 작업이 될 것이다.

아무튼 작품이 출간되기 전에, 또는 출간된 직후에 이루어진 평가들은 아무래도 형식적인 면에서나 내용적인 면에서 다소 지엽적이고 단편적인 인상비평 수준에 그친 경우도 적지 않았다. 그 후 이런 인상비평의 차원을 넘어선 연구가 최근에 이르기까지 서서히 이루어지면서, 이전보다 더 세부적이고 체계적인 새로운 연구 성과들이 나오게 된다.

---

23 V. Hage: Das tausendmalige Sterben, in: Der Spiegel, a.a.O., S. 188,

연구 경향은 크게 두 가지로 나눌 수 있다.

첫 번째로 서술자의 기능과 서술상황, 서술방식 등 작품내재적인 요소를 중점적으로 분석한 방향의 연구가 있다. 시골풍경, 바다경치, 사이버에서 보는 가상의 풍경 묘사를 드러나지 않은 채 기억의 밑바닥에서 과거를 건져 올리는 서술전략들로 파악한 연구[24], 게걸음의 서술방식을 순환적인 서술과 직선적인 서술 방식 사이의 제 3의 새로운 서술방식으로 규정하면서, 사실과 허구의 혼합, 상호텍스트적, 상호매체적 성격, 포스트모더니즘 성격 등을 밝힌 연구[25], 작가의 자전적 경험과 역사적 사실 등 사실적 요소가 작품 속에 얼마나 객관적이면서도 연관성을 지닌 채 서술되고 있는가를 밝힌 연구[26], 상호텍스트성을 밝힌 연구로, 『고양이와 쥐』, 『개들의 시절』에도 등장하는 허구적인 작중인물 툴라 포크리프케에 초점을 맞추어, 천성적으로 항상 악한 악녀로 보지 않고 변화할 수 있는 힘을 갖고 있는 인물로 파악한 연구[27], 이와 달리 『게걸음으로』에서도 툴라 포

---

24 J. E. Twark: Landscape, Seascape, Cyberscape: Narrative Strategies to Dredge up the Past in Günter Grass' Novella „Im Krebsgang". In: *Gegenwartsliteratur* 3 (2004), pp 143-168.

25 E. Wassmann: Die Novelle als Gegenwartsliteratur. Intertextualität, Intermedialität und Selstreferentialtät bei Martin Walser, Friedrich Dürrenmatt, Patrick Süskind und Günter Grass. ST. INGBERT 2009, S. 311-362.

26 L. Hrdlík: Günter Grass - Im Krebsgang: Fakten und Fiktionen, Diplomarbeit, Masaryk-Universität Brünn 2010.

27 J. E. Baumgarten: COMBATING THE BANALITY OF EVIL: PORTRAYALS OF THE LITERARY FEMALE VILLAIN IN GÜNTER GRASS' *DANZIGER TRILOGIE* AND NOVELLA *IM KREBSGANG*, Master of Arts, Brigham Young University 2005.

크리프케가 잡초처럼 끈질긴 생명력을 지닌 팜므파탈로 그려지고 있음을 밝힌 연구[28], 서술자의 역할과 관련하여, 빌헬름 구스틀로프호 침몰을 전후한 역사적 사실과 포크리프케 일가의 3대에 걸친 허구적 이야기를 어떻게 연관시키고 있는가 하는 문제에 초점을 맞춘 연구[29], 공간을 서술 작업 공간, 서술 대상 공간, 공간의 은유 등 3가지 차원으로 나누어, 작품에 나타난 장소, 풍경, 지리 등 공간의 문제를 중심으로 작품을 분석한 연구[30], 그리고 특기할 만한 것으로는 『게걸음으로』에 사용된 서술기법, 예컨대 서술차원의 병렬제시, 동시성의 기법 등을 음악적 구성과 연관시켜 분석한 연구[31]가 있다.

두 번째로 전쟁의 희생자로서의 독일인 문제, 전쟁의 트라우마와 기억의 문제에 초점을 맞춘 연구들이 있다. 이 방향의 연구로는, 실향민들이 피난과정에서 겪은 선박침몰의 대참사와 관련하여 피해자로서의 독일인이라는 금기시 된 소재와 관련하여 작품을 분석한 연구[32], 전후 전쟁문학에서 희생자로서의 독일인 문제가 잊혀진 채

---

28 V. Neuhaus: ≫Ech ich nur noch dafier, daß main Sohn aines Tages mecht Zeugnis ablegen≪. - Das zweite Leben der Tulla Pokriefke. 여성연구논총 제9집 제2호, 2011, 75-96쪽.

29 H. Furch: Der Erzählerdiskurs in "*Unkenrufe*" und "*Im Krebsgang*" von Günter Grass. Dissertation, Universität zu Köln 2013.

30 N. Kónya-Jobs: Räume in Günter Grass' Prosa. Bielefeld. Dissertation, Universität zu Köln, 2016.

31 B. Schirrmacher: Musik in der Prosa von Günter Grass. Intermediale Bezüge - Transmediale Perspektiven, Stockholm 2012. 그라스 자신이 선형성의 극복, 반복, 변주, 다성부(Polyphonie) 등 음악적인 형식과 구조에 대한 관심이 많았으며, 독일어 Krebsgang이라는 단어 자체가 음악에서는 '역행모방'. 또는 후속 성부가 선행 성부를 역행에 의해 모방하는 역행형 카논이라고 부르는 구성을 뜻한다.

다루어지지 않았음을 밝힌 연구[33], 작품에 나타난 트라우마와 기억의 문제를 다룬 연구[34], 기억의 문제를 컴퓨터의 가상기억장치와 연관시켜 다룬 연구[35], 독일인들의 타부와 통일 이전의 서독 정책 사이에 어떤 관계가 있었던가에 대한 연구[36], 세대전환기에 따른 과거극복의 문제가 어떻게 서술되고 있는가를 밝힌 연구[37], 전쟁 피해자로서의 독일인이라는 주제와 연관하여 그라스의 『게걸음으로』와 그 이후 출간된 작품들을 비교한 연구[38], 『게걸음으로』의 분석을 통해 문학과 역사학 사이에서 독일의 기억문화가 어떻게 나타나고 있는가를 밝힌 연구[39], 나치 시대의 역사와 그 시절에 대한 기억이 작

---

32 R. G. Moeller: Sinking Ships, the Lost Heimat and Broken Taboos: Günter Grass and the Politics of Memory in Contemporary Germany, in: *Contemporary European History*, 12,2. 2003, pp.147-181.

33 W. Scheller: Ein vergessenes Kapitel der Literatur über Krieg. Die Deutschen als Opfer. *Die politische Meinung* Nr.401, 2003, S. 87-91.

34 U. Prokop: Trauma und Erinnerung in Günter Grass' Im Krebsgang, Würzburg 2004.

35 K. Veel "Virtual Memory in Günter Grass' *Im Krebsgang*", in: *German Life and Letters* 57:2, 2004, pp. 206-218.

36 A. Michel: The End of a Taboo? Günter Grass's Im Krebsgang (Crabwalk) and the Berlin Republic, SOCIETY FOR THE INTERDISCIPLINARY STUDY OF SOCIAL IMAGERY, Pueblo, 2004.

37 N. Thesz: Against a New Era in Vergangenheitsbewältigung: Continuities from Grass's Hundejahre to Im Krebsgang, Colloquia Germanica, TUEBINGEN UND BASEL, 2004.

38 A. Höfer: 'Himmelskörper' und andere 'Unscharfe Bilder'. Romane zur Thematik der deutschen Kriegsopfer im Gefolge der Novelle „Im Krebsgang" von Günter Grass, in: Literatur für Leser 28, 03 (2005), S. 147-163.

39 S. Brünger: Kriege der Erinnerung - Deutsche Erinnerungskultur zwischen

품 속에 어떻게 그려지고 있는가를 밝힌 연구[40], 피난과 추방의 문학적 재현이 어떻게 이루어졌는가를 문화적 기억의 개념을 빌려 분석한 연구[41], 기피되는 주제에 대한 세대 간 소통이 작품 속에서 어떻게 이루어지고 있는가 하는 문제에 대한 연구[42], 독일인들의 과거에 대한 기억, 전달 그리고 반응을 비판한 연구[43], 작품에 나타난 타부의 문제, 즉 희생자로서 독일민족 문제를 그라스 작품 상호간의 내적 관계를 통해 밝힌 연구[44], 공식적인 역사 기록에서 지워져버린 기억 문제에 초점을 맞춘 연구[45], 세대전환 시기와 관련하여 독일인들의 역사관을 분석한 연구로, 독일인들의 과거에 대한 기억, 전달 그리고 반응을 비판한 연구[46], 나치 치하에서 공범자, 동조자, 또

Literatur und Geschichtswissenschaft anhand Günter Grass' Novelle Im Krebsgang. Magisterarbeit. Universität Mannheim 2006.

40 K. Hall: Günter Grass's 'Danzig Quintet'. Explorations in the Memory and History of the Nazi Era from *Die Blechtrommel* to *Im Krebsgang*, Bern 2007.

41 K. A. Diers, Cultural Memory, Indentity and Representation of Flight and Expulsoin, Dissertation. New Jersey University, 2007.

42 G. Nylander: Günter Grass: Die Einstellung zum vermiedenen Thema in der Novelle 『Im Krebsgang』, Universität Stockholms 2007.

43 D. Midgley, Günter Grass, Im Krebsgang: Memory, Medium and Message, A Journal of Germanic Studies, 2008.

44 E. Krimmer:"Ein Volk von Opfern?" Germans as Victims in Gunter Grass's Die Blechtrommel and Im Krebsgang, SEMINAR TORONTO, UNIVERSITY OF TORONTO PRESS, 2008.

45 D. Stolz: '*Im Krebsgang* oder Das vergessene Gesicht der Geschichte', in; Honsza; Swiatlowska(Hg.), *Günter Grass. Bürger und Schriftsteller*, Dresden 2008, S. 233-244.

46 D. Midgley, Günter Grass, Im Krebsgang: Memory, Medium and Message, A

방조자로서 어떤 형태로든 범죄를 저지른 가해자임과 동시에 폭격, 피난과 추방의 상처로 얼룩진 전쟁의 희생자이기도 했던 독일 민족의 트라우마와 슬픔의 정신미학이 『게걸음으로』에 어떻게 나타나 있는가를 밝힌 연구[47], 국가 이데올로기였던 나치즘과 홀로코스트라는 트라우마가 어떻게 문학화 되고 있는가를 분석한 연구[48], 허구적 차원에서 이야기되는 3대에 걸친 한 가문의 이야기에 초점을 맞춰 세대 간의 갈등 문제와 개인의 정체성 문제를 역사와 결부시켜 다룬 연구[49], 그리고 피난과 추방이라는 부정적 기억에 대한 비판과 독일의 기억 문화에 있어서 변천의 역사와 연관해 작품을 분석함과 동시에 독일, 특히 핀란드에서의 수용상황을 밝힌 연구[50]가 있다. 독일 외에 핀란드에서의 수용사까지 밝힌 이 논문 외에도

Journal of Germanic Studies, 2008.

47 H, Kreutz-Arnold: Das Trauma der „Opfertäter" und die Psychoästhetik der Trauer in Günter Grass´ Novelle *Im Krebsgang*, Dissertation, Queen Mary University of London 2010.

48 F. Schroder: „Nie hört das auf": Die Literarisierung und Rezeption des Nationalsozialismus als Traumabewältigung deutscher Autoren in Prosatexten von Böll bis Grass, Dissertation der Techniischen Universität Dortmund 2011. 『게걸음으로』의 마지막 구절 "그것은 결코 중단하지 않는다"를 표제로 한 이 박사학위 논문은 『게걸음으로』 외에 뵐(Heinrich Böll)의 『사랑 없는 십자가(*Kreuz ohne Liebe*)』, 슐링크(Bernhard Schlink)의 『책 읽어주는 남자(*Der Vorleser*)』 등 6편의 소설을 분석 대상으로 하고 있다.

49 M. Neuschäfer: Das bedingte Selbst. Familie, Identität und Geschichte im zeitgenösschen Generationenroman, Dissertation der Göttingen Universität. Berlin 2013.

50 C. Rink: Von Christian Kracht bis Günter Grass. Die Kritik am negativen Gedächtnis und der Wandel in der deutschen Erinnerungskultur. Dissertation, Universitas Wasaensis 2012.

『게걸음으로』에 대해 상당히 많은 박사학위 논문이 나왔다는 것은 학술적으로 볼 때 의미가 크다고 하겠다.

그밖에 작품에 대한 다양한 정보들을 제공하는 종합적인 해설서 성격의 책[51]과 강의용 교재 성격의 출판물들[52]도 나와 있다. 그리고 『게걸음으로』 출간된 이후 희생자로서의 독일인 문제와 관련된 내용을 다룬 책들[53]이 많이 출판되었다. 이것은 이 작품이 희생자로서의 독일인 문제를 공론화하는 결정적인 계기를 제공했다는 점에서 작품의 영향사와 관련해 볼 때 매우 중요한 의미를 지닌다.

한편, 우리나라에서는 번역은 매우 신속하게 이루어져 2002년 5월 25일 세계 최초로 번역본이 출간되었다.[54] 반면에 이 작품에 대한 연구는 그다지 활발하게 이루어지지 않은 편이다. 서술구조 분

---

51 R. Bernhardt: Erläuterungen zu Günter Grass: *Im Krebsgang*. (= Königs Erläuterungen und Materialien Band 416), Hollfeld 2003.

52 T. Pelster: Lektüreschlüssel für Schülerinnen und Schüler. Günter Grass - Im Krebsgang. Stuttgart 2004. ; Fuchs, Herbert/Seiffert, Dieter(erarbeitet von): Helmut Flad (Hg.): *Unterrichts-modelle mit Kopienvorlagen, Günter Grass Im Krebs-gang.* Berlin 2004.; Olaf, Hildebrand (erarbeitet von): Diekhans, Johannes(Hg.): Unterrichtsmodell. Günter Grass Im Krebsgang. Darmstadt 2006.

53 M. Sapper/V. Weichsel(Hg.): Kluften der Erinnerungen. Rußland und Deutschland sechzig Jahre nach dem Krieg, Berlin, 2005 ; J-D Gauger, /M. Kittel(Hg.): Die Vertreibung der Deutschen aus dem Osten in der Erinnerungskultur. Sankt Augustin 2005.; B. Niven(Ed.): Germans as Victims. Remembering the Past in Contemporary Germany, New York 2006.; H. Schmitz(Ed): A NATION OF VICTIMS? Representations of German Wartime Suffering from 1945 to the Present. Amsterdam-New York, NY. 2007.

54 장희창 옮김: 게걸음으로 가다, 민음사. 2002. 우리나라에서 열린 2002 월드컵 개막 전야제 축시 낭송을 위해 내한하는 그라스의 일정에 맞추기 위해 번역서를 서둘

석에 중점을 둔 연구로, 서술자의 지평을 과거지평-객관화, 현재지평-픽션, 작가지평-메타픽션으로 구분하고 『게걸음으로』에서 역사적 진실이 어떻게 문학적으로 형상화 되었는가를 밝힌 연구[55], 기억 또는 회상매체로서의 컴퓨터의 기능과 연관시켜 작품에 나타난 동시성의 기법에 초점을 맞춘 연구[56], 일인칭 서술자와 메타픽션의 관계, 플롯구조 및 시간구조, 나아가 패러디로서의 대립구조 등의 분석에 중점을 둔 연구[57], 사적 기억과 공적 기억을 구분하여 한 집안의 3대에 걸친 상이한 기억행위가 공적 기억이 부여하지 못하였던 트라우마 극복의 가능성을 갖고 있음을 밝힌 연구[58], 『게걸음으로』에 나타난 서술방식의 특징을 공식 기억에서 망각되거나 망각될 경향이 있는 기억, 즉 반기억(contre-mémoire)으로 보고 작품분석을 시도한 연구[59], 인류역사상 최대 사망자를 낸 빌헬름 구스틀로프 호의 침몰 사건에 대해 2014년 우리나라에서 발생한 세월호의 참극과 연계하여 소설 『게걸음으로』와 영화 〈구스틀로프 호

러 출간한 것으로 알려져 있다. 아무튼 책 제목이 2015년에 나온 재판에서는 'Im Krebsgang'의 의미에 맞게 '게걸음으로'로 변경되었다.

55 김누리: 「역사적 터부의 문학적 형상화」 - 귄터 그라스의 소설 『게걸음으로 가다』의 서사구조 연구. 독일문학 제 85집 44권 1호, 2003. 256-280쪽.

56 김래현, 「채팅룸 속에서의 독일 과거」, - 귄터 그라스의 소설 『게걸음으로』. 독일어문학, 제20집, 2003, 63-86쪽.

57 김홍근, 「귄터 그라스의 『게걸음으로 가다』 연구」, 한국외국어대학교 대학원, 석사학위 논문, 2004.

58 양태규: 『게걸음치면서』와 "기억의 미래." 독일언어문학 제31집, 2006, 125-151쪽.

59 변학수: 서술방식으로서의 반기억. - 귄터 그라스의 『게걸음으로 가다』와 신경숙의 『엄마를 부탁해』. 독일어문학 제60집. 2013, 141-162쪽,

〉(Joseph Vilsmaier, 2008), 그리고 TV-다큐멘터리 〈구스틀로프 호의 침몰〉(Guido Knopp, 2008)의 서로 다른 관점을 부각시켜 영화가 사건의 기록에 초점을 맞추고 있다면 소설은 사건이 오랫동안 독일 역사의 금기가 된 이유를 추적하고 있다는 점을 밝힌 연구[60]는 특기할 만하다.

위에서 살펴보았듯이 독일을 비롯한 유럽 국가들과 미국 등지에서는 『게걸음으로』에 대한 연구가 상당히 이루어져 오고 있는 반면에 우리나라에서는 『게걸음으로』를 총체적으로 이해하는 데 필요한 폭넓고 깊이 있는 연구가 미진할 뿐더러 더구나 연구 결과나 작품 해설서가 일반 독자들을 위한 단행본 형태로 출판된 적도 없는 실정이다. 기존 연구의 경우 대부분 작품에 나타난 여러 요소들을 유기적인 연관 속에서 총체적으로 다루지 않고, 일부 요소에 국한해서 다루고 있기 때문에 작품의 전체 구조와 의미를 총체적으로 밝히기에는 여전히 미흡한 단계를 벗어나지 못하고 있다.

---

60 오은경: 구스틀로프 호의 침몰에 대해 이야기하기: 영화 〈구스틀로프 호〉와 소설 〈게걸음으로〉에서 살펴본 '타자'의 역사, 영화연구 66호, 2015, 125-153쪽.

IV. 서술형식과 언어

그라스는 일찍부터 자신의 일인칭 소설들에서 즐겨 사용해왔던 서술형식들, 예컨대 일인칭 서술상황, 액자구조와 다층적인 서술차원, 회의적인 서술태도 등을 『게걸음으로』에서도 여전히 사용하고 있다. 그러나 이에 그치지 않고 한 걸음 더 나아가 이전의 작품들에서는 전혀 사용한 적이 없는 소위 "게걸음의 서술방식"을 사용하고 있는데, 세계문학사상 일찍이 들어본 적이 없는 이 독특한 서술방식이야말로 『게걸음으로』의 질적인 문학적 가치를 한층 더 높여주는 요소라고 볼 수 있다. 이 장에서는 특히 "게걸음의 서술방식"에 초점을 맞추어 작품에 나타난 서술형식과 언어의 특징 및 그 의미에 대해 살펴보고자 한다.

1. 서술자의 기능과 서술상황

소설의 서술구조상 서술자[1]의 중요성을 맨 처음 체계적으로 연구한 프리데만이 작가의 손에서 벗어나 독자적인 역할을 하는 서술자야말로 "독자적인 예술 작품의 유기적인 구성 요소"[2]라고 정의를 내린

1 서술자(Erzähler)는 화자, 이야기꾼, 내레이터 등으로 사용되기도 하는데 이 책에서는 "서술자"라는 용어로 통일해서 사용했다.

2 K. Friedemann: Die Rolle des Erzählers in der Epik, Darmstadt 1965, S. 26.

이래로, 서술자는 소설의 가장 본질적인 형식 원리의 하나로 여겨지고 있다. 서술자는 "작가와 일치하지 않는 허구적 인물로, 한 서사작품을 이야기하고, 자신의 시각에서 그 작품을 서술하고 독자에게 중개한다."[3] 그리고 이 허구적인 "서술자의 태도가 [...] 창작된 세계의 존재 방식을 결정짓는다."[4]

슈탄첼은, 서술자의 기능과 역할, 그리고 두 가지 표현방식, 즉 "보고적 서술"(berichtende Erzählung)과 "장면적 묘사"(szenische Darstellung)의 사용 정도에 따라 "주석적 서술상황"(die auktoriale Erzählsituation), "인물시각적 서술상황"(die personale Erzählsituation), "일인칭 서술상황"(die Ich-Erzählsituation)이라는 세 가지 유형의 서술상황으로 구분하고, 그 각각의 특징과 상호연관성을 밝혔다.[5]

주석적 서술상황에서는 전지자적 서술자가 소설의 허구적 세계와 작가 및 독자의 현실 사이의 경계선상에 위치하여 서술대상에 대해 참견과 주석을 하며, 표현형식은 장면적 묘사도 가능하지만 보고적 서술방식이 주를 이룬다.

인물시각적 서술상황에서는 서술자가 인물들 뒤로 물러나 있어서 독자는 서술자의 존재를 의식할 수 없다. 주석적 서술상황과 일

---

3 Gero von Wilpert: Sachwörterbuch der Literatur, Stuttgart 1979, S. 241.

4 B. Hillebrand(Hg.): Zur Struktur des Romans, Darmstadt 1978, S. 1f. 그러나 이와 정반대 견해도 있다. 함부르거는 "오직 이야기하는 작가와 그의 이야기만 존재할 뿐이다."고 단언하면서, 작가에 의해 창조된 허구적 인물로서의 서술자의 존재를 인정하지 않는다. (K. Hamburger: Die Logik der Dichtung, Stuttgart 1968, S. 115)

5 Vgl. F. Stanzel: Typische Formen des Romans, 8. Aufl., Göttingen 1976, S. 11-55.

인칭 서술상황의 경우 어떤 사건을 독자에게 전달해주는 매개체로서의 서술자의 존재 때문에 "서사적 과정의 간접성"[6]의 특징을 지니는데, 인물시각적 서술상황에서는 묘사가 한 작중인물의 시각에 고정되기 때문에 독자는 작중인물의 눈을 통해 작중세계를 관찰하는 것 같은 환상을 갖게 되거나 자신이 직접 사건 현장에 있는 듯한 느낌을 받게 된다. 독자에게 동정, 공포, 긴장 등을 불러일으키는 이 "직접성의 환상"(die Illusion der Unmittelbarkeit)[7]이야말로 인물시각적 서술상황의 두드러진 특징이다. 장면적 묘사가 두드러지게 나타나며, 대화, 체험화법 등이 자주 사용된다.

일인칭 서술상황에서는 서술자가 직접 작중인물로 등장하여, 자신이 체험한 것, 목격한 것, 또는 다른 작중인물들로부터 들은 것을 이야기하므로 통상 제한된 시각을 가진다. 일인칭소설의 작중 세계는 회상 속에서 재체험 되는 세계이므로, "일인칭 서술자가 이야기의 중심을 이루는 준자서전적 일인칭소설에서 소설의 의미구조를 결정하는 것은 체험적 자아(das erlebende Ich)와 서술적 자아(das erzählende Ich) 사이의 긴장이다."[8]

한편 한 인간이 "나는 누구인가?" 하는 자기동일성의 문제와 연관

---

6 Ebda., S. 15.

7 Ebda., S. 13.

8 Ebda., S. 31. 현재의 시간 차원에서 이야기를 해내가는 "서술적 자아"는 과거를 회상하는 주체이기 때문에 "기억하는 자아"(das erinnernde Ich), 그리고 서술의 대상이 되는 과거 시간 차원의 "체험적 자아"는 "기억되는 자아"(das erinnerte Ich)라고 부르기도 한다. Vgl. Hans-Werner Ludwig(Hg.): Arbeitsbuch. Romananalyse. Tübingen 1982. S. 88.)

하여 "서술적 자아와 체험적 자아의 동일성이 문제시되거나 반어적으로 전복되고 있는 경우도 있다."[9] 표현형식상으로는 주석적 서술 상황에서와 마찬가지로 보고적 서술방식이 우위를 차지하고 장면적 묘사는 이에 부속된다.

이 중에서도 특히 일인칭 소설은 가장 변화가능성이 많은 소설이며, 일인칭 서술상황에 내재된 풍부하고도 상이한 표현상의 잠재력은 오늘날까지도 다 개발된 것이 아니다.[10]

그라스는 이미 『양철북』에서부터 사실주의적 서술이 안고 있는 여러 가지 제약, 즉 전통적인 심리 묘사, 단조로움을 불러일으키는 확립된 형식들, 그리고 세계의 다양하고 활력에 넘치는 풍부함을 억압하는 직선적 플롯의 사용 등에 대해 거부감을 보여 주었을 뿐만 아니라 전통적인 일인칭 서술 상황의 한계를 극복하려고 시도했다.

『어느 달팽이의 일기에서』의 작업을 하는 동안 그라스는, 선거전, 과거에 독일민족이 저지른 죄악에 대한 아이들의 절박한 질문들, 현재에의 연관성이라는 테마 때문에 실제의 '작가 나'(Autor-Ich)를 서술자로 끌어들였다. 그라스는 가장家長, 정치 활동을 하는 작가로서의 자기 자신을 일인칭 서술자로서 소개하고는 이야기를 진행하는 동안 "헤르만 오트"라는 허구적 인물 속으로 미끄러져 들어감으로써 자신을 허구화시킨다. '작가 나'를 일인칭 서술자로 도입함으로써 허구적 서술자와 실제적 작가와의 밀착된 관계가 생겨났으며, 작가의 경험적 현실이 거의 가공되지 않은 채 작품 속에 끼어들

9 Ebda., S. 35.

10 Vgl. ebda., S. 25.

었다. '작가 나'와 '서술자 나'가 상당히 일치함으로써 작중인물로 등장하는 실제 작가 그라스와 허구적 인물 오트는 서로를 계몽하고 상호 균형과 표준으로서 도움이 되었다.[11]

특히 『넙치』에서 그라스는 기존의 서술 이론에서 논의된 모든 표현 가능성을 남김없이 사용하고 있을 뿐만 아니라, 이를 넘어서서 기존의 서술 이론의 틀로는 설명할 수 없을 만큼 다채로운 기능과 역할을 하는 일인칭 서술자를 창조해냈다.[12]

노벨레[13]라는 장르 이름이 부제로 붙어 있는 『게걸음으로』 역시 그라스가 『양철북』 이래로 즐겨 사용해온 일인칭 서술상황의 작품이다.

일인칭 서술자로 등장하는 허구적 작중인물 파울 포크리프케가 자신이 몸소 겪은 일과 목격한 사건뿐만 아니라 다른 인물들로부터 전해들었거나 책과 문서를 비롯한 각종 자료들, 인터넷과 영화 등

---

11 Vgl. P. O'Neill: Critical Essays on Günter Grass, Boston, Massachusetts 1987, S. 3.

12 『넙치』의 일인칭 서술자의 기능과 관련된 자세한 내용은 다음 책을 참조할 것. 박병덕: 권터 그라스의 문학 세계, 다섯수레. 2001, 79-141쪽.

13 노벨레에 대해서는 "짧은 길이와 단일한 이야기, 사물상징, 전환점, 액자구조, 선형성, 라이트모티브" 등의 여러 요소들과 연관해서 너무나 다양한 이론들이 존재하므로 이 책에서는 이 문제를 별도로 상세하게 다루지는 않을 것이다. 다만, 노벨레가 "일찍이 들어본 적이 없는 하나의 새로운 사건"을 이야기하는 장르라고 말했던 괴테의 정의에 기대어, 적어도 공개적으로는 이 비극적인 참상을 이야기하는 것이 사회적으로 금기시 되어 왔던 탓에 "일찍이 들어본 적이 없는 신기한 이야기"임을 강조하기 위해 '노벨레'라고 이름붙인 것이라는 정도로 해두기로 하자. 노벨레의 개념에 대해서는 다음을 참조할 것. W. Freund: Novelle, Stuttgart 1998. Hugo Aust: Novelle, 3., überarb. und aktualisierte Aufl., Stuttgart 1999. S. 7-17.

의 매체를 통해 확인한 정보들에 관해 독자에게 이야기를 들려주고 있다. 이처럼 일인칭 서술자에 의해 모든 이야기가 서술되고 있기 때문에 『게걸음으로』는 전형적인 일인칭 서술상황의 작품이라고 말할 수 있다.

『게걸음으로』의 맨 처음은 다소 파격적인 의문문으로 시작되는데, 바로 그 다음에 이어지는 문장에서 일인칭 서술자 '나'는 말하는 것을 어려워하면서 얼버무리며 제대로 답변조차 하지 못한다.

> "왜 비로소 이제야?" 내가 아닌 그 양반이 말했다. 왜냐하면 어머니가 내게 언제나 또다시... 왜냐하면 내가, 바다 위 허공에 비명소리가 떠돌던 그 당시처럼, 비명을 지르려고 했으나 지를 수가 없어서... 왜냐하면 그 진실은 거의 석 줄도 안 되는... 왜냐하면 이제야 비로소... (IK, 7)

그런데 어떤 핑계도 좋아하지 않는 '그 양반'이 서술자 '나'의 직업이 기자임을 상기시키면서 글 쓰는 작업을 재촉하자, '그 양반'에게 고용된 "대필작가(Ghostwriter)"(IK, 30)의 처지인 '나'는 자기 자신에 관한 이야기는 접어둔 채, 자신이 이야기를 서술하기 시작하는 시점으로부터 무려 100여년이나 거슬러 올라가, 메클렌부르크의 주도 슈베린에서 일어난 사건에 대한 이야기를 시작한다.

서술자 '나'는 빌헬름 구스틀로프 호가 침몰하던 1945년 1월 30일 밤에 만삭의 몸으로 승선해 있다가 극적으로 구조된 툴라 포크리프케의 몸에서 태어난 인물이다. 그의 탄생은 배의 침몰과 극적 대조를 이룬다. 이처럼 빌헬름 구스틀로프 호와 운명적인 인연을 맺고 있는 파울은 처음부터 역사적 사건과 허구를 연결하는 고리로서의 역할을 자연스레 부여받게 된 셈이다.

파울은 어린 시절부터 어머니 툴라한테서 '빌헬름 구스틀로프 호'의 비극에 대해 지겹도록 자주 들었을 뿐만 아니라, 운 좋게 살아남은 자신이 그 사건을 반드시 기록으로 남겨야 한다는 부담스런 압력도 받아왔다. 그러나 파울은 이 역사적 비극을 뒤쫓는 일을 망설인다. 이 "저주받을 이야기"는 수십 년 동안 동서독 할 것 없이 "전 독일에 걸쳐 금기사항"(IK, 31)이었기 때문이다. "하지만 1996년 1월 말 처음으로 극우 〈폭풍의 전선〉[14] 홈페이지를 클릭한 후 곧 이어서 구스틀로프와 관련된 이야기들을 접하게 되고, 마침내 웹사이트 〈www.blutzeuge.de〉를 통해 슈베린 동지회를 알게 된 후에는 사정이 달라졌다."(IK, 32) 이 사건이 정치선동의 도구로 활용되는 것을 보고 파울은 생각을 바꾸게 된 것이다. 파울은 이제 본격적으로 빌헬름 구스틀로프 호와 관련된 기록을 뒤지게 된다. 그리고 그 과정에서 극우주의적이고 보복주의적으로 채색된 자료를 통해 선동을 일삼는 웹사이트 운용자가 바로 자신의 아들 콘라트라는 사실을 알게 된다. 이제까지 자신과는 별로 상관없는, 그저 과거의 사건으로만 여겨왔던 '빌헬름 구스틀로프 호'의 비극적인 침몰 사건이 이제 바로 자기 자신의 문제로 급변하게 되면서, 과거와 현재가 뒤얽히게 된다.

---

14 폭풍의 전선(Stormfront)은 인종 증오 사이트로 극우적인 백인지상주의자들과 반유대주의자인 네오나치주의자들의 인터넷 포럼이다. 1990년대 초에 단체회보로 시작되었는데 1996년에 웹사이트로 확립되었다.

1945년생으로 현재 50대의 나이인 서술자가 체험적 자아로서 살아온 삶을 되돌아보며 서술하고 있기 때문에 현재 시간 차원의 서술적 자아와 과거 시간 차원의 체험적 자이 사이에 어느 정도의 긴장이 조성되고 있기는 하지만, 그러나 서술적 자아와 체험적 자아의 동일성이 문제시되거나 반어적으로 전복되는 경우는 나타나지 않으며, 둘 사이에는 동일성이 전제되어 있다. 그리고 보고적 서술방식이 주조를 이루기는 하지만, 지역이나 거리 등에 대한 장면적 묘사도 드물지 않게 나오는 편이다.

파울은 지난 일을 캐서 그것을 기사화 하는 일을 생업으로 하는 존재, 즉 "과거라는 상품을 팔아먹는 소매상(Vergangenheitskrämer)"(IK, 8)이다. 그는 어머니 툴라가 랑푸르 사투리로 "내 새끼 파울은 완전 특별한 애야!"[15](IK, 42)라고 말하며 자신의 특출함을 강조할 때면 늘 곤혹스러워 하는, 그야말로 "평범한 저널리스트"(IK, 42)이다. 그는 극우 성향의 언론재벌 〈슈프링어〉 계열의 신문사에 있다가 좌파 자유주의 성향의 〈타츠〉로 자리를 옮긴 저널리스트(IK, 7)로서 "이편도 저편도 아닌 중립적인 입장"에서 오로지 "확인기사만 쓰고 사실 보고만 할 뿐"(IK, 75), 이데올로기적인 가치판단을 꺼리는 인물이다.

저널리스트란 기본적으로 "입수 가능한 자료들"(IK, 39)을 바탕으

15 툴라는 랑푸르 사투리를 즐겨 사용하고 있다. 이것은 작품의 언어적 측면에서 매우 중요한 특징 중 하나로, 제IV장 제4절에서 다시 고찰하게 될 것이다. 그런데 랑푸르라는 특정 지역의 사투리를 우리나라의 특정 지역 사투리로 번역하는 것은 사실상 불가능하며 바람직하지도 않다. 사투리는 해당 지역의 역사와 문화, 그리고 전통 등에 대한 선입견 및 편견과도 연관되어 받아들여질 위험이 적지 않기 때문이다. 따라서 사투리를 인용할 경우 사투리라는 사실만 알 수 있도록 그 부분을 짙게 표시하고 표준말로 번역할 것이다.

로 사실을 객관적으로 보고하는 것을 업으로 삼는 직종이다. 따라서 일인칭 서술자의 직업을 기자로 설정한 것은 사안을 최대한 냉정하고 객관적으로 그려내려는 의도에서 비롯된 것으로, 결국 서술의 객관성 확보를 위한 미학적 장치이다. 서술자 자신도 "이것은 내가 인터넷에서 건져 올린 정보이다"(IK, 25)라고 '정보'의 출처를 밝히거나, "바깥 풍경은 이 정도였다. 더 이상 자세한 이야기를 해봤자 의미가 없다"(IK, 26)며 세부묘사를 멈추거나, "배 안에서 이후 일어났던 일에 대해서는 목격자도 없고, 기록된 바도 없다"(IK, 138)라면서 심미적인 가공을 최대한 억제하는 제스처를 취함으로써 서술의 객관성이 부각된다.[16]

서술자 '나'는 자신이 쓰는 글이 노벨레가 될 성향이 있다는 그 양반의 평가에 대해서도 보고문의 형식임을 명확하게 밝히고 있다.

> 나의 보고문은 노벨레가 될 성향이 있다고 그 분은 말한다. 하지만 내가 신경 쓸 필요 없는 문학적 평가일 뿐이다. 나는 다만 보고할 뿐이다.(IK, 123)

그 결과 이 노벨레는 서술자 "나의 지극히 객관적인 기사"(IK, 106)이자 "나의 보고문"(IK, 130)의 모습을 띤다. 보고문의 형식이므로 소문이나 남의 말을 인용하는 화법조동사 sollen과 남의 말을 주관적인 판단의 개입 없이 객관적으로 그대로 전달하는 접속법 1식

16 김누리: 역사적 터부의 문학적 형상화 - 귄터 그라스의 소설 『게걸음으로 가다』의 서사구조 연구. 실린 곳: 독일문학 제 85집 44권 1호, 2003, 256-280쪽 참조할 것.

의 문장이 작품 도처에 나타나고 있다. 이와 관련하여 몇 개의 예문만 들어보기로 하겠다.

> 세월을 거슬러 올라가 보자. 일곱 살의 알렉산더는 국제선 부두에서 〈백군〉의 잔존 부대, 그리고 영국과 프랑스 간섭군의 패잔병들이 도망치듯이 오데사를 떠나는 것을 보았다고 한다. 곧 이어서 그는 〈적군〉의 진군을 경험했다. 숙청 작업이 진행되었다. 그리고 나서 내전은 거의 종식되었다. 그리고 몇 년 후 외국 선박들이 다시 항만에 접안할 수 있게 되었을 때, 그 소년은 말쑥하게 차려입은 승객들이 바닷물이 섞인 강물 속으로 던진 동전들을 끈기 있게 그리고 곧 능숙하게 잠수하여 건져내었다고 한다.(IK, 14)

> 맞는 말일지도 모른다. 빌헬름 구스틀로프 호는, 온통 새하얀 차림으로 처녀 항해에 나섰을 때, 선두에서 선미까지 하나로 둥둥 떠다니는 것 같은 느낌이었다고 한다. 애초부터 확신에 찬 반파시스트주의자였던 것처럼 행세한 사람들조차도 그런 말을 했다. 배에 승선할 수 있었던 사람들은 나중에 마치 신세계를 처음 경험한 사람 같은 기분으로 상륙했다고 한다.(IK, 57)

> 그리고 내가 서쪽으로 가려고 했을 때 그녀는 그저 "그래, 나를 떠나 서쪽으로 가렴." 하고 말하면서 밀고하지는 않았으며, 그 때문에 그녀는 슈베린에서 상당히 압력에 시달리게 되었고, 심지어 국가안전부(Staassicherheitsdienst)가 그녀의 집을, 여러 차례,

노크하긴 했지만, 증거를 입수하지는 못했다고 한다... (IK, 100)

서술자가 보고의 근거로 삼고 있는 것은 주로 역사적 인물이나 사건에 관해 다룬 책들이나 공식 게시문, 포고문, 성명서, 보고서 등 신빙성이 있는 공식적인 자료들, 또는 인터넷 매체의 보도 내용, 기록사진, 영화, 생존자의 증언 등이다. 예를 들면 나치당원이자 제국 연설가인 디베르게가 1936년 뮌헨의 프란츠 에어 출판사에서 펴낸, 구스틀로프 피살 사건을 다룬 책[17](IK, 14), 1936년 이주민들의 출판사인 암스테르담의 퀘리도 사에서 펴낸 에밀 루트비히의 책[18](IK, 17), 히틀러의 『나의 투쟁(Mein Kampf)』(IK, 48), 집단수용소 포로였던 사람이 망명지 출판사에서 간행한 보고문 『늪지의 병사들』[19](IK,

---

17 볼프강 디베르게(Wolfgang Diewerge, 1906-1977)는 나치 제국 선전상 괴벨스(Joseph Goebbels) 밑에서 국민계몽과 선전을 위한 제국부에서 일한 나치선동가이자 반유대주의자로 특히 반유대 여론작업에 능했던 작가였다. (http://de.wikipedia.org/wiki/Wolfgang_Diewerge) 그가 쓴 책은 『구스틀로프 사건. 다보스 살인범행의 전사와 그 배경들(Der Fall Gustloff. Vorgeschichte und Hintergründe der Bluttat von Davos, München: Eher 1936.)』이다.

18 에밀 루트비히(Emil Ludwig, 1881-1948)는 유대계 독일작가로 본명은 에밀 콘(Emil Cohn)이다. 특히 극적 구성과 심리분석에 뛰어난 전기(傳記) 작품으로 유명하다. 1936년 『다보스 암살(Mord in Davos)』 초판이 나온 후 1945년 스위스에서 『다윗과 골리앗(David und Goliath)』으로 증보판이 나왔으며, 1986년 Peter O. Chotjewitz에 의해 개정판(『다보스에서의 살인. 암살사건에 대한 텍스트들. Der Mord in Davos. Texte zum Attentatsfall』 David Frankfurter/Wilhelm Gustloff, Hg. von Helmut Kreuzer.)이 나왔다.

19 1935년 출간된 랑스호프(Wolfgang Langshoff. 1901-1966)의 『늪지의 병사들. 13개월 동안의 집단강제수용소(Die Moorsoldaten. 13 Monate Konzentrationslager)』는 독일의 배우이자 감독인 랑스호프의 수용소의 경험에 관한 글로서, 단지 사실의 보고문일 뿐만 아니라 오히려 소설처럼 읽히는 문학작품이다.

48), 구스틀로프 호 사건을 직접 목격한 생존자 하인츠 쇤의 책들[20](IK, 62), 영국인인 돕슨, 밀러, 페인의 문고판 보고서[21](IK,115), 발트 해 적기함대의 해군 문서보관소에서 발견된 잠수함 M96에 관한 기록(IK, 72), 발트 해 적기함대의 공식보고서(IK, 168), 인터넷 웹사이트에서 발췌한 러시아 작가 일리야 에렌부르크[22]의 호소문(IK, 101), 그밖에도 사진, 영화, 신문기사, 라디오 방송 따위이다.

발트 해 적기함대의 해군 문서보관소에서 잠수함 M96에 관한 기록을 인용한 예를 보기로 하자.

---

20 하인츠 쇤(Heinz Schön: 1926-2013)은 구스틀로프 호 침몰사건에 관한 책을 여러 권 출간했다. Der Untergang der Wilhelm Gustloff–Tatsachenbericht eines Überlebenden. Bearbeitung Walter Böckmann, Göttingen 1952; Ostsee '45 –Menschen, Schiffe, Schicksale. Stuttgart 1983; Die KdF-Schiffe und ihr Schicksal. Eine Dokumentation. Stuttgart 1987; SOS Wilhelm Gustloff. Die größte Schiffskatastrophe der Geschichte. Stuttgart 1998; Hitlers Traumschiffe. Die „Kraft durch Freude" – 'Flotte 1934 - 1939. Kiel 2000. (사후) Die Tragödie der Flüchtlingsschiffe. Gesunken in der Ostsee 1944–45. Stuttgart 2004.. 그리고 구스틀로프 호 침몰을 다룬 영화제작에도 참여했다. Nacht fiel über Gotenhafen, Kinofilm, Regie: Frank Wisbar(1960년); Die Gustloff, Fernsehfilm (ZDF / UFA), Regie: Joseph Vilsmaier, Kai Wiesinger.(2008년). 그의 사망에 관한 글은 다음을 참조할 것. B. Heitmann: Chronist der „Gustloff", Zeitzeuge und Buchautor Heinz Schön in Bad Salzuflen gestorben. Die Preußische Allgemeine Zeitung, 24. April 2013.

21 C, Dobson / J. Miller / R. Payne: The Cruelest Night: The Untold Story of one of the Greatest Maritime Tragedies of World War Ⅱ, OH, USA 1979.

22 일리야 에렌부르크(Ilya G. Ehrenburg, 1891-1967)는 소련의 작가·저널리스트이다. 유대인 집안에서 태어나 가족을 따라 모스크바로 이주했고, 일찍부터 혁명 활동에 가담했다. 1936-40년 대부분의 기간을 〈이즈베스티야 Izvestiya〉지의 종군기자로 활동했다. 1941년 소련으로 돌아온 뒤 서유럽 세계를 신랄하게 공격한 『파리의 함락(Padeniye Parizha)』을 출판했고 1942년 스탈린상을 받았다. 스탈린 사후 1954년 발표한 장편소설 『해빙(Ottepel)』은 격렬한 논쟁을 불러일으켰는데, 그 제목은 소련 문학에서 이 시기를 일컫는 용어가 되었다.

> 발트 해 적기함대의 해군 문서보관소에서 잠수함 M96에 관한 기록이 발견되었는데, 그것에 의하면 그 함장은 자신의 승무원들에게 수상 공격 연습을 맹렬하게 시켜 마침내는 19.5초 만의 잠수라는 기록을 세우는 데 성공했다고 한다. 다른 잠수함들의 평균 기록은 28초였다. M96은 말하자면 전시 사태에 대비한 만반의 준비를 갖추었다.(IK, 72)

한 가지 예만 더 들어보자면 다음과 같다.

> 그것과 관련해서는 쇤의 책에서뿐만 아니라 영국인인 돕슨, 밀러, 페인의 문고판 보고서에서도 1945년 1월 30일은 영하 18도의 얼음처럼 찬 날씨였다고 기록되어 있다. 쇄빙선들이 단치히 만에서 항로를 열어주어야 했다. 폭설과 세찬 돌풍이 예보된 날이었다.(IK, 115)

서술자가 인용하고 있는 여러 자료들이 보여주는 상호텍스트성과 상호매체성의 성격에 관해서는 제VI장 제2절에서 자세하게 살펴볼 것이다.

물론 구체적인 자료나 증언을 통해 보고할 수 없는 경우에는 상상을 통한 형상화를 부분적으로 허용하는 경우도 가끔 있다. 하지만 보고문과는 성격이 전혀 다른 이야기를 전달하는 경우에도 가상세계를 허구적으로 꾸며낸다기보다는, "그저 재미로 시험 삼아 이제 이 불초소인이 언론인으로서 어떻게 행동했을까를 상상해보기로 하자"(IK, 58)는 예문에서 볼 수 있듯이, 오히려 상상의 묘사임을 사전에 명시적으로 밝히고 있다.

그러나 다음의 예문처럼 지극히 예외적으로 아주 그럴싸한 전설 같은 이야기를 삽입하는 경우도 있다.

> 그러나 여기에서 마리네스코의 사격 명령이 떨어져 버리면 다시는 되돌아갈 수 없기 때문에 전해져 오는 전설 하나를 내 보고문에 삽입시켜야겠다. 피쿠르라는 이름의 승무원은 S13이 항괴 항구를 떠나기 전에 모든 어뢰에다가 붓으로 헌사를 써서 장식하였다. 발사 준비가 된 네 발의 어뢰도 마찬가지였다. 첫 번째 어뢰에는 〈어머니 나라를 위하여〉라고 썼고, 제2발사관의 어뢰에는 〈스탈린을 위하여〉, 그리고 제3, 제4 발사관에 장착된 어뢰들의 뱀장어처럼 매끈한 표면에는 〈소비에트 민족을 위하여〉와 〈레닌그라드를 위하여〉라는 헌사가 씌어졌다. 그렇게 미리 임무가 주어진 상태에서 마침내 명령이 떨어지자, 네 발의 어뢰 중 세 발이 – 스탈린에게 바쳐진 어뢰는 발사관에 그대로 머물러 있었고 급히 그 뇌관이 제거되야 했다 – 마리네스코가 보기에는 아무 이름도 없는 배를 향하여 날아갔다. 그 배의 산모와 임산부 병실에서 어머니는 라디오 음악 소리가 나직이 들려오는 가운데 곤히 잠들어 있었다.(IK, 130)

그렇지만 작품 전체적으로 볼 때, 서술자는 일차적으로 '자료'에 근거해 '보고'할 뿐, '상상'에 따라 '서술'하지 않는다. 따라서 엄밀히 말하자면, 파울은 일인칭 '서술자'라기보다는 오히려 일인칭 '보고자'에 가까운 입장을 취하고 있다.

또 다른 한편으로, 파울의 이야기는 연대기적 순서에 따른 직선적 시간구조에 따라 이루어지고 있지도 않다. 그는 서로 다른 곳에서 일어난 사건들을 동시성의 관점에서 횡적으로 연결하는 이야기 방식을 선호하고 있다. 역사상 실재한 인물들인 구스틀로프, 프랑크푸르터, 마리네스코의 행적을 추적할 경우 이 세 인물의 행적이 연대기적으로 재구성되는 대신 대부분 "동시성"의 관점에서 횡적으로 연결되고 있다. 더구나 동시성의 서술방식은 역사적 인물이나 사건의 서술에만 국한되지 않고, 역사적 사실과 인물들, 허구적 사건과 인물들의 행적을 연결할 때에도 이용되고 있다. 이 동시성의 기법의 기능과 의미에 관해서는 제VI장 제4절에서 상세하게 밝힐 것이다.

2. 액자구조와 서술차원

『게걸음으로』는 액자구조로 되어 있다. 액자구조란 액자처럼 바깥틀을 이루는 하나의 이야기, 즉 외화 속에 마치 액자 속의 사진들처럼 안쪽에 끼워져 있는 이야기, 즉 내화가 들어있는 구성 형식을 일컫는다. 형식적으로 보면 마치 내화가 외화에 종속되어 있는 것처럼 보이지만 실제로는 외화는 형식적인 틀을 제공할 뿐이고, 내화가 사건 전개의 핵심적인 역할을 맡는다.

액자구조의 구성 방식에는 두 가지가 있다. 첫 번째는 하나의 외화 속에 하나의 내화가 있는 단일 액자 구성 방식이고, 두 번째는 하나의 외화 속에 여러 개의 내화가 있는 순환적 액자 구성 방식이다. 전자의 경우로는 김동인의 「광화사」와 「배따라기」, 김동리의

「무녀도」등을 들 수 있고, 후자의 경우로는 세라자데가 생명을 연장하기 위해 천 일 동안 왕에게 이야기를 들려주는 형식으로 액자 속에 수많은 일화를 담아내고 있는 아라비아의 설화집 『천일야화』, 그리고 근대 노벨레의 효시로 알려져 있는 보카치오의 『데카메론』 등을 들 수 있다.

『게걸음으로』는 순환적 액자 구성 방식을 취하고 있는데, 내화와 외화가 독립적으로 되어 있는 것이 아니라 서로 넘나들고 있다. 서술자가 이야기하는 서술시간(1996-2000)과 그 서술의 대상이 되는 피서술시간(1895-2000)이라는 두 가지 시간 지평도 작품의 결말부에 이르러 순환식으로 접맥된다. 이것은 이야기하는 가공의 현재 차원의 서술 시점과 회상을 통해 조명되는 과거 시간 차원의 독일의 역사, 이 양자의 통합을 의미한다. 내화와 외화가 서로 넘나들며 거듭 나타남으로써 현재의 서술시간 차원과 서술 대상으로서의 과거의 시간 차원 사이에 지속적으로 긴장이 조성되는 입체적인 구성 방식을 취한 것은 영향미학적인 의도에서 비롯된 것이다. 순환적 액자구성은 서술자와 독자 사이의 긴장을 유지시킴으로써, 독자가 작중인물들의 행위와 사건에 자신도 모르게 감정이 이입되어 버리는 기존의 수동적인 독서 태도를 지양하고, 서술되는 이야기에 적극 참여하고 비판하는 능동적인 성찰적 독서 태도를 갖도록 하려는 목적으로 도입한 서술 장치라고 볼 수 있다.

내화는 두 가지 서술차원으로 구분될 수 있는데, 하나는 역사적 사실에 바탕을 둔 사실적 서술차원이고, 또 다른 하나는 허구적 서술차원이다.

사실적 서술차원에서는 빌헬름 구스틀로프 호 침몰 사건을 중심

축으로 그 전후에 일어난 숱한 역사적 사건들 및 그 사건들과 연관된 역사상 실재 인물들에 관한 이야기가 나치 지구당 지도관인 독일인 빌헬름 구스틀로프Wilhelm Gustloff, 그를 암살한 유대인 다비드 프랑크푸르터David Frankfurter, 빌헬름 구스틀로프 호를 어뢰로 격침한 소련 잠수함 S13호 함장 알렉산더 마리네스코Alexander Marinesko 3인을 중심으로 파노라마처럼 펼쳐지고 있다. 이 서술차원에서는 구스틀로프가 출생한 1895년을 기점으로 그의 성장 과정과 나치 활동, 피살 사건, 그의 이름을 딴 구스틀로프 호 건조 과정, 그 배의 침몰 사건을 거쳐, 그 참사 이후 마르네스코와 프랑크푸르터의 행적과 프랑크푸르터의 사망 때까지의 사건들이 서술된다. 이와 관련하여 상세한 내용은 제Ⅴ장 제1절과 제2절에서 제시할 것이다.

허구적 서술차원에서는 빌헬름 구스틀로프 호가 침몰하던 바로 그날 밤 만삭의 몸으로 아들을 출산한 툴라 포크리프케가 단치히의 변두리 랑푸르에서 보낸 어린 시절부터 제2차 세계대전을 겪은 후 동서독 분단 시절 구동독의 사회주의 체제에서 지내던 시절을 거쳐 독일통일이 이루어진 이후의 시점인 2000년대까지 살아온 삶의 역정을, 그녀의 아들인 서술자 파울, 그리고 그의 아들 콘라트에 이르기까지 포크리프케 집안 3대에 걸쳐 일어난 사건들을 중심으로, 이와 연관된 허구적인 작중인물들과 사건에 관한 이야기가 서술된다. 이와 관련하여 상세한 내용은 제Ⅴ장 제3절에서 제시할 것이다. 그리고 이 서술 차원에서 툴라와 관련된 인물이나 사건 이야기는 대부분 『개들의 시절』과 긴밀하게 연관되어 있는데, 이 문제는 제Ⅵ장 제2절에서 상세하게 살펴볼 것이다. 그런데 이 허구적 차원에는 역사적인 사건들과 역사상 실재 인물들에 관한 이야기도 함께 제시됨으로써 허구적인 인물과 사건들에 사실성을 부여하는 역할을 한다. 빌헬름 구스틀로프 호 침몰을 전후한 역사 이야기와 포크리프케 가족사 이야기가 독립된 별개의 이야기가 아니라 상호연관 되어 사실적 요소와 허구적 요소가 병렬적으로 제시되는 문제에 대해서는 제VI장 제1절 제2항에서 동시성의 기법을 다룰 때 다시 고찰하게 될 것이다.

외화 역시 두 개의 서술 차원으로 구분될 수 있는데, 하나는 픽션 차원이고, 다른 하나는 메타픽션[23] 차원이다. 이 두 개의 차원은 상호간에 구분할 수 없을 정도로 완전히 뒤얽혀 있는 것은 아니지만 상호 연관되어 있다.

픽션 차원에서는 일인칭 서술자 파울이 이야기를 하는 서술시간 동안, 그러니까 허구적 작중인물인 그 양반의 대필작가로서 글을 쓰기 시작하는 1996년 1월말(IK, 32)부터 2000년[24](IK, 165)에 이르기까지, 어머니 툴라와 자신과 아들 콘라트로 이어지는 포크리프케 가문 삼대의 이야기를 갈등관계에 초점을 맞춰 서술한다. 이 차원

---

23 메타픽션(metafiction)이라는 용어는 1971년 미국의 윌리엄 개스(William H. Gass)가 『픽션과 인생의 양태들(Fiction and the Figures of Life)』이라는 책에서 언급함으로써 공식화된 용어이다. 메타픽션은 픽션과 리얼리티 사이의 관계에 의문을 제기하면서, 소설작품이 소위 "현실"을 담은 그릇이 아니라 인위적으로 만들어진 하나의 인공물(artifact)임을 의식적으로 드러내는 소설쓰기이다. 작가는 스스로의 글쓰기 행위에 대해 비판하고 반성하는 자의식적 행위를 글 속에 드러낸다.

24 "그리고 잠수함 S13의 함장을 위한 기념비는 겨우 10년 전인 1990년 5월 8일, 그러니까 전쟁이 끝나고 나서 45년 만에 그리고 마리네스코가 죽은 지 27년 만에 오늘날의 상트 페테르스부르크인 레닌그라드에 세워졌다."(IK, 165) 1990년 5월 8일을 10년 전이라고 언급하고 있는 이 문장을 통해 서술시간이 적어도 2000년 이전에는 끝나지 않음을 알 수 있다.

에서 허구적 이야기의 정점을 이루는 것은 바로 "1997년 4월 20일 오후"(IK, 171) 콘라트가 채팅 상대인 볼프강을 권총으로 사살하는 모방살인 사건이다. 이 문제에 관해서는 제VI장 제3절에서 상세히 살펴볼 것이다.

메타픽션 차원은 두 가지 유형으로 구분될 수 있다. 첫 번째 유형은 일인칭 서술자 파울이 자신의 글쓰기에 대해 의문시하거나 성찰하는 과정을 이야기하는 서술차원이다.[25] 그리고 두 번째 유형은 서술자에게 글 쓰는 작업을 맡긴 고용주이자 문학적인 조언과 충고도 하는 존재인 그 양반과 서술자 그 두 허구적인 작중인물 사이에 반어적인 유희가 이루어지는 서술차원이다.[26]

첫 번째 유형의 메타픽션에 관해 좀 더 자세하게 살펴보기로 하자.

서술자 파울은, 다음 예문들을 보면 알 수 있듯이, 자신의 글쓰기에 대해 늘 의문을 품고 성찰하는 입장을 드러낸다. 이것은 실제 작가 그라스의 집필과정이나 입장 또는 자전적 현실을 거의 가공하지 않은 채 그대로 반영하는 차원이라고 볼 수 있다.

---

25 이 유형의 메타픽션은 이미 『양철북』에서도 사용되었다. 다만, 『양철북』에서는 에피소드로 구성된 거의 모든 장에서 오스카르가 자신의 글쓰기 과정에 대해 성찰하고 의문을 제기하고 수정하는 대목이 반복적으로 나타나, 현재와 과거 사이의 긴장을 지속적으로 조성하고 있는 것과는 달리, 『게걸음으로』에서는 그런 대목이 반복적으로 자주 나타나지는 않고 있다.

26 이 유형의 메타픽션은 『넙치』에서 사용되었다. 물론, 『넙치』의 일인칭 서술자도 『양철북』의 오스카르처럼 글쓰기 과정에 대한 성찰이나 의문을 제기하고 있다. 그러나 『넙치』에서는 넙치가 일인칭 서술자가 집필중인 작품에 대해 제목이나 서술 순서, 서술방법 등에 대해 문학적 충고(Vgl. WA V, 486)도 한다. 『넙치』에서 넙치가 서술자에게 문학적 충고자의 역할을 맡았던 것처럼, 『게걸음으로』에서는 그 양반이 일인칭 서술자의 문학적 충고자 역할을 맡고 있다.

> 나는 이제 그 배를, 공습만 없다면, 어느 정도 안전했던 장소에 있도록 내버려두고, 그 대신 게걸음으로 나의 사적인 불행에 대한 이야기로 돌아가기로 한다.(IK, 88)

> 그렇지만 아직은 그 이야기를 마무리할 때가 아니었다. 다시 한 번 나는 앞으로 나아가기 위해 뒤쪽으로 게걸음질 해야 한다.(IK, 107)

두 번째 유형의 메타픽션이야말로 서술형식상 『게걸음으로』의 백미를 이루는 부분으로 작품의 심미적 감상을 위해 상세하게 살펴볼 필요가 있다.

작품 안에서 "그 노인장", 서술자의 "고용주", 서술자의 "보스", "그 분" 등 여러 가지로 지칭되고 있는 '그 양반'은 피곤하기 때문에 자신을 도와줄 보조인력(IK, 70), 즉 자기 대신 이야기를 쓰고 출간할 대필작가를 구한다. 그런데 그는 상세하고 정확한 묘사를 원하는데, 대필작가로 고용한 파울은 세부적이고 개별적인 사실들을 기억해낼 능력이 없다. 따라서 그는 서술자 파울의 문학적 충고자 역할을 자임하며, 다음의 예문들을 보면 알 수 있듯이, 파울에게 자신의 지시에 따르게 하거나 또는 자신의 입장을 대변하게 한다.

> 나는 이제 간략하게 요약하라는 충고를 받고 있다. 아니, 나의 고용인이 그것을 고집한다. 배안과 차가운 바다에서의 수천의 죽음을 말로 표현하는 일, 그리고 독일식 진혼곡이나 해상에서의 죽음을 애도하는 무도곡을 연주한다는 것은 내게는 어차피 불가능한

일이므로 그저 겸손하게 본론으로 들어가라는 것이다.(IK, 139)

그 분은 나에게 코니의 생각에 대해 이러쿵저러쿵 추측한다거나, 코니가 고심했던 것을 생각의 유희로 각색한다거나, 혹은 내 아들의 머릿속에서 언어로 나타내거나 인용할 수도 있는 바를 기록하는 것을 엄격하게 금지시켰다.(IK, 199)

며칠 후, 아니 바로 다음날, 그 양반이 – 그 분의 위임을 받아 나는 지금까지 게걸음으로 앞으로 나아갔다 – 온라인으로 들어가 보라고 절박하게 충고했다. 그 분은, 아마도 마우스를 클릭하게 되면 적절한 맺음말을 찾을 수 있을 것이라고 말했다.(IK, 216)

그러나 때로는 파울이 자신에게 글쓰는 일을 위탁한 고용주의 생각과 다른 입장을 보임[27]으로써 두 작중인물 사이에 반어적 긴장 관계가 생겨난다. 그렇지만 전체적으로 볼 때, '그 양반'은 집필과정에서 자기 검열하는 자신의 모습까지도 허구적 서술자와의 의견대립이라는 형태를 빌려 반어적으로 드러내기도 하고(IK, 90), 작품의 결말까지도 서술자에게 조언하는 인물로서. "더 폭넓은 지평과 더 큰 능력을 지니고 있는 더 높은 차원의 심급에 속하는 다른 페르소

27 다음 예문에서 알 수 있듯이 서술자는 자신의 고용주인 그 양반의 충고나 지시를 그대로 따르지는 않고 있다: "나는 경악스런 일을 상상하고 소름끼치는 것들을 억지로 세세하게 묘사하려고 하지는 않겠다. 비록 나의 고용주가 한 사람 한 사람의 운명을 차례대로 이야기하고, 침착하게 넓은 서사적인 폭을 견지하면서 감정이입의 능력을 발휘하여 거대한 스케일로 완성시키되, 공포에 넘치는 말들로써 대참사의 규모에 걸맞게 서술하라고 몰아붙이고 있긴 하지만 말이다."(IK,136)

나"[28]라고 할 수 있다. 그 양반이 문학상의 충고를 하는 장면은 실제 작가 그라스가 『게걸음으로』의 집필과정 중에 고민했던 문제들을 반영한 것으로 볼 수 있다. 그러니까 실제 작가 그라스의 집필의도, 허구적 서술자의 창안과정, 전지적 서술자의 거부, 자기검열, 결말의 구상에 이르기까지 작품 성립사에 대한 서술이 메타픽션의 차원에서 이루어지고 있다. 이처럼 작가 자신의 집필과정 중에 있었던 경험을 독자에게 거의 가공 없이 제시함으로써 독자를 자신의 작업장 속에 끌어들이고 있다는 점에서 『게걸음으로』 역시 일종의 "글쓰기에 관한 글쓰기", '소설 쓰기에 관한 소설'로서, "아이러니와 패러디에 의해 수행되는, 고도로 자기를 반영하고 자기를 의문시하는 메타픽션이다."[29]

이처럼 허구적인 작중인물인 그 양반은 실제 작가 그라스의 분신(alter ego)이라고 믿어도 좋을 만큼 거의 노골적으로 실제 작가 그라스를 떠올리게 한다. 물론 서술자자 그 양반에 대해 이름도 얻지 못한 실패한 작가로 규정하는 다음의 언급만 보더라도 그 양반을 실제 작가 그라스와 완전히 일치하는 동일인물로 보는 것은 결코 타당하지 않다.

> 그 당시의 몇몇 재능 있는 사람들은 이미 죽었다. 둘, 셋 정도가 이름을 얻었다. 반면에 한때 내 선생이었던 분은 허탕을 치고 만 모양이다. 그렇지 않다면 그 분이 나를 대필 작가로 고용하지는

---

28 Vgl. T. Pelster, a.a.O., S. 50f.

29 Vgl. P. O'Neill: Critical Essays on Günter Grass, Boston, Massachusetts 1987, S. 11.

> 않았을 테니 말이다.(IK, 30)

그러나 설령 서술자의 이런 언급이 없다 하더라도, '그 양반'을 실제 작가 그라스와 동일시할 수도 없을뿐더러 완전히 동일시해서도 안 된다는 점을 유의해야 한다. 작가는 서술의 주체인 허구적 서술자가 아니라 그 서술자를 비롯해 모든 작중인물을 만들어낸 창조자로서, 단지 이야기 서술을 서술자의 중개에 맡기는 입장을 고수하기 때문이다.

메타픽션 차원의 백미는 무엇보다도 금기시된 비극적 역사를 문학적으로 형상화 하는 문제에 대해 성찰하는 부분이다. 다음의 예문들에서 확인할 수 있듯이, 일인칭 서술자가 그 양반에 관해 이야기하도록 함으로써, 그라스는 제2차 세계대전에서 저질러진 만행에 대한 참회의 필요성 때문에 독일인들이 피난길에서 겪은 그 많은 고통에 대해 침묵으로 일관해온 것은 잘못된 일이며, 이 테마를 우파들의 전유물로 내맡겨서도 안 된다고 자신의 입장을 간접적으로 피력한다. 실제로 그가 이 작품을 쓴 이유도 바로 이것이라고 볼 수 있다.

> 유감스럽게도 그런 일이 자신에 의해 해결되지는 않았다고. 그 분은 말했다. 자신의 태만도 애석하지만 포기가 더 애석하다는 것이다. 하지만 변명하고 싶지는 않고, 다만 1960년대 중반에 과거의 일이라면 이미 충분히 다루어보았고, 또 끊임없이 〈지금지금지금〉하고 말하는 탐욕스런 현재가 200여쪽에 달하는 이 책이 제때에 나오는 것을 방해했다는 사실만은 인정한다는 것이다.(...)아무튼 그러다 보니 때가 너무 늦었다. 그래서 그 대신으

로 그가 나를 창안해낸 것은 아니지만, 아무튼 오랜 수소문 끝에 생존자들 명단에서 마치 어떤 분실물을 찾듯이 발견해낸 것이다. 그리하여 나는 별다른 특징도 없는 인물이기는 하지만, 배가 침몰하는 동안에 태어나는 운명으로 정해져 있다는 것이다.(IK, 77-78)

그 문제가 그 노인장을 괴롭히고 있다. 그 분은 동프로이센 피난민들의 고통스런 불행을 알리는 것이 자기 세대의 과제가 아니었겠느냐고 말한다. 한겨울 서쪽으로의 행렬, 눈보라 속에서의 죽음, 길가에서의 비참한 죽음, 얼어붙어 새로 생긴 해안호가 폭탄 투하와 마차의 하중을 받아 깨어지기 시작하자마자 얼음구덩이에 빠진 채 당한 개죽음, 그리고 그럼에도 불구하고 하일리겐바일 쪽에서는 러시아인들의 복수에 대한 공포심 때문에 점점 더 많은 사람들이 끝없는 설원 위를 지나갔다... 도주... 그 하얀 죽음[30]... 결코, 하며 그가 말한다, 자신의 죄가 너무나 크고 그 오랜 세월 동안 후회를 고백하는 것이 절박했다는 오직 그 이유만으로 그토록 많은 고통에 대해 침묵을 지켜서는 안 되며, 또한 그 기피된 주제를 우익인사들에게 넘겨주어서는 안 된다. 이러한 태만은 이루 형언할 수 없이 뻔뻔한 짓이라는 것이다(IK, 99)

아무튼 고도의 미적 가공을 중시하는 작가 그라스가, 비록 허구적인 작중인물의 외피를 쓰고 있긴 하지만, 작품 속에서 이렇게 자신

---

30 눈 더미 속에서 또는 눈사태에 얼어서 죽게 되는 죽음을 말한다.

의 주장을 노골적으로 직접 표명하는 경우는 지극히 이례적인 일이라고 말할 수 있다.

서술구조상 또 하나 중요한 특징 중의 하나는 컴퓨터와 인터넷의 이용 방식이다. 인터넷의 정보, 서술자의 의식 속에서 연상된 것이 소설에 구성적 통일성을 부여한다. 이와 관련해서는 제VI장 제2절 제2항에서 상호매체성의 문제를 다룰 때 상세하게 밝히게 될 것이다.

3. 서술방식과 서술태도

서술자 파울은 노벨레 시작 부분에서 어떤 방식으로 이야기를 해나갈 것인지, 말하자면 서술방식과 관련하여 심각한 고민을 토로하고 있다.

> 그러나 여전히 나는, 배운 대로, 처음에는 이것을, 그 다음에는 다른 것을, 그리고 그러고 나서는 이런 저런 인생행로를 차례대로 술술 풀어가야 할 것인지, 아니면 뒷걸음질하는 것처럼 보이지만 상당히 빨리 앞으로 나아가는, 예컨대 게걸음의 방식에 따라, 옆으로 비켜가면서 시간을 오히려 비스듬히 가로질러 나아가야 할 것인지, 알지 못하고 있다.(IK, 8-9)

"게걸음의 방식"[31]은 서술자가 서술 대상을 무엇보다도 시간적으

31 "게걸음의 방식"은 단지 서술방식만을 의미하는 것이 아니라, 다음의 예문에서 볼

로 어떻게 다루는가 하는 문제와 직결되어 있다. 그러니까 이 서술방식은 과거로부터 현재를 향해 시간상의 순서에 따라 연대기적으로 서술하는 것이 아니라, 오히려 현재의 관점에서 과거로 뒷걸음질하거나, 과거와 현재 사이를 끊임없이 가로질러 나아가는 방식을 취하는 것이다. 그리고 서술대상과 관련된 역사적인 관련기록들을 살피면서 때로는 주제에서 옆으로 비켜가는 것 같지만, 어느 사이엔가 주제의 핵심에 도달해 있도록 하는 방식을 취한다. 이런 서술방식을 사용함으로써 과거와 현재의 다층적인 연관구조가 드러나게 된다.

서술자는 결국 시간상의 순서대로 이야기를 해나가는 연대기적 서술방식을 지양하고, 시간을 비스듬히 가로질러 서로 다른 공간에서 동시에 일어나는 사건들을 횡적으로 서술하는 "게걸음의 서술방식"으로 이야기를 진행한다. 따라서 과거, 현재, 미래가 계기적으로 연결되는 직선적인 시간관이 아니라 동시적인 시간관이 주도적으로 나타난다. 그에 따라 서로 다른 현실이 동시적으로 제시됨으로써 대립적인 시각이 다양하게 동원되고, 그 결과 어떤 대상이나 사건이 역동적으로 파악될 수 있다. 역사란 이미 지나가 버린 과거지사가 아니며 현재의 상황이 현재의 문제로 국한되어 단면적으로 고찰될 성질의 것이 아니라, 과거와의 연관 속에서 비로소 그 전체적

수 있듯이 때로는 행동방식을 의미하기도 한다.: "그래서 그 양반은 나를 "지각한 아버지"라 부르겠다고 고집을 부린다. 내가 자신 앞에 놓인 일로부터 뒤로 게걸음질하며 행하는 모든 것, 상당히 진실에 가깝게 고백하거나 또는 강요에 의해 체념해 버리는 모든 것은 그 분의 평가에 의하면, "뒤 늦게 그리고 양심의 가책을 받아서" 이루어진 것이다."(IK, 176)

인 모습을 드러낼 수 있음을 보여주기 위한 구성 장치라 할 수 있다. 그렇지만 다른 한편으로는 연대기적 서술방식을 완전히 벗어날 수 있는 것은 아니어서 서술자는 어느 한 사건에 대한 보고가 지나치게 앞을 향해 진행된 것을 깨달을 때마다 뒷걸음질을 하여 다시 횡적 연결고리를 찾아 나서기도 한다. 이런 맥락에서 "게걸음"은 시간의 '선형성'과 '동시성' 사이의 긴장을 담고 있는 문학적 비유로 볼 수도 있을 것이다.[32]

이제, 작품에 나타난 반어적인 서술태도를 "믿을 수 없는 서술자"의 문제와 연계하여 살펴보기로 하자.

주지하다시피 그라스는 이미 창작 초기부터 다양한 견해들을 표현하기 위해, 그리고 동일한 생각이나 사건을 늘 다른 각도에서 반복적으로 탐구하기 위해 아이러니를 즐겨 사용해왔다. 따라서 "불신과 의심은 일찍부터 그라스의 상상력을 구성하는 특징적인 요소였다."[33] 그의 작품에는 다의적이고, 모순되고, 불확실한 언급들이 자주 사용됨으로써 상대화시키는 요소로서의 "불확실한 서술방식, 회의적인 서술방식"[34]이 두드러지게 나타난다. 서술자가 불확실하고 회의적인 서술태도로 이야기를 전달할 경우 독자는 그 서술자의 이야기를 믿을 수가 없게 된다. 이런 '믿을 수 없는 서술자'의 대표적인 예로서 『양철북』의 주인공이자 일인칭 서술자인 오스카르를

---

32 김래현, 앞의 논문 79쪽을 참조할 것.

33 M. Jurgensen: Über Günter Grass, Untersuchungen zur sprachbildlichen Rollenfunktion, Bern 1974, S. 41.

34 T. A. Larsen, a.a.O., S. 127.

들 수 있다.

오스카르는, 자신이 태어날 때 이미 정신적인 발전이 완료된 상태였다[35]는 도저히 믿을 수 없는 말을 하고 있다. 그러나 아무튼 이 환상적 요소를 도입함으로써 오스카르는 통상 제한된 시각을 지니는 전통적인 일인칭 서술자와는 달리, 거의 전지적 서술입장에 도달하고 있다. 그는 자신의 출생뿐만 아니라 그 이전의 사건, 예컨대 외할아버지와 외할머니의 만남, 어머니의 출생 과정에 대해서도 "내가 태어나기 훨씬 이전의 이야기부터 시작하겠다."(WA II, 9)고 하면서 이야기할 수 있다. 그런데 그는 나중에 살인용의자로 체포되어 정신이상 증세를 의심받아 치료감호소에 수용되고 치료를 받는 피감호자 신분이 된다. 오스카르가 현실에서 처해 있는 이런 처지 때문에 그러잖아도 오스카르의 이야기를 믿기 어려운데, 그 내용조차 고의적인 성장 정지, 유리 파괴의 목소리 등 환상적인 것이고, 더구나 불확실하고 회의적인 서술태도[36]마저 보이기 때문에 서술자로서 오스카르는 그야말로 "믿을 수 없는 존재"로 받아들여질 수밖에 없다.

『게걸음으로』의 일인칭 서술자 파울은 『양철북』의 서술자 오스카

---

35 "나는 태어날 때 이미 정신적인 발전이 완료된 상태라 그 뒤로는 그 사실을 단지 입증하기만 하면 되는 그런 총명한 젖먹이에 속한다."(WA II, 46).

36 외할아버지 요젭 콜야이체크에 관한 이야기에서 특히 이런 서술태도가 두드러지게 나타난다. 그는 시신이 발견되지는 않았지만 외할아버지가 뗏목 아래에서 죽었다는 것을 굳게 믿는다고 하면서도 "말도 안 되는 어부들의 잡담"(WA II, 34) 운운하면서 외할아버지가 생존했을 것으로 추측하는 이런저런 이야기들을 덧붙인다.(WA II, 33f.) 그리고 외할아버지가 미국에서 조 콜치크라는 이름으로 백만장자로 살고 있는 것이 기정사실인 것처럼 언급한다. (WA II, 727).

르와는 달리 전혀 믿을 수 없을 정도의 서술자는 아니다. 그는 기본적으로 객관적인 보고를 하고 있기 때문에 어느 정도는 신뢰할 만한 서술자이다. 그러나 전적으로 신뢰할 수 있는 수준의 서술자도 아니다. 다음의 예문들에서 확인할 수 있듯이, 서술자 파울 역시 자신이 이야기하는 사건이나 인물에 대해 아예 “잘 모른다.”고 말하거나 “입증할 수 없다.”, 사실 여부를 알아내는 것이 “불가능하다.”, 또는 단정적인 표현을 피하면서 “추측한다.”고 말함으로써 서술자의 정보에 의존할 수밖에 없는 독자를 혼란 속에 빠뜨리고 있기 때문이다.

> 소위 모독 사건 이후 2년간 진행된 경찰에서의 심문이 강제력이 있었던 것인지의 여부를 알아내는 것은 나로서는 불가능했다.(IK, 17)

> 9월 1일 낮 동안에는 젠호프 교도소에서 아무런 특별한 사건도 인지되지 않았다고 추정할 수 있을 것이다.(IK, 81)
> S13의 함장이 무엇 때문에 그렇게 했는지 나로서는 그저 추측만 할 수 있을 뿐이다.(IK, 128)

> 그러나 배의 내부에서 일어났던 일은 말로 나타낼 수가 없다. 설명이 불가능한 모든 것에 대해 어머니는 “그것에 대해선 할 말이 없어...”라고 말하는데, 그것은 나도 잘 모른다는 것을 의미한다.(IK, 136)

출생 내력에 관한 나의 판본은 – 인정컨대, 그것은 오히려 하나의 환상이다. – 입증할 수 없기 때문에, 나는 하인츠 쉰에 의해 전해진 사실들에 의존한다.(IK, 147)

일반적으로 작중의 허구적 서술자는 자신이 직접 겪은 일에 대해 때로는 사실 그대로 이야기하거나 또는 자신이 보거나 들은 사건들에 대해 주관적인 판단을 배제하고 객관적으로 전달할 수도 있지만, 때로는 의도적으로 반어적으로 서술할 수도 있고, 기억이 희미하기 때문에 애매모호하게 이야기할 수도 있다. 그런데 독자의 입장에서는 기본적으로 서술자가 제공해주는 정보에 의존할 수밖에 없다. 따라서 서술자가 전달하는 이야기들 가운데 가장 타당한 것을 선택하는 것은 독자에게 남겨진 몫이다.

따라서 소위 "믿을 수 없는 서술자"[37]를 설정하는 것은 독자로 하여금 객관적 성찰을 촉구하기 위한 방편으로 지극히 의도적이다. 자신이 전달하는 이야기가 신뢰할 수 없는 불확실한 이야기이며 인위적인 가공물이라는 사실을 상기시켜서 서술자에 대한 독자의 맹목적인 동일화를 방해함으로써 독자의 능동적인 독서와 성찰을 이끌어내려는 이 같은 영향미학적 서술기법은 그라스의 전형적인 서술기법 가운데 하나이다.

믿을 수 없는 서술자의 존재를 슈탄첼은 독자에게 우월감을 주기

37 '믿을 수 없는 서술자'의 기능에 대해서는 Jochen Rohlfs: Erzählen aus unzuverlässiger Sicht. Zur Erzählstruktur bei Günter Grass. In: TuK S. 51-59 참조

위한 장치로 보고 있다.[38] 하지만 그보다는 오히려, 노이하우스가 지적한 것처럼, 능동적이고 비판적인 독서 행위를 요구하는 지극히 의도적인 서술 장치라고 보는 편이 더 옳을 것 같다.[39]

반어적인 서술태도를 통해 불확실한 서술을 하거나 이미 서술된 내용을 다시 수정하는 행위를 통해서 언어 유희적인 성격을 보여준다거나, 메타픽션의 기법을 사용하고 있다는 사실만으로도 『게걸음으로』는 포스트모더니즘의 작품으로 볼 수 있다. 이 문제에 대해서는 Ⅶ. 맺음말에서 상세하게 다루게 될 것이다.

4. 언어

『게걸음으로』에는 현실의 다양한 층을 묘사하기 위해 사투리, 관용적인 표현, 은어와 비속어, 집단 언어와 전문용어 등 다양한 층의 일상어가 엄청나게 몽타주 되어 있다. 일상어는 본질적으로 통제할 수도 없고 통제되지도 않는 고유한 생명력을 지닌다. 문학적 변형이나 장식적인 양식화를 거치지 않고 일상어를 그대로 사용하는 구어적 표현이 강할수록 작품에는 통상 자연스러운 느낌과 현실감, 그리고 생동감의 효과가 커진다.

이미 초기 작품에서부터 그라스는 작중인물들을 그들과 관계 맺고 있는 대상에 의해서 뿐만 아니라 그들이 사용하는 언어에 의해

38 Vgl. F. K. Stanzel: Typische Formen des Rpmans. 8. Aufl., Göttingen 1976, S. 25.

39 Vgl. V. Neuhaus: Günter Grass. Die Blechtrommel, München 1982, S. 27.

서도 특징 지었다.[40] 『게걸음으로』에도 작중인물마다 서로 다른 고유한 언어표현 방식을 부여함으로써 작중인물을 그들이 사용하는 언어에 의해 특징짓는 이러한 현상이 눈에 띄게 나타난다.

툴라는 손자 콘라트가 살인을 저지르고 재판을 받을 때 피고 변호인 측 증인으로서 용어도 세심하게 선택해가며 의도적으로 표준 독일어를 사용했던 경우(IK, 181)를 제외하고는 언제나 느릿한 단치히-랑푸르 사투리로 말한다.[41] 그녀는 특히 분노했을 때는 온갖 비속어를 서슴지 않고 쏟아낸다. 그녀는 말하자면 통상적으로 지적인 어휘보다는 감각적인 어휘, 즉 감정적이며 즉흥적이고 충동적인 어휘를 즐겨 구사하고 있다.

일인칭 서술자 파울은 직업이 저널리스트이기 때문에 "der Spund"(풋내기)(IK, 7), "Zeilen schinden"(원고매수를 일부러 늘리다)(IK, 7), "die Kurve kriegen"(계획한 일을 해내다)((IK, 7) "zu etwas Ja und Amen sagen"(어떤 것에 동의하다)(IK, 9), "Knüller"(특종기사, 대박)(IK, 50) 등 기본적으로 저널리즘에서 사용하는 관용적 용어나 표현들을 자주 사용한다. 그리고 문장의 경우 대부분 주어를 생략하고 사용하며, 구체적이고, 세부에 충실하고 자세한 객관적 보도 문체를 자주 사용한다. 물론 때로는 "dickmachen"(임신하게 하다는 의미로 "배불뚝이로 만들다")(IK, 151) 같은 비속어를 사용하기도 한다.

---

40 Vgl. R. Gerstenberg: Zur Erzähltechnik von Günter Grass, Heidelberg 1980, S. 30f.

41 랑푸르 사투리의 경우 표준 독일어와 발음만 조금 다른 경우도 있지만, 아예 철자가 전혀 다른 경우도 있다. 예컨대 감자(Kartoffel)를 불베(Bulwe)(IK, 11), 응유(Quark)를 글룸제(Glumse), 대구(Dorsch)를 포무헬(Pomuchel)(IK, 12)이라고 부른다.

파울의 아들 콘라트는 선동적인 이데올로기 언어, 인종차별적인 언어를 즐겨 사용한다.

> 내 아들은 당시의 공식적인 성명문의 어투로 고발했다. "러시아의 인간 말종들이 비무장의 여성들에게 만행을 저질렀고...", "그렇게 러시아의 병사들이 미쳐 날뛰었으며...", "만약 아시아인들의 홍수를 댐으로 막지 못한다면, 이러한 테러는 여전히 변함없이 전 유럽을 위협하고 있다..." (IK, 102)

> "유대인으로서 자네는 칼미크 인, 타타르인과 그 밖의 몽고족들이 독일 처녀와 부인들에게 저지른 능욕이 아직도 나를 고통스럽게 한다는 사실을 영원히 이해하지 못할 걸세. 더구나 혈통의 순수함에 대해 너희 유대인이 무엇을 알아?"(IK, 106)

그 양반은 대체로 충고하고, 명령하고, 질책하듯 가르치는 말투로 말한다. 일인칭 서술자가 전달하는 내용을 통해 그 양반이 즐겨 사용하는 어휘와 말투를 충분히 알 수 있다.

> 지금 나의 고용주가 개별 인간들의 운명을 나열하고, 서사적인 입장을 견지하는 침착함과 감정이입의 능력을 총동원하여 거대한 스케일로 완성시키되, 공포에 넘치는 말들로써 대파국에 걸맞게 서술하라고 몰아붙이고 있긴 하지만 말이다.(IK, 136)

그밖에 툴라의 친구 예니 브루니즈는 항상 상대방을 이해해주고

격려해주는 온화하고 너그러운 언어와 말투를 사용하고 있다.

『게걸음으로』에는 또한 특정 시대나 특정 체제, 예컨대 나치시대나 독일통일 이전 구동독체제 하에서 자주 사용되었지만 지금은 거의 사용되지 않는 용어를 사용함으로써 서술 대상이 되는 시대에 대한 기억을 새삼스레 선명하게 떠올릴 수 있게 한다. 예컨대, 총통(IK, 10), 히틀러유겐트, 베데엠[42]이라고 불리는 독일소녀단(IK, 23), 나치스 돌격대(IK, 27), 대관구 지도관(IK, 36), 독일노동전선(IK, 37), 민족공동체 일원(IK, 51) 등은 바로 나치시대를 떠올리게 하는 용어들이다. "노동자와 농민의 국가"(IK, 90), "국가 안전부"(IK, 100). "인민소유의 기업인 가구-콤비나트의 청산과 사유화 작업"과 구동독의 국영기업을 사유화하는 임무를 띤 "신탁관리공사"(IK, 90), "새로운 연방주"와 "오씨와 베씨"[43](IK, 92) 등은 구동독 시절부터 독일통일에 이르기까지 과도기의 시대 상황을 반영하는 시사적인 어휘들이다.

언어의 특성과 관련하여 거의 대부분 영어로 이루어진 컴퓨터 및 인터넷 관련 용어가 자주 사용되고 있다는 점도 주목해야 할 사실이다.[44]

---

42 BDM(Bund Deutscher Mädel)은 히틀러유겐트의 하부조직으로 14-18세의 소녀로 구성된 독일여자청년동맹을 말한다.

43 새로운 연방의 주들은 독일통일 전 동독에 속한 주들을 말하며, 오씨(Ossi)는 구동독인(Ostdeutscher) 베씨(Wessi)는 구서독인(Westdeutscher)을 가리키는 말이다. 이러한 표현들은, 제도적으로만 통일국가가 되었을 뿐, 국민들의 마음은 여전히 완전히 하나로 통합되지 않았음을, 진정한 의미의 통일이 여전히 이루어지지 않았음을 단적으로 보여주는 예이다.

44 예문 외에도 가상공간(IK, 11), 서퍼(IK, 49), 온라인(IK, 50), 유저(IK, 63), 윈도우(IK, 216), 웹 사이트(IK, 216) 등의 컴퓨터 관련 용어가 자주 언급되고 있다.

나는 모뎀이 달린 맥[45] 컴퓨터를 시장에 물건이 나오자마자 일찌감치 구입했었다. 내 직업의 특성상 전 세계를 누비고 다니는 정보들을 이런 식으로 끄집어내는 것은 당연한 일이다. 컴퓨터를 다루는 방법은 그런대로 익혔다. 곧 브라우저라든지 하이퍼링크 같은 말들이 나에게는 더 이상 낯설지 않게 되었다. 마우스를 클릭함으로써 필요한 정보를 골라내거나 내다버렸으며, 변덕스런 기분이나 지겨움 때문에 이 채팅방에서 저 채팅방으로 돌아다녔고, 따분하기 짝이 없는 정크 메일[46]에 대답하기 시작했다. 그러다가 잠시 두세 개의 포르노사이트를 접하게 되었고, 아무 목적도 없이 서핑을 하다가 마침내는 소위 과거 찬미자들, 그리고 이제 갓 태어난 애송이 나치주의자들이 증오의 진영에 서서 허튼소리를 지껄이는 홈페이지들과 맞닥뜨리게 되었다. 그리고 예기치도 못하게 – 어떤 배의 이름을 검색어로 쳤다가 – 〈www.blutzeuge.de〉라는 문제의 어드레스를 클릭하게 되었다. 그 사이트에는 〈슈베린 동지〉라는 단체가 고딕체 문자로 단순한 문구들을 올려놓고 있었다. 순전히 별 볼일 없는 것들이었고, 구역질이 난다기보다는 오히려 가소로운 내용이었다.(IK, 8)

영화의 몽타주 기법을 이용한 문장 형태도 있는데, 주어와 동사로

45 맥(Mac)은 모바일 기기 개발/제작, 음악 및 비디오 콘텐츠 판매회사인 애플(Apple)사가 만드는 컴퓨터 맥켄토시(Macintosh)를 말한다.

46 정크 메일(junk mail)은 원하지 않는데도 일방적으로 보내오는 광고성 이메일인 스팸메일(spam- mail)을 말한다

이루어지는 형태의 문장 대신, 동사를 형용사화 해서 명사를 꾸며주는 소위 "관식구"의 형태를 병렬적으로 제시함으로써 광경을 묘사하기도 한다.

> 정조준한 총격의 결과로 다음과 같은 광경이 전개되었다. 행진하는 나치스 돌격대, 두 줄로 노변에 늘어선 행렬, 꽃다발과 기를 든 사람들, 제복 차림으로 횃불을 든 사람들, 빠르게 두들겨대는 둔탁한 북소리와 함께 지나가는 국방군의 장례 행렬, 그리고 상복을 입은 채 굳어 있거나 아니면 그저 바라보는 재미로 몰려드는 군중들. (IK, 34)

이 작품의 언어적 특징은 무엇보다도 비유적인 언어(Bildsprache)의 잦은 사용에서 찾아야 할 것이다.

> 이렇듯 그녀는 언제나 여전히, 마치 그 사건 이래로 한 뼘의 시간도 냇물 아래쪽으로 흘러가지 않은 것처럼 투덜대고 있다. 문장들을 압착 롤러에 넣어 고르게 펴기도 하고,(...)이 말 저 말로 표현을 조금씩 바꾸기도 하면서 말이다.(IK, 11-12)

> 나처럼 비스듬한 방향으로 역사가 뿜어대는 방향물질이라든지 그와 비슷한 것들을 찾아 코를 킁킁거리는 그 누군가가 있을 수도 있는 것이다.(IK, 18)

> 그리고 장벽이 세워지기 직전인 열여섯 살 반의 나이에 나는 자

유의 냄새를 킁킁거리며 맡기 시작했다.(IK, 18)

심장마비로 죽은 두 여성을 제외한 모든 승객들은 구출되었지만, 그 배와 함께 KdF의 이념에는 물이 새어드는 것처럼 보였다.(IK, 39)

그러고 나서 우리는 온통 숫자의 홍수 속에 묻혀버렸다.(IK, 59)

그 후로 구스틀로프 호가 사이버 공간에서 떠돌아다니면서 가상의 파도를 만들고 있으며, 증오의 진영이 온라인상으로 자기 모습을 드러내고 있다.(IK, 63)

그 배의 내장이 끄집어내어졌다. 40년 11월 말에는 방사선 장비들이 사라졌다. 수술실들이 해체되었고, 응급실도 마찬가지였다.(IK, 84)

항상 나는, 그런 파티 자리에서, – 그것이 건배사든 아니든 간에 – 그 세 번이나 저주받은 30일의 의미가 본의 아니게 강조될까 봐 걱정해 왔다. 비록 폭발하기 직전까지 살이 쪘던 그 날짜의 덩치가 세월이 흐르는 동안 야위어졌고, 이제 무해한 것이 되었고, 다른 많은 날짜들과 마찬가지로 달력 속의 하루가 되어버린 것처럼 보이긴 했지만 말이다.(IK, 116)

우리의 전지구적 잔디 놀이터이자 가장 발전된 통신 수단으로,

가족처럼 나와 가까이 있는 그 웹사이트에서 소련 잠수함 S13은 무조건 "살인 보트"라고 불렸다.(IK, 134)

내가 습관적으로 검색하곤 하는 저 인터넷의 들판이 일정 시간 동안 바람 한 점 없이 잠잠해졌다는 사실이다. 그래서 나는 그의 체계가 추락했고, 기진맥진한 상태에서 내 아들이 질리고 말았으며, 가라앉는 배와 함께 어머니의 속삭임도 이제 들어본 사람이 없어졌다고 지레짐작했다.(IK, 157-158)

스위스의 강대한 이웃나라가 숨통이 끊어져 땅바닥에 드러누워 버렸을 때까지 기다려야 했던 것이다. (IK, 158)

나에게는 그 애의 가장 깊은 곳에 있는 고통의 방으로 통하는 통로가 닫혀 있으니까.(IK, 176)

나는 콘라트의 증오심을 사물화 된 증오심이라고 부르고 싶다. 희미하게 타오르는 증오. 지속적으로 타오르는 난로 같은 증오. 열정도 없이, 자웅동체의 방식으로 증대되는 증오. (IK, 195)

사람들의 뇌란 모두 다 침묵을 지키고 있다. 말하자면 출입 금지 구역인 것이다. 언어 사냥꾼이 들어갈 수 없는 미지의 땅이다.(IK, 199)

그의 생각은 이랬다...라는 문장들은 이미 목발을 짚고 있는 불

구의 것들이다.(IK, 199)

내 의지와 정반대되는 어떤 생각이 나의 구불구불한 좌뇌와 우뇌에서 기어 나와 경악스러운 의미를 만들어내며 불안하게 숨겨온 비밀을 누설하고 나를 발가벗김으로써 나 자신이 스스로 놀라 다른 식으로 생각하려고 애쓴다는 것을 내 아들이 알지 못한다는 게 얼마나 다행스러운가.〈IK, 200〉

어머니는 안팎으로 그런 기억들로 도배되어 있다. 그리고 기억이란 게 과연 교환 가능한 것이라고 한다면, 우리는 칼스바트 거리에서 그러한 내구성 있는 물품을 다른 것으로 교환할 수 있는 큰 시장을 발견할 수 있었고 또 지금도 발견할 수 있다. (IK, 207)

나는 그 장면을 보는 순간, 여러 생각들이 실패에서 풀려나왔지만 그것들은 곧 혼란스러운 하나의 실뭉치가 되어버렸다.(IK, 208)

증오심을 두들겨 패서 거품이 일게 만들고, 냉소적으로 계획한 일을 해내는 것, 이 두 가지를 번갈아 하는 것은 나에겐 쉽게 여겨졌던 활동이었다.(IK, 210)

나는 중도의 입장을 지켰으며, 왼쪽으로든 오른쪽으로든 완전히 미끄러져 떨어지지는 않았고, 모서리에 부딪치지도 않았다. 강물을 따라 헤엄치거나 흐름에 몸을 맡기면서 간신히 연명해야 했다.(IK, 210)

> 나는 어머니와 대화를 나누었다. 끊임없이 비스듬하게 가로질러 달리는 나의 생각에 대해서까지도 그녀와 함께 허심탄회하게 의논할 수 있었다.(IK, 212)

위의 몇몇 예문들만 보아도 충분히 알 수 있듯이, 심지어 추상적인 개념조차도 구체적인 상으로 만들어 표현하는 비유적인 언어 표현이 눈에 띄게 나타난다. 이것이야말로 『게걸음으로』에 사용된 언어의 가장 중요한 특징이다.

V. 플롯과 인물구성

『게걸음으로』를 이끌어가는 플롯의 중심은 소련 잠수함이 발사한 어뢰에 맞아 침몰한 빌헬름 구스틀로프 호 참사이다. 세계 해운역사상 가장 많은 사망자를 낸 이 비극적인 사건을 중심으로 그 전후에 일어난 수많은 역사적 사건들이 언급되고 그 사건들과 연관된 수많은 역사상 실재 인물들과 허구적인 작중인물들이 등장하고 있다. 작중에 직접 등장하거나 언급된 수많은 인물들 가운데 가장 중요한 의미를 지니는 것은 역사상 실재 인물 3인과 허구적으로 가공해낸 인물 3인이다.

우선, 빌헬름 구스틀로프 호의 침몰 참사에 대해 살펴보기로 하자.

1. 빌헬름 구스틀로프 호의 침몰

빌헬름 구스틀로프 호 침몰 참사의 실상은 참혹하기 그지없다. 제2차 세계대전이 종막으로 치닫던 1945년 1월 30일 밤 9시경, 소련군에 쫓겨 피난하던 동프로이센 피난민 및 군인, 간호원 등을 태우고 어뢰정 뢰베 호 단 한 척의 보호만 받으며 단치히 근교 고텐하펜을 떠나 독일의 슈비네뮌데로 항해하던 빌헬름 구스틀로프 호가 포머른 지역 해안에서 소련군 잠수함이 발사한 3발의 어뢰 공격을 받아 침몰한다.

칠흑 같은 밤, 외부기온 영하 18도, 수온 영상 2도나 3도의 추위

(IK, 135) 속에서 수천 명의 승객들이 수장되었다. 그러나 그 배에 탄 승객 수자나 침몰 후 살아남은 생존자 수자나 계속 정정되어야만 할 정도로 정확하지가 않았는데, 승객 수자는 6,600명에서 10,600명 사이에서 오르락내리락했으며, 생존자수는 처음에는 900명이라고 했다가 결국은 1,239명으로 정정되었다.(IK, 152)

아무튼 희생된 사망자가 상업적인 할리우드 영화를 통해 우리에게 잘 알려진 타이타닉 호 사고 사망자의 무려 6배에 이르는 끔직한 해상참사였다. 제2차 대전 말 소련 함대에 의해 침몰된 배는 빌헬름 구스틀로프 호 외에도 많았다. 그런데 유독 이 참사가 눈길을 끈 이유 중의 하나는 아비규환 속에 '여자와 아이 먼저'라는 암묵적 규칙이 무너져버리고 각자의 생존만이 최우선 과제가 되면서 사고의 희생자 대부분이 민간인 여성과 어린애들이었다는 점이다. 더구나 당시 세 발의 어뢰를 발포한 소련 잠수함 승무원들의 입장으로 볼 때 이 선박은 민간인 수송선이 아니라 나치군대의 수송선으로서 그들의 발포 행위는 전시 국제법에 부합되는 합법적 전투행위였다.

아무튼 이 비극적인 참사는 오랫동안 역사의 조명을 받을 수 없었다. 빌헬름 구스틀로프 호 사건을 공론화하는 것 자체가 가해자로서의 독일민족을 피해자로 둔갑시킴으로써 나치가 저지른 천인공노할 범죄 행위를 희석시키려는 불순한 의도로 받아들여졌기 때문이다.

『게걸음으로』에는 빌헬름 구스틀로프 호의 침몰을 중심으로 그 비극적인 대참사를 전후한 나치 독일의 역사가 서술되고 있다. 왜 그 배를 빌헬름 구스틀로프 호라는 이름으로 부르게 되었는가 하는 역사적 배경부터 그 선박의 건조 과정과 명명식 및 진수식, 운행용도의 변천 과정, 그리고 마침내 침몰에 이르기까지의 연대기가 나치 독일의 역사를 배경으로 펼쳐지고 있다. 빌헬름 구스틀로프 호 제작과 관련된 역사적 사실이 몽타주 된다. 그리고 그 선박이 건조되어 침몰할 때까지 시대 배경과 관련하여 히틀러 등 우리가 익히 잘 아는 인물들뿐만 아니라 나치시절의 독일 역사에 관해 어느 정도 지식이 있어도 그 분야의 전문가가 아니라면 거의 들어본 적조차 없을 그런 역사상 실재 인물들이 무수히 등장한다.

빌헬름 구스틀로프 호의 건조 배경과 과정, 그리고 그 선박의 명명식 및 진수식 등 그 배와 관련된 역사적 인물들과 사실들에 관해 살펴보기로 하자.

독일노동전선의 지도자 로버트 라이[1]가 1936년 1월에 함부르크의 블롬&포스 조선소[2]에, 독일노동전선과 그 하부 조직인 〈KdF〉를 위해 휴가용 전동여객선을 건조하라는 명령을 내렸다.(IK, 40) "각고 분투하는 모든 독일인들의 민족공동체의 모범이 되기 위해 계급 차별이 없는" 그 배는 원래는 "진수식 때 총통의 이름에 따라 명명되기로 예정되어 있었다."(IK, 41) 그러나 진수식에서 히틀러가 유대인의 총에 맞아 살해된 나치당원 빌헬름 구스틀로프의 미망인 헤

1 로버트 라이(Robert Ley, 1890-1945)는 나치 독일의 정치인으로, 1933년부터 1945년까지 독일노동전선의 지도자로 KdF를 조직했다. 전쟁이 끝난 후에 전범재판을 기다리는 동안 자살했다.

2 블롬(Adolph H. Blohm, 1848.-1930)은 독일의 엔지니어이다. 그는 독일의 기업가이자 조선설계자인 포스(Ernst Voss, 1842-1920)와 함께 블롬&포스 조선소 공동창업자이다.

트비히 구스틀로프[3] 옆에 앉았을 때, 건조 예정인 그 KdF 선박을 나치 운동의 가장 최근의 순교자의 이름에 따라 명명하도록 하겠다고 결심(IK 41)함으로써 결국 "빌헬름 구스틀로프 호"라는 이름을 얻게 된 것이다.

빌헬름 구스틀로프 호 명명식 및 진수식과 관련하여 수많은 역사상 실재 인물들의 이름과 그들의 연설내용이 일인칭 서술자에 의해 선별적으로 언급된다.

> 그밖에 또 누가 연단에 오를 수 있었던가? 부두의 공장 경영책임자이자 추밀원 고문인 블롬 그리고 사업장 세포조직지도자 파울리였다. 물론 로버트 라이도 총통 옆에 자리를 같이했다. 다른 당 간부들도 있었다. 함부르크의 대관구 지도관 카우프만[4], 슈베린 메클렌부르크의 힐데브란트[5]도 자리를 함께할 수 있었다. 그리고 레더[6]총독이 해군을 대표하여 참석했으며, 다보스로부터는

3 헤트비히 구스틀로프(Hedwig Gustloff)는 히틀러와 개인적인 인연이 있었다. 1923년 뮌헨에서 유혈 사태, 즉 야전군 공회당으로의 행진이 실패하기 전에 그녀는 히틀러의 비서였다. 나중에 히틀러가 란츠베르크 요새에 수감되었을 때, 그녀는 스위스에서 일자리와 남편을 얻었다.(Vgl. IK, 51)

4 카우프만(Karl Kaufmann, 1900-1969)은 1918년부터 1923년까지 극우집단, 반유대집단에 가입해 활동했으며 1929년 5월 1일 함부르크의 대관구 지도관으로 임명되었다.

5 힐데브란트(Richard H. Hildebrandt, 1897-1952는 제국의회 의원, 무장친위대 장성을 지냈으며 단치히에서 사망했다.

6 레더(Erich Reader, 1876-1960)는 독일의 해군장교로 1939년 대제독이 되었고 1943년 되니츠(Karl Dönitz)로 교체되었다 1946년 뉘른베르크 전범재판에서 종신형을 받았다.

나치당 지구당 지도관 뵈메[7]가 먼 거리를 마다않고 달려왔다. 연설들이 행해졌다. 총통은 이번에는 나서지 않았다. 카우프만에 이어 블롬&포스 조선소의 경영 감독관이 연설을 했다. "총통 각하! 그대에게 조선소의 이름으로 선언합니다. 건조 번호 511, 휴가용 선박이 출범 완료되었습니다!"

다른 모든 것은 생략해 버리기로 하자. 하지만 로버트 라이의 명명식 연설 중에 멋진 부분만은 몇 군데 골라 소개하고 싶다. 그의 인사말은 "독일인이여!"로 시작한다. 그러고 나서 그는 민족을 보살피는 KdF의 이념에 대해 장황하게 칭송을 늘어놓은 다음 마지막으로 그 주창자의 이름을 거명한다. 총통께서는 당시 저에게 이렇게 명령을 내리셨습니다. "그대는 독일의 노동자들이 긴장을 풀고 휴식을 취할 수 있도록 조처하라. 그래야만 내가 원하는 것을 할 수 있고 이룰 수 있기 때문이다. 독일 민족이 휴식을 취하지 못한다면 아무 의미도 없는 것이다. 독일의 대중들이, 독일의 노동자들이 나의 생각을 바르게 이해할 만큼 충분히 강력해진다는 것, 그것이 중요하다."

미망인이 "나는 그대를 빌헬름 구스틀로프 호로 이름 짓노라."라는 말로써 명명식을 마친 후에, 튼튼한 신경을 가진 대중들의 환호성이 뱃머리에서 샴페인 병을 부수는 소리를 압도했다. 새로 건조한 배가 진수대에서 미끄러져 내려가는 동안에 노래 두 곡이 불려졌다...(IK, 51-52)

---

7 뵈메(Helmut Böhme, 1902-1945)는 나치당 정치가로 돌격대 지도자였다.

빌헬름 구스틀로프 호는 이처럼 맨 처음에는 독일노동전선 산하 KdF 소속 휴가용 여객선이었다. 모든 선실이 계급의 차별 없이 평등하게 꾸며진, 노동자들의 여행과 휴식을 위한 이 유람선 성격의 배는 독일 노동자들이 히틀러에게 열광하는 하나의 요인이 되어주기도 했다. 그러나 그 배는 그 후에 "병원선, 바로 뒤이어 훈련용 병영선, 그리고 마지막으로는 피난민 수송선"(IK, 61-62)의 용도로 사용되다가 마침내 침몰당해 엄청난 사망자를 낸 파란만장한 역사[8]를 지닌 배로서 마치 나치독일이 걸어온 비극적인 역사를 상징적으로 보여주는 축소판 같은 인상을 준다.

2. 역사상 실재한 작중인물

빌헬름 구스틀로프가 암살당한 후 그의 이름을 딴 선박인 빌헬름 구스틀로프 호의 건조 과정부터 진수식, 명명식 등과 관련된 역사적 사건들과 인물들에 대해서는 앞에서 살펴보았다. 『게걸음으로』에는 이 인물들과 사건들 외에도 그 밖의 다른 역사상 실재한 인물들, 그리고 그들과 관련된 역사적 사건들이 무수히 언급되고 있어서 "이야기 역사책"이라고 불러도 좋을 정도이다. 내화의 사실적 차원에서는 구스틀로프의 나치 활동과 관련된 인사들과 역사적 사건

8 빌헬름 구스틀로프 호는 소위 "떠다니는 투표소"(IK, 64)의 용도로도 사용되었다. 오스트리아가 독일제국에 이미 합병된 것에 대한 차후적인 성격의 국민투표와 관련된 일로서, 영국에 사는 독일인들과 오스트리아인들에게 투표의 기회를 제공한다는 명분으로, 유권자들을 그 배에 태우고 3마일 영해 밖에서 투표를 하게 했던 것이다.

들, 내화의 허구적 차원에서는 구동독과 소련의 정치가들과 역사적 사건들이 언급되고 있다.

수많은 역사상 실재한 인물들 가운데 특히 중요한 의미를 지니는 인물은 세 명이다. 일인칭 서술자 파울은 역사상 실재한 이 3인조가 걸어온 삶의 발자취를 중심으로 그와 연관된 역사적 실재 인물들과 역사적 사건들을 함께 추적하여 이야기를 펼쳐나간다.

빌헬름 구스틀로프 호에 이름을 제공한 독일인 빌헬름 구스틀로프, 그를 암살한 유대인 다비드 프랑크푸르터, 그리고 빌헬름 구스틀로프 호를 격침시킨 소련 잠수함 함장 알렉산더 마리네스코, 이 세 인물은 비극의 시대 속에 살면서 그 시대의 의식 속에서 서로 다른 삶의 길을 걸어간 인물들이었다.

다비드 프랑크푸르터는 빌헬름 구스틀로프를 살해한 유대인 청년이다. 그는 골수염을 앓고 있는 병약한 의대생으로 나치에 의한 유대인 박해가 점차 노골화되자 이에 대한 보복으로 구스틀로프를 살해하게 된다.

빌헬름 구스틀로프는 골수 나치이다. 그는 스위스 지역의 나치 조직책으로 활동하다 유대인 다비드 프랑크푸르터의 손에 살해당함으로써 나치운동의 '순교자'로 찬양되고, 히틀러는 초대형 KdF 유람선에 그의 이름을 붙여주게 된다. '빌헬름 구스틀로프 호' 탄생의 신화가 완결된 것이다.

여기에 3인조의 마지막 인물, 즉 세 발의 어뢰를 발사하여 빌헬름 구스틀로프 호를 침몰시킨 소련 잠수함 함장 알렉산더 마리네스코가 등장함으로써 빌헬름 구스틀로프 호 몰락의 비극적인 역사가 마무리된다.

그런데 과거의 시간 차원에서 '빌헬름 구스틀로프 호'의 침몰 참사가 하나의 비극적 사건으로 정면에서 묘사되는 것이 아니라, 그 사건의 배경이 되는 역사상의 세 인물의 행적을 통해 비스듬히 뒤로 게걸음질하는 방식으로 서술되고 있다. 따라서 사건의 비극적 형상보다는 오히려 그 사건이 지니는 역사적 의미가 전면에 드러나게 된다. 그러니까 빌헬름 구스틀로프 호 침몰 참사의 비극성은 수많은 희생자들의 비참한 죽음에 있다기보다는, 오히려 유대인에 의해 살해당하고, 소련에 의해 격침당해야 했던 나치독일의 이중의 죽음과 그것을 야기한 근본 원인인 독일의 왜곡된 민족사에 있다는 인식이 비로소 가능해지는 것이다.

(1) 빌헬름 구스틀로프

노벨레의 시작 부분에서 빌헬름 구스틀로프의 전기가 소개된다. 일인칭 서술자는 그를 나치 이념의 "순교자"로서 찬양하는 "오직 그에게만 바쳐진 웹사이트"(IK, 9)에 제공되어 있는 정보들을 토대로 하여 그의 삶에 관한 정보들을 독자에게 제공한다.

빌헬름 구스틀로프는 스위스의 나치 지구당 지도관으로 "나는 세상에서 내 아내와 어머니를 가장 사랑합니다. 하지만 만약 나의 총통께서 그들을 죽이라고 명령하신다면 그 명령에 복종할 것입니다."(IK, 10)라고 공공연하게 말할 정도로 그야말로 광적인 나치 이념의 소유자이다. 그는 1895년 1월 30일 독일 슈베린에서 태어나(IK, 22) 1936년 2월 4일(IK, 22), 스위스 다보스에서 유대인 청년 다비드 프랑크푸르터에게 암살당한다.

헤르만 구스틀로프라는 상인을 아버지로 둔 그는 슈베린에서 중학교를 마치고 은행원 연수 교육 과정을 별 탈 없이 마쳤다. 그 후 후두 쇠약증 또는 만성 폐병 때문에 제1차 세계 대전에 참전할 기회를 박탈당하고, 슈베린의 생명보험 회사에 들어가게 된다. 1917년 그 회사가 사려 깊은 배려를 해서 그 유능한 직원을 스위스 다보스로 보내 폐병을 치료하게 한다. 그 후 그는 다보스에서 유달리 좋은 공기 속에서 매우 건강해지자 처음에는 저지 독일 기후의 슈베린으로 돌아가려고 하지 않았다.(IK, 9)

그는 기상관측소에서 조수 자리를 얻었다. 그러다가 이 연구소가 스위스 연맹의 산하 재단으로 바뀌자마자 그는 기상관측소 서기로 승진했다. 그런데 이 직장에서 시간적 여유가 생기자 그는 가재손해보험회사의 출장사원으로 일하면서 부수입을 올리기도 했다. 그는 부업을 하는 동안 스위스의 여러 주들의 상황을 잘 알게 되었다. 그의 부인 헤트비히도 부지런했는데, 그녀는 민족적 성향 때문에 굳이 싫은 마음을 억누를 필요 없이 모제스 질버로트[9]라는 변호사의 비서로서 근무했다.

그는 처음에는 암암리에, 나중에는 공공연하게 조직 활동가[10]로서 타고난 역량을 발휘했다. 1936년 초반까지 스위스에 살고 있는 제국 독일인과 오스트리아인들 사이에서 대략 5,000명의 조직원을 끌

---

9 모제스 질버로트(Moses Silberroth, 1888-1965)는 유대계 오스트리아 출신으로 스위스에서 저널리스트, 그리고 변호사로 활동했다.

10 1921년 그는 나치의 반유대 조직 "독일민족 보호 및 방어 연맹 Deutschvölkischer Schutz und Trutzbund"의 회원이 된다. 1929년에는 결국 나치당(독일국가사회주의당)에 입당하게 된다. 1932년부터 그는 스위스의 나치당 조직의 주 관구 지도자Landesgruppenleiter 로서 반유대 선동기사 유포 책임을 맡았다. Vgl. https://de.wikipedia.org/wiki/Wilhelm_Gustloff.

어들여, 지구별로 분회를 소집하고, 섭리에 의해 총통이 된 히틀러에게 충성 서약을 하도록 했다.(IK, 10)

빌헬름 구스틀로프의 생애와 관련해 역사적 실재 인물들과 역사적 사실이 언급된다.

> 하지만 그가 지구당 지도관으로 임명된 것은 당의 조직을 관장하고 있던 그레고르 슈트라서[11]에 의해서였다. 좌익 계열에 속했던 슈트라서는 1932년 자신의 총통이 대기업과 밀접한 관계를 가지는 것에 대항해 모든 공직에서 사퇴했고, 2년 후에는 룀[12] 쿠데타에 가담했다가 자신의 부하들에게 의해 제거되었다.
> 그의 동생인 오토는 외국으로 피신하여 목숨을 건졌다. 그러므로 그 이후 구스틀로프는 새로운 모범을 찾아야만 했다.(IK, 10)

빌헬름 구스틀로프는 그 후에도 나치 지구당 지도관으로서 당을 위한 활동을 꾸준히 열성적으로 수행해 나간다. 스위스의 여러 주

---

11 그레고르 슈트라서(Gregor Straßer, 1892-1934)는 소위 "룀 쿠데타" 기간에 베를린에서 사살되었다. 룀 쿠데타와 관련된 〈긴 칼의 밤〉의 전투도 바로 뒤에서 언급되고 있다.(Vgl. IK, 14) 긴 칼의 밤은 1934년 6월 30일 밤, 에른스트 룀의 주도 아래 일어난 쿠데타에 맞서, 히틀러가 나치 친위대를 동원해 나치 돌격대 지도부를 제거함과 동시에 의심스런 적들도 섬멸한 사건을 말한다.

12 룀(Ernst Röhm, 1887-1934)은 나치스 돌격대(Sturmabteilung)를 조직한 후 오랫동안 돌격대를 이끈 참모장이었고 짧은 기간이지만 히틀러 내각에서 제국 무임소장관을 지냈다. 그러나 그를 경쟁자로 생각한 히틀러의 명령으로 소위 룀 쿠데타 때 살해당했다. 룀에 관한 전기로는 E. Hancock: *Ernst Röhm. Hitler's SA Chief of Staff*. New York 2008; M. Mühle: *Ernst Röhm. Eine biografische Skizze*, Berlin 2016. 등이 있다.

들을 두루 거치면서 나치 조직 확장을 위한 여행을 성공적으로 마친 후 피곤한 몸으로 돌아온 그는 1936년 2월 4일 다비드 프랑크푸르터가 발사한 네 발의 총탄을 맞고 암살당한다.

『게걸음으로』는 전체적으로, 이야기하는 서술시간이 이야기되는 피서술시간, 즉 사건시간보다 훨씬 짧은 축시적 서술 형태로 되어 있다. 그러나 빌헬름 구스틀로프르의 이 피살 장면은 서술시간과 피서술시간이 일치하는 동시적 서술 수준을 넘어 연시적 서술 형태를 취하고 있다.[13]

> 책상 위에는 자질구레한 물건들과 제멋대로 널려 있는 종이들이 있었다. 아마도 각 주에서 올라온 지구당 보고서들이거나 제국 내 기간과의 연락 문서임에 분명하며, 또한 최근에 종종 우편으로 배달되어 오는 몇 장의 협박 편지들일지도 몰랐다. 하지만 구스틀로프는 경찰의 보호를 거절했다.
>
> 그는 부인을 동반하지 않고 혼자 방안으로 들어섰다. 수년전에 이미 결핵을 물리친 다부지고 건강한 그는 평복을 한 채로 방문객 쪽으로 갔고, 방문객은 안락의자에서 몸을 일으키지도 않고 앉은 채, 겨울 외투의 주머니에서 연발 권총을 꺼내어 곧바로 구스틀로프를 향해 쏘았다. 조준하여 쏜 탄환들은 지구당 지도관의 가슴과 목과 머리에 네 개의 구멍을 만들었다. 지도관은 자신

---

13 서술시간은 장면 묘사에 소요되는 시간은 제외하기 때문에 동시적 서술과 장면 묘사가 함께 이루어질 때는, 서술시간이 피서술시간보다 오히려 긴 연시적 이야기 형태가 된다. Vgl. E. Lämmert: Bauformen des Erzählens. Stuttgart 1983, S. 82f.

의 총통의, 액자에 넣은 사진들 앞에서 비명도 지르지 못한 채 쓰러졌다. 바로 직후에 그의 부인이 방안으로 들어서서 처음에는 아직도 사격 방향을 유지하고 있는 연발 권총을, 그러고 나서는 그녀의 쓰러진 남편을 보았다. 그녀가 남편 위로 몸을 구부리고 있는 동안 그의 몸에 난 모든 상처 구멍들이 피를 쏟아내기 시작했다.(IK, 27-28)

중요한 의미를 지니는 사건에 더 많은 시간을 소요한다는 것은 너무나 당연하다. 따라서 이 장면이 연시적 서술 형태로 제시된 것은, 그만큼 빌헬름 구스틀로프 피살 사건이 이 작품에서 중요한 의미를 지닌다는 것을 의미한다.

(2) 다비드 프랑크푸르터

다비드 프랑크푸르터는 빌헬름 구스틀로프보다는 열네 살이 어리고 알렉산더 마리네스코보다는 네 살이 많다. 그는 1909년 7월 9일 세르비아(오늘날 크로아티아)의 도시 다루바르에서 유대교 랍비인 모셰 프랑크푸르터Mosche Frankfurter 박사의 아들로 태어났다.

일인칭 서술자는 주로 볼프강 디베르게의 책과 에밀 루트비히의 책, 그리고 인터넷에서 수집한 정보를 토대로 다비드 프랑크푸르터의 전기를 제공하고 있다. 다비드라는 이름은 거인 골리앗을 때려눕힌 유대민족의 영웅, 바로 다윗 왕을 가리킨다. 그러나 『게걸음으로』에 등장하는 다비드 프랑크푸르터라는 인물은 역사 속의 그 전형적인 영웅의 모습과는 거리가 먼 나약하고 평범한 인물로 그려지고 있다.

그는 집에서는 히브리어와 독일어를 썼으나, 학교에서는 세르비아 어를 말하고 쓰는 것을 배웠다. 그러나 주변에서 유대인들에 대해 보내는 일상적인 증오도 함께 느껴야 했다. 그는 친구를 사귀려 했으나 허사였다. 그의 체격은 당당하게 방어를 하기에는 역부족이었고, 또 주변 환경에 능숙하게 적응하는 것도 성미에 맞지 않았기 때문이다.(IK, 15)

줄담배를 피워대는 골초인 다비드는 프랑크푸르트에서 그와 여러 대학생들의 사활이 걸린 사건들을 경험했다. 그는 유대인 작가들의 책이 불살라지는 것을 보았다. 실험실의 그의 자리에는 갑자기 다윗의 별이 붙어 다른 자리와 구분이 되었다. 증오를 피부로 느낄 수 있었다. 목청을 높여 자신들이 아리안 혈통임을 으스대는 대학생들로부터 그를 포함한 여러 학생들은 모욕을 받았다. 그는 어찌할 바를 몰랐고, 또 그런 상황을 견딜 수도 없었다. 그래서 그는 스위스로 달아나, 더 안전하다고들 하는 베른에서 공부를 계속했다.(IK, 15)

그는 1929년부터 빈, 라이프치히, 프랑크푸르트 등지에서, 1933년부터는 베른에서 아버지에게 돈을 타 쓰면서 대학에 다닌 평범한 의과대학생이었다. 그는 성적도 신통치 않았고 만성 골수염에 내내 시달렸다. 히틀러 집권 후에 유대인 박해가 본격화되자 스위스로 달아나기도 하고 다시 독일로 돌아왔다가 랍비인 삼촌이 봉변당하는 장면을 목격하기도 하며 집단 강제수용소의 참상에 대해서도 듣게 된다. 여러 가지로 힘든 상황에서 그는 1935년 말경 자살을 시도하기도 한다. 이렇듯 현실에 잘 적응하지 못하고 있던 그가 1936년 2월 4일 스위스 나치당 관구지도자 빌헬름 구스틀로프를 암살하

는 정치적 행위를 감행하게 된다.[14]

암살 직후 그는 경찰에 자수했는데, 경찰서 당직 사령에게 다음과 같이 진술하며 조서를 작성토록 했다. "나는 유대인이기 때문에 쏘았습니다. 나의 행동은 완전히 의도적입니다. 따라서 조금도 후회하지 않습니다."(IK, 28). 그리고 나중에 법정에서도 그는 이 말을 그대로 반복했다. 아무튼 그는 이 암살사건으로 일약 유명인사가 되었다. 그 후 나치들은 반유대 선동선전으로 대응했고, 빌헬름 구스틀로프를 "순교자"로 지명했다.

그의 살인행위에 대해 정반대의 가치 평가를 한 글들이 계속 쏟아져 나왔다. 디베르게는 "비겁한 살인 행위"라고 쓴 반면에 루트비히는 "골리앗에 대한 다윗의 투쟁"으로 높게 평가했다. 이런 대립적인 가치 평가는 디지털망으로 연결된 오늘날까지도 그대로 남아있다. 재판과 그 후의 모든 과정에서 살인자와 그 희생자는 잊히고 새로운 의미가 부각되었다. 그러니까 순수한 동기를 가진 행위를 통해 자신의 고통 받는 민족에게 저항을 호소했던 성경책 유형의 영웅과 나치즘 운동의 순교자가 이제 서로 맞서게 되었던 것이다.(IK, 28-29)

이 암살사건에 대해 일인칭 서술자는 그 이후에 일어난 역사적인 암살사건과 연계하면서 부정적인 입장을 드러내고 있다.

---

14 그 후 재판 과정에서 변호사 측이 제시한 소견서는 그 암살 행위를 정치적인 성격의 행위로 규정하지 않는다. "프랑크푸르터는 개인적인 성격에서 비롯하는 내밀한 정신적인 이유 때문에 심리적으로 통제 불가능한 상황으로 빠져들었고, 그 때문에 거기서 벗어나야만 했다. 그의 우울증은 자살에 대한 생각을 불러일으켰다. 하지만 모든 인간에게 내재해 있는 자기보존 욕구 때문에 자기 자신이 아닌 다른 희생자를 향해 방아쇠를 당겼던 것으로 보인다."(IK, 17)

자신의 민족에게 영웅적인 저항가의 본보기를 보여주기 위해 희생하다니, 그게 말이나 되는 소린가. 살인 사건 이후에도 유대인들의 사정은 털끝만치도 더 좋아지지 않았다. 오히려 정반대이다! 하지만 테러는 불문율이 되었다. 2년 6개월 후 유대인 헤르셸 그륀슈판[15]이 파리에서 외교관인 에른스트 폰 라트[16]를 쏘자, 그 대가로 돌아온 것이 '제국 수정의 밤' 사건[17]이었다. 그리고 나 자신에게 반문해 본다면, 도대체 순교자 한 사람이 나치에게 무슨 이득이 되었단 말인가? 그래, 좋다. 배 한 척이 그의 이름을 따 명명된 일이 있었다.(IK, 31)

다비드 프랑크푸르터가 살인죄로 재판을 받는 과정과 관련해서 서술자는 그 당시의 역사적 실재 인물인 변호사들을 언급하면서 그와 동시에 서술하는 현재 차원의 실재 인물인 극우주의자 췬델을

---

15 그륀슈판(Herschel Grünspan. 1921-1960?)은 독일에서 태어난 유대계 폴란드인으로 1938년 11월 7일 파리에서 독일의 외교관 라트를 암살했다. 그 결과 1938년 11월 9일 밤부터 10일까지 수정의 밤을 야기했다. 1942년까지는 생존해 있던 것으로 알려지고 있다. 독일군이 프랑스에 침공한 이후 게슈타포에게 체포되어 독일로 이송되었다. 1960년에 죽었다는 설도 있으나 정확하지 않다.

16 에른스트 폰 라트(Ernst von Rath, 1909-1938)는 나치 시절 독일 외교관이었다.

17 수정의 밤 사건은 1938년 11월 9일 밤, 나치 당원과 돌격대원들이 독일 전역에서 유대교 회당 1,300개와 유대인 소유 상점 7,000개 이상을 불태우거나 파괴했으며, 그 과정에서 유대인 91명이 살해당한 사건이다. 최근 들어, "수정의 밤" 또는 "제국 수정의 밤"이라는 용어가 나치에 의해 학살이나 파괴의 비도덕성을 은폐하기 위해 사용되었다는 점을 지적하면서 박해나 학살을 의미하는 포그롬을 써서 '제국 포그롬의 밤 die Reichspogromnacht' 혹은 '11월 포그롬 Novemberpogrom'이라고 고쳐 부르기도 한다. W. Benz: *Der Holocaust*, München 1999. (최용찬 옮김: 『홀로코스트』, 지식의 풍경 2002. 41-45쪽 참조할 것.

언급한다.

> 흰 뾰족 턱수염을 기른 고령의 신사인 변호사 오이겐 쿠르티가 다비드 프랑크푸르터의 변론을 맡았다.[18] 그리고 피살자의 미망인을 대신해 유명한 교수인 프리드리히 그림[19]이 제2원고 역할을 했는데, 이 사람은 전쟁 직후에 정평이 난 그의 책 『정치적 사법권-우리 시대의 질병』으로 주목을 받았다. 그러므로 나는 인터넷에서 독일계 캐나다인 극우주의자인 에른스트 췬델[20]이 판매한 그 책의 신판을 발견하고도 그다지 놀라지 않았다. 그리고 이 선동적인 저작물은 그 사이에 절판되었다고 한다.(IK, 46)

스위스 그라우뷘덴주의 주도인 쿠어의 법정에서 1936년 12월 9일 다비드 프랑크푸르터에 대한 재판이 시작된다.(IK, 45) 그 후 며칠이 지난 12월 14일, 그는 18년 징역형을 선고받고 젠호프 교도소에서 복역했다. 그 사이에 1941년 4월 6일 다비드의 아버지가 나치 친위대에 체포되고 공공연하게 고문을 당한 일도 있었다. 다비드 프랑크푸르터는 형기를 다 채우지 않고 9년의 구금 후에 1945년 6

---

18 다비드 프랑크푸르터의 변호를 맡은 변호사로는 비유대계 쿠르티(Eugen Curti) 외에 스위스 취리히의 유대계 저명인사로 법학박사인 바이트 뷜러(Dr. Veit Wyler, 1908-2002)가 있었는데, 『게걸음으로』에는 언급되지 않고 있다. Vgl. https://de.wikipedia.org/wiki/David_Frankfurter.

19 프리드리히 그림(Friedrich Grimm. 1888-1959)은 반유대주의적, 나치주의의 독일 정치가이자 법학자이며 선동연설가이다, 1936년에는 프랑크푸르터의 법정대리인, 1938-39년에는 헤르셸 그륀슈판의 법정대리인 역할을 맡았다.

20 췬델(Ernst Zündel. 1939-)은 홀로코스트를 부인하는 수정주의자 단체의 일원이다.

월 1일 사면을 받아 석방된 후에 스위스에서 국외로 추방[21]을 당하는데(IK, 158-159), 그 후 텔아비브로 가서 이스라엘 국방부 관리가 되었다.(IK, 179) 그 후 1982년 7월 19일 이스라엘의 텔아비브에서 파란만장한 생을 마감한다.

(3) 알렉산더 마리네스코

알렉산더 마리네스코는 1913년 1월 15일, 흑해 연안에 위치한 항구 도시 오데사에서 태어났다. 어머니는 우크라이나 출신이고 아버지는 루마니아 인으로 뱃사람이었다. 그의 아버지는 폭동에 가담한 죄로 사형선고를 받았으나 마지막 순간에 탈출해 목숨을 건질 수 있었다고 한다. 그는 일곱 살의 어린 나이에 국제선 부두에서 '백군'의 잔존 부대, 그리고 영국과 프랑스 간섭군의 패잔병들이 도망치듯이 오데사를 떠나는 것을 보았다. 곧 이어서 그는 '붉은 군대'의 진군을 경험했다. 숙청 작업이 진행되었고, 그러고 나서 내전은 거의 종식되었다.(IK, 14) 그는 오데사에서 보낸 소년 시절에 '블라트네트'라고 불리는 도둑 패거리에 속해 있었기 때문에 아버지한테 이따금 심하게 두들겨 맞기도 했다.(IK, 22)

오데사에는 러시아 인, 우크라이나인, 루마니아인, 그리스인과 불가리아인, 터키인과 아르메니아인, 집시와 유대인이 좁은 공간에서 밀착하여 살고 있었기 때문에 그는 여러 나라 말이 뒤섞인 잡탕말을 사용했다. 나중에는 러시아 어를 하려고 애썼지만, 결코 유대어가 섞인 우크라이나 어에서 아버지가 쓰던 루마니아 어 욕설을 깨

---

21 스위스는 1969년에야 비로소 다비드 프랑크푸르터에 대한 입국금지를 철회했다.

끗이 걸러내지는 못했다.(IK, 13)

알렉산더 마리네스코는 항해사 조수로 일하던 상선에서 흑해의 적기함대로 직장을 옮겨, 교육함대의 항해 강습 코스에 참가했다가 다시 잠수함 승무원 교육을 받았다. 동시에 청년 조직인 콤소몰의 단원이기도 했던 그는 배에서 근무시간 중에는 술병에 입도 대지 않은 채 근무하고, 근무 외 시간에는 술꾼의 실력을 마음껏 발휘했다. 그는 곧 항해사로서 추커급의 잠수함에 배속되었다. 작전에 투입된 지 얼마 되지 않은 이배는 전쟁 발발 직후 기뢰와 충돌하여 승무원 전원과 함께 침몰했지만, 그는 이미 장교로서 다른 잠수함에 승선하고 있었다.(IK,23-24)

그는 스탈린 시절, 스탈린이 지시한 숙청 작업으로 발트 해 함대의 수뇌부가 제거되었을 때, M96 잠수함의 함장이 되었다. M96은 비교적 낡은 선박에 속했기 때문에 영해에서의 항해와 전투 배치에 적합했다. M96은 배수량 250톤 길이 45미터의 비교적 작은 잠수함으로 18명의 승무원이 승선하고 있었다. 마리네스코는 핀란드 만 깊숙이까지 작전을 수행하는, 단 두 개의 어뢰 발사관을 장착한 이 잠수함 함장으로 오랫동안 근무했다.(K, 53) 발트 해 적기함대의 해군 문서보관소에서 발견된 기록에 따르면, 그는 승무원들에게 수상 공격 연습을 맹렬하게 시켜 마침내는 19.5초 만의 잠수라는 기록을 세우는 데 성공했다고 한다. 다른 잠수함들의 평균 기록은 28초였다. 말하자면 그는 전투 투입 명령이 떨어지지 않고 있었기 때문에 전시 사태에 대비한 만반의 준비 태세를 갖추고 있었던 것이다.(IK, 72) 상륙 허가 시간 동안 늘 그래 왔듯이 곤드레만드레 퍼마시곤 했던 그는 약간의 여성 편력이 있기는 했지만, 그때까지는 아직 징계

를 받은 적이 없었다.(IK, 81)

그는 2년 전 적의 수송선 한 척을 침몰시킨 공로 등을 인정받아 1943년부터 제3급 선장으로서 늘 꿈꾸어 왔던 새로운 잠수함 S13을 지휘하게 되었다. 잠수함 S13은 스탈린 급에 속했다.(IK, 87) 잠수함 S13은 핀란드 항구 투르쿠에 있는 스몰니 함대 기지를 떠날 때면 언제나 열 발의 어뢰를 장착했다.(IK, 88)

알렉산더 마리네스코는 평소에 술을 좋아하고 여색을 밝히는 바람둥이(IK, 203)였지만 명예욕과 출세욕이 강한지라 함상에서 근무할 때에는 술을 끊고 충실히 직무에 임했다. 그런데 결국은 술과 여자 때문에 출항 명령을 받고서도 제 시간에 배로 돌아오지 못하는 사태가 벌어지고 말았다. 사태의 전말은 다음과 같았다.

S13은 1944년 12월 말까지 발트 해 적기함대의 스몰니 기지의 도크에 정박하고 있었다. 정비를 하고 연료를 가득 채우고 식량을 준비하고 어뢰를 장착했을 때, 그 잠수함은 언제라도 출항하여 적군의 항로를 향할 수 있었다. 그러나 문제는 아직 함장 알렉산더 마리네스코가 모습을 나타나지 않고 있었던 것이다. 그는 술과 여자 때문에 상륙 허가 기간을 넘겼고, 발트 해 연안 제국과 동프로이센으로의 대공세가 시작되기 전에 시간을 맞추어 자기 잠수함으로 돌아오는 데 실패했다.

1945년 1월 3일이 되서야 비로소 마리네스코는 술이 깬 상태로 투르쿠로 돌아와 신고를 했다. 그는 즉각 내무인민위원회에 의해 심문을 받고 간첩혐의를 받게 되었다. 그는 상륙 허가 기간을 넘기면서 머물렀던 장소를 까맣게 잊어버렸기 때문에, 기억나지 않는다는 말밖에 할 수 없었다. 결국 그의 상관인 일급 선장 오르엘이 스탈린 동지의 지금 막 떨어진 전투 투입 명령을 간곡하게 상기시킴으로써 군사 법정 소환을 연기시킬 수 있었다. S13의 승무원들도 그들의 선장을 위한 사면 청원을 하여 미결 상태의 소송 절차에 영향을 미쳤다. 오르엘은 마리네스코에게 즉각 출항을 지시했고, S13은 마침내 그 항구를 일주일 후에 떠났다.(IK, 112-113) 마리네스코는 자신이 저지른 과오를 만회하기 위해 전공을 세우려고 초조해하고 있었다. 2주일 동안의 먹잇감 사냥은 아무 성과가 없었다. 그는 마치 전공에 굶주린 사람 같았다. 아무런 성공을 거두지 못하고 기지항으로 귀환하자마자 비밀경찰에 의해 군사 법정에 세워질지도 모르기 때문이었다. 무엇보다도 두려운 것은 간첩혐의였다. 그 죄는 1930년대 이후로 소련의 숙청 과정에서 실제로 적용되었고 그 어떤 변명으로도 반박할 수 없는 것으로, 오직 엄청난 성공만이 그를 구해 줄 수 있는 방책이었다.(IK, 129)

그는 1945년 1월 30일 이른 아침에 무선 통신을 통해 붉은 군대가 메멜 시의 항구를 점령했다는 소식을 듣고는 사령부에 보고도 하지 않고 새로운 항로를 택했다. 빌헬름 구스틀로프 호가 옥스회프트 부두에서 여전히 마지막 피난민들을 싣고 있는 동안 S13호는 47명의 승무원과 열 발의 어뢰를 싣고 포머른 연안 쪽으로 항해하고 있었던 것이다.(IK, 122)

마침내 그는 어뢰 3발을 쏘아 피난민 수송선 빌헬름 구스틀로프 호를 격침시키게 된다. 그리고 S13의 승무원들은 목표물이 분명히 침몰한 것을 관찰하면서 터져 나오려는 환호성을 애써 참고 있었다.(IK, 133)

마리네스코는 투르쿠 항구로 귀환한 후 실망했다. 왜냐하면 그가 적군의 항로로 계속 항해하면서 또 다른 배 한 척, 한때 대양 횡단 항해선이었던 게네랄 폰슈토이벤 호를 두 발의 어뢰로 침몰시켰음에도 불구하고 그에 걸맞게 그를 영웅으로 환영해 주지 않았기 때문이다. 이 두 번째 격침은 2월 10일 선미의 발사관에서 발사된 어뢰들에 의해 이루어졌다. 필라우에서 피난민 1,000여명과 부상병 2,000여명을 싣고 항해에 나섰던 5,000톤의 이 배는 7분 만에 뱃머리 쪽으로 가라앉았다. 생존자는 대략 300명이었다. 그럼에도 불구하고 발트 해 적기함대의 최고사령부는 배가 기지항에 도착한 후에도 두 번의 전과를 올린 마리네스코 함장을 "소련의 영웅"으로 지명하는 데 계속 주저했다.(IK, 154)

S13이 핀란드 항구인 투르쿠에 도착한 직후부터, 환영받기를 기대했던 그에게 상륙과 함께 오히려 온갖 어려운 일들이 시작되었다. 내무인민위원회의 조사문서와 지금까지 법정에서 다루어지지 않았던 자신의 범행이 위협이 되고 있었음에도 불구하고, 그는 술을 마시지 않아 정신이 멀쩡할 때나 보드카로 자제력을 잃었을 때나 시도 때도 없이 자신의 영웅적 행동을 인정해 달라는 요구를 멈추지 않았다. 비록 S13이 '적기 잠수함'으로 표창 받고, 그 배의 승무원 전원이 '조국 수호 전쟁의 훈장'을 가슴에 달 수 있었으며, 그들에게 또 다른 훈장, 즉 별과 망치와 낫이 그려져 있는 저 '적기 훈장'이 수여되었지만, 알렉산더 마리네스코는 "소련의 영웅"으로 선포되지는 못했다. 더욱 상황이 좋지 않았던 것은 발트 해 적기함대의 공식 보고서에 2만 5,000톤급 빌헬름 구스틀로프 호의 침몰에 대한 기록이 빠져 있고, 또 게네랄 슈토이벤 호의 신속한 침몰에 대해서도 한마디 언급도 하지 않고 있다는 사실이었다. 그는 기회가

있을 때마다 자신의 공치사를 하고 다님으로써 마침내 상부의 눈에는 성가신 존재가 되어 버렸다. 결국 그는 1945년 9월 사령부에 의해 잠수함 지휘권을 빼앗기고 그 직후 해군 중위로 강등되어 10월에 소련 해군에서 쫓겨나게 되었는데, 그 때 3계급 강등 불명예 퇴직의 사유는 "무관심과 근무 태만"이었다.

그는 상선에 취직하려고 했으나 한쪽 눈이 근시라는 핑계로 거부당한 후에 건축 자재를 담당하는 창고 관리인 일자리를 얻었다. 그러나 그 후 오래 지나지 않아 그는, 뇌물을 수수하고 당 간부에게 뇌물을 주었으며 공사 자재를 암거래했다는 이유를 들어 공사장 감독을 고발했는데, 그 사실을 입증할 증거가 너무나 적었다. 그러자 이번에는 오히려 그 자신이, 아주 사소하게 흠이 있는 건축 자재들을 너무 관대하게 배급하여 법을 어겼다는 혐의를 받았다. 그리고 특별 법정은 마리네스코를 3년간의 강제노동수용소형에 처했다.

그는 굴락 군도에 속하는 백해 연안의 콜리마로 추방당했다. 소비에트 강제노동수용소에서 고통스런 나날을 보내던 그는 스탈린이 죽은 지 2년 후에야 비로소 시베리아를 떠날 수 있었다. 그는 병든 몸으로 돌아왔다.(IK, 167-169)

그 직후 그는 암에 걸려 1963년 11월 25일 63세를 일기로 레닌그라드에서 사망했다. 그의 사후에 예비역 해군 장교들이 오데사와 모스크바 등 여러 곳에서 위원회를 조직하여 예순셋의 나이에 죽은 선장의 명예 회복을 끈질기게 청원했다.(IK, 165-166) 그는 1970년대가 시작되면서 비로소 상처 입은 잠수함 영웅으로 복권되었다. 다시 그는 제3급 선장의 지위를 부여받았다.(IK, 169) 사후 27년 만인 1990년에 마리네스코는 소련 공산당 서기장 고르바초프(Michail

Gorbatschow)에 의해 소련영웅훈장을 받았다.[22]

앞에서 살펴본 역사상 실재한 인물 3인을 중심으로 이야기를 진행하는 사실적 서술차원에서는 독일민족을 전쟁의 희생자로 제시하는 것을 금기시하는 타부를 깨면서 잠수함 어뢰에 맞아 침몰된 비극적인 빌헬름 구스틀로프 호 참사의 역사적 의미를 환기시키고 있다.

포크리프케 집안의 3대에 걸친 허구적인 작중인물, 즉 툴라, 파울, 콘라트를 그려낸 현재 차원의 외화에서는 현재에도 여전히 기승을 부리는 극우주의의 현상과 원인을 밝힘과 동시에 그 위험을 경고하고 있다.

3. 허구적인 작중인물

『게걸음으로』에는 역사상 실재한 인물들뿐만 아니라 허구적 작중인물들도 다수 등장한다.

『고양이와 쥐』, 『개들의 시절』 등 그라스의 이전 작품들에서 악동소녀로 등장한 바 있는 툴라 포크리프케의 어린 시절과 관련해서 툴라의 아버지 아우구스트 포크리프케와 어머니 에르나 포크리프케, 어렸을 때 익사한 그의 오빠 콘라트 포크리프케, 툴라의 어릴 적부터 친구인 예니 브루니즈와 그녀의 양아버지 오스발트 브루니

22 https://de.wikipedia.org/wiki/Alexander_Iwanowitsch_Marinesko.

즈, 툴라와 이러저런 관계가 있는 것으로 이야기되는 수많은 남자들, 예컨대 요헨(『고양이와 쥐』의 주인공 요하임 말케), 툴라의 이종사촌 오빠 하리 리베나우, 그리고 그의 부모(툴라의 이모와 이모부), 집지키는 개 하라스를 독살했다고 하는 발터(『개들의 시절』 제3부의 서술자 발터 마테른), 툴라의 아들 파울 포크리프케와 손자 콘라트(애칭: 콘라트헨 또는 코니), 파울 포크리프케의 이혼한 전처 가브리엘레(애칭: 가비), 가브리엘레의 동료 교사들, 콘라트의 여자 친구 로지, 콘라트의 인터넷 대화상대인 볼프강 슈트렘플린과 그의 부모, 콘라트의 모방살인 이후 열린 재판과 관련된 재판부, 배심원과 증인들, 심리감정 전문가, 교도관, 콘라트의 선생님들 등 수많은 허구적인 작중인물들이 등장한다.

그 중에서 가장 중요한 인물들은 포크리프케 가문의 3대에 걸친 세 인물이다. 빌헬름 구스틀로프 호 침몰 참사가 있던 1945년 1월 30일 바로 그 날, 구사일생으로 목숨을 건지고 출산까지 한 만삭의 임산부 툴라 포크리프케, 그 아비규환의 현장에서 극적으로 태어난 그녀의 아들 파울 포크리프케, 그리고 그녀의 손자이자 파울의 아들인 콘라트 포크리프케가 바로 그들이다. 이 세 인물은 오늘날의 독일 현실에서 과거에 대해 서로 전혀 다른 기억을 지닌 채 역사의 멍에를 짊어지고 살아간다.

(1) 제1세대: 전쟁 세대 툴라 포크리프케

툴라 포크레프케는 1927년에 태어난 것으로 추정할 수 있다. "1936년 1월 31일〔...〕어머니는 여덟 살 반의 나이였다."(IK, 24)는 언급, 그리고 역사상 실재 인물인 "하인츠 쇤[23]이 어머니보다 한 살 더 많다."(IK, 62)는 언급이 있기 때문이다. 『게걸음으로』와 긴밀한 상호텍스트성을 보이는 『개들의 시절』 제1부 마지막 부분에 언급된 툴라의 출생[24]이 이런 추정에 신뢰도를 높여준다. 그녀는 실제 작가 그라스와 동갑으로 10대의 어린 시절에 단치히의 변두리 랑푸르에서 나치 시절을 직접 겪은 인물인 것이다.

툴라는 『개들의 시절』에서는 어린 시절 나치의 악마성을 체현한 악동 소녀의 모습으로 등장했던 반면에, 『게걸음으로』에서는 빌헬름 구스틀로프 호 침몰 사고현장에서 구조되어 현재까지 살고 있는 70대 할머니의 모습으로 등장한다. 그러니까 『게걸음으로』에 묘사된, 어린 시절부터 할머니가 될 때까지 역사의 굽이굽이를 살아온 툴라에 관한 이야기는 바로 나치 시절부터 2000년대 초에 이르기까지의 독일 현대사를 그대로 반영하고 있는 것이다.

툴라는 어린 시절 나치 당원인 아버지와 나치 여성동지회 단원인 어머니 밑에서 자랐다. 툴라는 처녀시절에 열렬한 나치당원이었다. 그녀는 단치히의 변두리 랑푸르에서 목수 일을 즐겼고, 나치가 계급평등의 기치를 내세우며 KdF를 통해 제공한 유람선 여행에 관해 좋은 기억만을 갖고 있다. 그녀에게는 나치가 저지른 끔찍한 만행은 별로 중요한 문제가 아니다. 그녀의 뇌리에는 오히려 독일인의 입장에서 전쟁을 전후해 자신들이 겪어야 했던 고통스런 기억이 크게 자리 잡고 있다.

제2차 세계대전을 직접 겪은 전쟁세대에 속하는 툴라는 피해자로

---

23 하인츠 쇤(Heinz Schön)은 1926년에 태어나 2013년에 세상을 떠났다.

24 "툴라는 1927년 6월 11일에 태어났다."(WA Ⅲ, 274)

서의 입장에서 자신을 비롯해 독일인들이 겪어야 했던 전쟁의 고통스런 참상을 끊임없이 기억해내며 그것을 이야기로 재현해낸다. 그 당시 독일인들이 겪은 비참한 사건들은 바로 툴라 자신의 이야기인 것이다. 그녀는 피난 행렬 속에서 떨어지는 포화에 자신 옆에 서 있던 숱한 사람들이 죽어가던 장면, 여성에 대한 러시아 군인들의 강간, 그리고 특히 빌헬름 구스틀로프 호 침몰의 참혹한 순간을 끊임없이 기억해내며 그 기억과 자신을 동일화한다. 그녀는 마치 기억과 일체화된 인간처럼 보일 정도이다. 이렇게 기억은 그녀를 완전히 구속하며 나아가 그녀로 하여금 기억을 유지하고 전수해야하는 의무감을 갖게 만든다. 기억을 통해 그녀는 사회의 일원으로 소속감을 가질 수 있으며 기억이 있기에 존재의 의미가 있게 되는 것이다.

툴라의 기억에 결정적인 트라우마를 제공한 것은 바로 빌헬름 구스틀로프 호의 침몰 참사였다. 만삭의 몸으로 그 고통스런 과정을 모조리 직접 겪은 툴라는 그 충격으로 갑작스레 머리카락이 모조리 하얗게 세어버려 백발이 되고 만다. 나중에 사람들이 젊은 여자가 왜 그렇게 백발이 되었느냐고 물을 때마다 그녀는 "그 새파란 어린 것들이 머리를 거꾸로 처박혀 죽은 걸 보고 그렇게 되었지요..."(IK, 140)라고 말한다.

아무튼 그녀는 결국 그 참사현장에서 구조되었고 그 과정에서 진통이 왔으며 안전한 배로 옮겨져 아들 파울을 낳았다. 빌헬름 구스틀로프 호가 침몰하는 동안에도 살아남아 아들을 출산하는 이 장면이야말로 잡초처럼 끈질기고 억센 그녀의 생명력을 단적으로 보여주는 예이다. 그녀가 중요한 순간마다 항상 착용하는 "여우목도리"[25]가 그 상징으로 나타난다. 여우목도리라는 툴라의 외적 인상을 가장 두드러지게 보여주는 사물상징으로서 인상적인 라이트모티프처럼 반복적으로 언급되고 있다. 여우목도리는 그라스의 모든 작품에서 사악함을 상징적으로 보여주는 역삼각형의 모습을 통해 툴라의 교활함, 사악함. 마적인 힘 등 소위 "팜므파탈"의 성격을 은연중에 암시해주는 기능을 하고 있다.

툴라가 추구하는 최고의 목표는 무조건 살아남는 것이다. 툴라에게 체제나 이념 따위는 중요한 문제가 아니다. 그녀에게 이데올로기 문제는 제3제국의 나치즘이든 동독의 공산주의든 상관없이 삶의 본질을 비켜나 있는 것이다. 그녀는 전쟁이 끝난 후 동독 슈베린에서 거주하게 되는데, "열성 공산당원으로서 소련인들을 위해 대량으로 침실가구를 생산하고 할당책임량을 초과달성하기도 한다."(IK, 67) 한번은 당의 집회에 초대되어 간 자리에서, 빌헬름 구스틀로프를 시오니즘의 희생자라고 하면서 "그처럼 비극적으로 살해된 사람은 우리 아름다운 슈베린 시가 낳은 아들이었지요."(IK, 89)라는, 구동독 체제에서는 금기시된 나치즘 찬양 발언도 서슴없이 한다. 그렇지만 그녀는 지위를 유지할 수 있었다. 그녀는 여러 차례 표창을 받은 모범 노동자로서 할당량을 늘 성공적으로 달성했고, 인민 소유의 가구 콤비나트에서 그녀의 목공 작업반을 끝까지 이끌었다. 그 후 "노동자와 농민의 국가" 동독이 사라진 통일독일국가 시절 베를린의 신탁관리공사가 슈베린에 지점을 열었을 때, 그녀는 인민 소유 공장을 비롯한 온갖 공장, 심지어는 이전에 자신이 근무한 인민

---

25 툴라가 늘 두르고 다니는 여우목도리와 관련된 이야기(IK, 176-178)는 『개들의 시절』에는 전혀 언급되지 않았던 새로운 내용이다.

소유 가구 공장들의 청산과 사유화 작업에도 관여했다.(IK, 90) 바뀐 체제에 쉽게 순응하는 그녀의 유연성은 생존이라는 절대적 명제 아래에서 이루어지는 것이다. 그녀의 이런 모습은 『양철북』에서 변화에 유연하게 대처하는 전형적인 소시민 알프레트 마체라트의 모습[26]과 비슷하다.

툴라는 기본적으로 현실 상황에 대한 근본적인 고민 없이 주어진 현실에 순응하고 따르는 기회주의적 현실추수주의자, 체제순응주의자의 전형이라고 볼 수 있다. 그녀는 자신의 안락한 삶을 가로막는 불편하고 사소한 일에는 분노하지만, 막상 진실로 분노하고 저항해야 할 대상에 대해서는 눈을 감아버린다. 툴라는 부당한 권력에 당당하게 맞서 잘못된 현실을 바꾸려고 노력하는 인간의 유형과는 거리가 멀다.

한편으로 그녀는 과거에 지나칠 정도로 집착하는 "시대에 뒤떨어진 사람"(IK, 89)의 모습으로 묘사되고 있다는 점에서 단순히 기회주의적 현실 추수주의자라고 볼 수만도 없다. 구스틀로프 호 참사가 있은 지 50여년이 지난 오늘날의 시점에도, 그녀는 그 오랜 옛날의 진실을 모두 알아야 한다며 기자인 아들 파울에게 그 사건을 글로 써서 다른 사람들에게 전해야 한다면서 집요하게 그를 달달 볶는다. 하지만 파울은 그런 어머니를 외면하고, 어렸을 적부터 지겹게 들어왔던 이 저주받은 사건에 대해 이야기하는 것을 꺼려한다.

---

26 "그러나 만일 다른 사람들이 손짓을 하면 언제나 손짓하고 다른 사람들이 소리를 질렀거나 웃었거나 박수라도 쳤다면, 언제나 소리를 지르고 웃고 박수를 쳐대는 것은 그의 습관이었다."(WA Ⅱ. 180)

그러자 툴라는 자신의 사상을 주입할 대상을 손자 콘라트에게서 찾는다. 할머니로부터 지대한 영향을 받은 콘라트는 유대인을 향한 증오심을 가지게 되고 가상공간 인터넷에 사이트를 개설해 빌헬름 구스틀로프 호의 침몰에 대해 상세히 기록한다. 이 문제에 대해 자세한 것은 제VI장 제3절에서 다루게 될 것이다.

(2) 제2세대: 68세대 파울 포크리프케

일인칭 서술자로 등장하는 파울은 1945년 1월 30일, 빌헬름 구스틀로프 호가 침몰한 바로 저주받은 그 날 이 세상에 태어났다.(IK, 11) 파울은 이미 태어날 때부터 빌헬름 구스틀로프 호와 숙명적인 인연을 맺고 있는 것이다.

파울은 구동독 슈베린에서 성장하지만 베를린 장벽이 세워진 해인 1961년 어머니 툴라의 권유로 서독으로 탈주한다. 그는 서독으로 옮겨가서 나서, 서독의 새로운 체제를 단기간에 받아들이게 되고 그럭저럭 김나지움을 졸업한다.

> 그 당시에 나는 내 또래의 다른 공화국 탈주자들과 함께 무리지어 상급학교에 다녔다. 나는 법치국가라든지 민주주의와 관련된 분야에서 뒤쳐진 많은 것을 만회해야 했다.(...)또한 실업률을 조절함으로써 자본주의가 어떤 방식으로 작동하는가 하는 점도 납득하기 시작했다 성적이 출중한 학생은 아니었지만, 나는 어머니가 바랐던 김나지움 졸업장은 땄다.(IK, 19)

그는 대학 시절 창의적 글쓰기[27] 과정에도 참여해보지만 결국 별

가망성이 없다는 평가만 받을 뿐이었다.(IK, 30) 그 후 수습기자로 우익 성향의 〈슈피링어〉 지를 위해 일하다가 좌익 성향의 〈타츠〉 지를 위해 기사를 쓰기도 했고, 날마다 일어나는 새로운 사건들을 아주 능숙하게 짧은 기사로 압축해서 제공하는 프리랜서 생활을 오랫동안 했다.(IK, 30) 그러다가 가비(가브리엘레)를 만나 결혼도 하게 되고 아들도 얻게 된다. 그런데 아들 콘라트를 자신이 원해서 낳은 것이 아니라 단지 아내가 피임약을 끊었기 때문에 낳는 것으로 그려지고 있다.(IK, 42) 통신원으로 간신히 생활을 해나가는 파울은 어머니 툴라한테 늘 무능한 인간이라는 소리를 듣는다. 그와는 달리 아내는 승승장구하여 교사가 된다. 파울에게 실망한 아내는 아들을 데리고 집을 나가고 "결국 아내가 집을 나간 지 1년 만에 이혼을 하게 된다."(IK, 44)

어머니 툴라는 구스틀로프 호 침몰을 직접 겪은 증인으로서 그 참사에 대해 여전히 생생하게 남아 있는 기억을 글로써 공론화하고 싶어 한다. 파울이 기념행사 때마다 목수건과 청색 셔츠를 입고 이리저리 끌려 다녀야했던 동독 슈베린에서의 어린 시절부터 어머니 툴라는 그에게 지겨울 정도로 거듭 말했다. "바닷물이 얼마나 차가웠는지 아니? 애들이 모조리 거꾸로 처박혔단다. 그걸 큰소리로 세상에 알려야 했어. 넌 운 좋게 살아남았으니 그 책임을 져야지. 언젠가 말해 줄 거라면 이 꼬맹이야, 그럼 글로 써야지..."(IK, 31) 그녀는 친구 예니 브루니즈를 통해 "아들로서의 네 의무는 마침내 온 세상에 그것을 알리는 거라고..."(IK, 31-32)하는 충고의 말까지 전한다.

---

27 이 강좌는 1960년대에 작가 그라스가 실제로 이끌었던 강좌였다.

그러나 그는 선뜻 마음이 내키지 않았다. 파울에게 자신의 출생에 얽힌 기억은 저주일 뿐이었다. 하필이면 바로 그 "지속적인 불운의 날"(IK, 11) 1월 30일에, 1895년에는 빌헬름 구스틀로프가 탄생했던, 1933년에는 히틀러가 정권을 잡았던, 1945년에는 빌헬름 구스틀로프 호가 침몰했던 바로 "그 삼배수로 저주받은 날짜"(IK, 16) 1월 30일에 배가 침몰하는 그 비극적 참사의 현장에서 아버지가 누군지도 모른 채 태어난 사생아[28]였기 때문이다. 그는 이런 자신을 부정하고 싶어 한다. 특히 빌헬름 구스틀로프가 태어난 시간과 그의 이름을 딴 선박의 격침 시간은 저녁 9시 16분으로 시간까지 일치한다.(IK, 118)

여기에서 1월 30일이라는 날짜는 반복적으로 제시됨으로써 효과적인 라이트모티브의 기능을 할 뿐만 아니라, 시간상으로 멀리 떨어져 있고 직접적인 인과적인 연관이 없는 사건들, 그러니까 구스틀로프의 탄생, 히틀러의 집권, 구스틀로프 호의 침몰이라는 역사적 사실과 서술자 파울의 출생이라는 허구적 요소를 교묘하게 이어주는 연결고리로서도 이용되고 있다. 1월30일이라는 날짜는 지속적인 불운의 역사가 반복되는 것을 의미하는 숫자상징이 된다.

> 또 시작이다. 그 저주받은 날짜. 역사, 정확히 말하자면 우리 독일인이 휘저어 놓은 역사라는 것은 마치 막힌 변기와 같다. 물을 흘려 내리고 또 내려도 냄새나는 오물들은 끊임없이 다시 올라

28 파울은 이런 자신의 처지에 대해 "나에게 진짜 아버지란 없다. 서로 바뀌어도 상관없는 허깨비들만 있을 뿐이다."(IK, 22)라고 자조적인 신세 한탄을 하고 있다.

온다.(IK, 116)

더구나 아무도 그 비극적인 사건에 대해 듣고 싶어 하지 않았다. 구스틀로프 호 침몰 참사와 관련된 이야기는 동서독 할 것 없이 수십 년 동안 금기 사항이었다. 그것은 피해자로서의 독일인과 관련된 소재로서, 전쟁을 일으킨 가해자로서의 독일인 문제를 희석시켜버릴 수도 있다는 우려 때문이었다. 이런 상황인지라 파울은 어머니 툴라의 끊임없는 요구에도 불구하고 그 사건에 대해 글을 쓰지 않고 있었다.

그런데 아들 콘라트로 인해 그 문제는 현실적인 문제가 되어버린다. 1996년 1월 말 처음으로 극우 성향의 〈폭풍의 전선〉[29] 홈페이지를 클릭한 직후 파울은 구스틀로프와 관련된 이야기들을 접하게 되고, 콘라트가 극우 성향의 선동적인 웹사이트 〈www.blutzeuge.de〉의 운영자라는 사실을 알게 된다. 그 때부터 파울은 빌헬름 구스틀로프 호의 비극이 이제 자신과 상관없는, 이미 지나가버린 과거의 문제가 아니라 바로 현재의 나와 연결된 문제라고 생각하게 된다. 과거에 대해 거리를 두고 방관하고 있던 파울은 이제 과거를 클로즈업해서 보게 되고 빌헬름 구스틀로프 호와 연관된 역사적 사건과 인물을 추적해 나가면서 이 사건을 재구성하게 된 것이다. 서술자로서 파울은 빌헬름 구스틀로프 호가 진수되어 침몰할 때까지의 운명, 그리고 그와 연관된 역사적 인물들의 일대기를 저널리스트의

---

29 폭풍의 전선(Stormfront)은 최초의 인종 증오 사이트로 극우적인 네오나치들의 인터넷 포럼이다.

필치로 객관적으로 냉정하게 보고하는 자세를 견지한다.

서술자 파울은 50대의 중년 기자로서 좌익 및 우익 언론사 활동을 거쳐 68학생운동에서 녹색당까지 서독의 모든 정치적 가능성을 섭렵한 인텔리이다. 그는 이념 문제와 관련해서 좌도 우도, 그렇다고 중도도 아닌, 말하자면 뚜렷한 신념이 없는 인물로 그려지고 있다. 그는 철저한 현실주의자도, 그렇다고 이상주의자도 아니다. 이런 그의 모습은, 어머니 툴라와 이혼한 아내 가비의 눈으로 볼 때, 현실 적응에 실패한 낙오자, 체제 부적응자로 보인다.

(3) 제3세대: 통일세대 콘라트 포프리프케

파울의 아들인 콘라트[30](애칭: 코니, 콘라트헨)는 1980년 3월에 베를린에서 태어났다.[31] 그러니까 그는 유년기를 막 벗어날 즈음에 독일의 통일(1990년 10월 3일)을 경험한 소위 "통일세대"에 속한다. 그는 조숙한 애로서, 학교 성적이 뛰어나고 재능이 있으며, 성격이 매우 예민하다.(IK, 44) 그리고 "사회화되기 힘든 전형적인 외톨이"(IK, 67)이며, 무척 키가 크고 비쩍 마른 외모에 곱슬머리이고 안경을 끼고 다닌다.(IK, 194-195)

콘라트는 부모가 이혼한 후 어머니와 함께 살고 있기 때문에 아버

30 콘라트는 툴라가 좋아했던 오빠 이름이다. 어린 시절 익사한 그 귀머거리 오빠 콘라트를 잊지 못해 손자 이름을 콘라트라고 짓게 된 것이다. Vgl. IK, 73; WA Ⅲ, S. 533.

31 "3월이면 만 열다섯 살이 된다."(IK, 95), 콘라트가 볼프강을 살해한 "1997년 4월 20일"(IK, 171) 에 그의 나이가 17세였다는 사실로 미루어볼 때 1980년 3월에 태어났음을 알 수 있다.

지 파울과 대화를 나눌 기회가 거의 없다. 독일의 과거사에 대해 관심이 많은 그는 독일이 통일된 후 국경이 개방되자마자 동독에 살고 있는 할머니 툴라를 찾아보려고 어머니를 재촉한다.(IK, 44) 그는 나중에 할머니 툴라와 함께 살게 되면서, 과거의 이념에 대해 비판적 의식 없이 쏟아내는 툴라의 이야기를 자주 듣게 된다. 콘라트는 급기야 할머니 툴라의 영향으로 동독식 파시즘에 물들게 되고 네오나치즘을 신봉하는 청소년으로 자라게 된다. 콘라트는 "겉으로 보기에는 컴퓨터와 현대적 통신수단 같은 최신 기술에 흥미를 보이는 것 같지만 사고방식은 전적으로 과거 지향적이다."(IK, 67) 그러니까 그는 할머니 툴라와 마찬가지로 과거에 지나칠 정도로 집착하는 "시대에 뒤떨어진 사람"이다. 그는 체제에 반항적인 태도를 보이며, 사회성이 부족한 외톨이로서 현실에도 잘 적응하지 못한다. 그는 어느 단체에도 회원으로 가입하려고 하지 않는다. 폭행을 일삼는 헤드스킨 족에 속하지도 않고 머리를 빡빡 밀고 다니지도 않는다. 그는 불만스런 현실에 대해 독불장군처럼 혼자 외롭게 맞서 싸운다.

콘라트가 극우주의 입장을 갖게 된 원인으로 몇 가지를 들 수 있다.

첫째로, 콘라트 자신의 타고난 외곬의 성격이나 무언가에 한 번 빠지면 거의 광적으로 집착하는 성향 탓도 있을 것이다. 여기에 할머니 툴라가 반복적으로 행하는 무비판적인 세뇌 교육이 더해지면서 극우주의 입장을 갖게 되었을 것이다. 이런 이유 때문에 파울도 아들 콘라트의 극우화에 대한 책임을 어머니 툴라 탓으로 돌리며 저주한다.(IK, 70)

둘째로, 전후의 전반적 사회 분위기가 아우슈비츠 같은 가해자로서의 독일인 이야기나 하도록 했지, 희생자로서의 독일인과 연관된 이야기, 예컨대 구스틀로프 호 침몰 같은 것은 아예 꺼내지도 못하게 금기시 했다. 예컨대 나치의 KdF 선박을 계급 차별 없는 배였다는 발언만 해도 욕을 먹고, 나치 과거는 무조건 잘못된 것이라는 시각만 강요당했다.(IK, 50) 기억에 대한 억압이 그 반작용으로 기존의 극우적 역사관을 여과 없이 답습하게 만들었다는 이런 입장을 대변하는 인물은 툴라이다.

셋째로, 인터넷의 영향을 들 수 있다. 콘라트는 인터넷이 보편적으로 보급되어 자신의 얼굴을 드러내지 않고서도 세상에 대해 무언가를 외칠 수 있는 시대에 살고 있는 청년이다. 그는 부모가 이혼한 결손가정 환경에서 받고 있는 압박감에서 벗어날 수 있는 탈출구를 나치 시대와 빌헬름 구스틀로프 호 이야기에서 찾는다. 그리고 과거에 대한 편향된 자료들을 컴퓨터와 인터넷이라는 매체를 통해 수집하고 이것들이 사실인 것처럼 선동한다. 그가 세상과 소통하는 유일한 공간인 인터넷은 망각 속에 묻힌 과거를 현재 속에 불러들이는 중요한 역할을 하는데, 컴퓨터는 과거 재현의 질서를 인간의 의지에 따라 재배치할 수 있다. 컴퓨터는 정보를 단순히 저장하는 기능만 수행할 뿐 이 저장된 기억 가운데 특정한 기억을 선택해 그 의미를 부각시키는 작업은 인간이 수행한다. 콘라트는 결국 인터넷상에 가상현실을 만들어내고 그 세계만의 문화적 기억을 만들어 낸 것이다.

그라스가 노벨 문학상 수상 연설에서 언급했듯이, 문학의 일차적 기능은 이야기를 통해 과거를 현재 속에 되살리는 주관적 기억[32]이며, 힘겨운 삶에 대해 끊임없이 이야기하는 것이다. 어두운 과거에 대한 기억을 떠올리기 싫다는 이유로 과거를 아예 망각하려고 하거나 기억을 억누르는 잘못을 범해서는 안 된다.

제2차 세계대전을 직접 겪은 전쟁세대 툴라의 과거에 대한 집착, 좌우대립이 격심했던 68혁명의 시대를 직접 겪은 세대로 이념적으로 뚜렷한 입장이나 소신이 없는 파울, 억압된 기억으로 인해 그릇된 역사인식을 지니게 된 콘라트로 상징되는 독일 3세대에 관한 이야기에서 오늘날 독일이 처한 역사적 딜레마의 한 단면이 잘 드러나고 있다.

제1세대 툴라는 전쟁세대로서 기회주의적 현실추수주의자의 모습을, 제2세대 파울은 68세대로서 현실 적응에 실패한 현실 부적응자의 모습을, 제3세대 콘라트는 과거지향적인 체제 반항적 모습을 보여주고 있다. 포크리프케 가문 3대에 걸친 이야기를 통해 과거의 잘못이 현재에도 반복될 수 있는 위험의 근거가 제시된다. 그것은 바로 세대 간 의사소통의 단절로 인한 과거에 대한 역사인식의 부족에서 비롯된 것이다.

콘라트의 사회성 결여는 아버지 파울처럼 사회 부적응 수준으로 그치는 것이 아니라는 것이 문제이다. 할머니 툴라와의 대화를 통해 네오나치즘에 물들기 시작한 콘라트는 명석한 두뇌로 과거사에 대한 많은 정보를 나름대로 체계화하고, 컴퓨터 통신을 이용해 자신의 이론을 설파한다.(IK. 73) 반유대주의 등 인종차별적 극우 이

---

32 Vgl. G. Grass: "Ich errinnere mich..." In: G. Grass/C. Milosz/W.Szymbroska/T. Venclova(Hg.): Die Zukunft der Erinnerung, Göttingen 2001, S. 9-23, hier S. 14f. 그라스는 주관적 기억(Erinnerung)과 객관적 기억(Gedächtnis)의 개념을 구별한다. 주관적 기억은 비자발적인 기억과 유사한, 감흥과 감정을 기초로 하고 있으며 객관적 기억은 소위 논리적 "정확성에 기초한" 결과로 구분된다

념을 전파하려는 그의 지나친 욕망은 급기야 살인이라는 파국적 결말에 이르게 된다. 이 문제에 관해서는 제VI장 제3절에서 상세하게 다루기로 하겠다.

VI. 현실과 환상의 변증법

1. 몽타주

그라스는 독학으로 얻은 풍부한 지식을 창작에 효과적으로 사용한 지적인 작가로 잘 알려져 있다. 그는 다양한 분야로부터 발췌한 백과사전 같은 방대한 정보를 자신의 예술적 목적을 위해 작품 안에 몽타주[1]해 사용해왔다.

몽타주는 과거와 현재, 가까운 곳과 먼 곳, 현실적인 것과 환상적인 것의 결합을 의미하는 개념으로서 일찍부터 줄곧 문학의 한 가능성으로서 주목받아 왔다. 그런데 영화 예술에서 다양하게 발전된 몽타주 기법에 자극 받아 도스 파소스Dos Passos, 그리고 그라스의 문학적 스승인 되블린 같은 작가는, 그 자체로서는 서로 연관성이 없는 도시인들의 갖가지 인생행로, 신문 기사, 유행가 가사, 선전, 광고문, 통계 숫자 등을 산문 속에 병렬, 교차시킴으로써 대도시의 현실을 반영하려고 시도했다.

"몽타주의 재료는 결코 자의적인 것이 아니라 철저히 의도적인 것이며, 진정한 몽타주는 기록 문서에 바탕을 둔다."[2] 몽타주는 순전히 우연하게 소재를 결합하는 기계적인 콜라주와는 질적으로 전혀 다른 성격의 것으로, 구성과 문체의 측면에서 소설에 새로운 가

---

1 몽타주(Montage)란 원래 '조립한다'는 뜻의 프랑스어(monter)에서 파생한 건축용어였는데, 1915년 독일의 다다이즘 사진작가인 하트필드(John Heartfield)가 정치적 캐리커처의 수단으로 사진의 단편들을 연결시켜놓고 "사진 조립"(Phtomontage)이라고 불렀다가 나중에 줄여 "몽타주"라고 부르게 된 이래로 여러 예술 분야에서 다양하게 사용되는 용어가 되었다.

2 M. Durzak: Zitat und Montage im deutschen Roman der Gegenwart. In: M. Durzak(Hg.): Die deutsche Literatur der Gegenwart, S. 216-234, hier S. 233.

능성을 제공해주었다. 몽타주는 때로는 인용의 개념과 일치하기도 하고, 때로는 그걸 넘어서기도 한다. "구성 원리로서의 몽타주"는 "언어요소로서의 인용"과 구분하여 사용되기도 한다.[3] 이 글에서는 몽타주를 인용의 개념까지 포함하는 폭넓은 의미로 사용하고자 한다.

(1) 사실적 요소의 몽타주

『게걸음으로』에는 역사적 사실과 인물, 잡다한 일상적 현실 등 사실적 요소들이 자주 제시되거나 언급됨으로써 전반적으로 작품의 사실성을 높여주는 기능을 하고 있다.

예컨대, 우편엽서(IK, 7), 서독산 콜게이트 치약(IK, 56), 토스카 향수(IK, 179)나 로트캐프헨 포도주(IK, 207) 같은 상표명. 〈슈프링어〉와 〈타츠〉(IK, 7), 〈노이에 취리허〉와 〈바젤 민족신문〉(IK, 24), 〈민족의 관찰자〉(IK, 36), 〈데일리 텔레그래프〉(IK. 64) 등 각종 신문, 슈베린, 묄른, 베를린, 다보스 등 여러 지역과 단치히 랑푸르의 엘젠슈트라세 등 거리 이름, 라디오 방송 이름과 애청자들이 뽑은 클래식 프로(IK, 161), 스코틀랜드에서 복제된 기적의 양 돌리에 대한 신문기사(IK, 201), 함부르크의 알스터하우스 백화점과 베를린의 카데베 백화점[4](IK, 206), 베를린 자유대학의 정치학 연구소인 오토-주어-

---

3 Vgl. ebda., S. 226.

4 함부르크 번화가에 위치한 알스터하우스(Das Alsterhaus)는 1912년에 문을 열었고, 향수, 액세서리, 의류 등을 전문으로 취급하는 고급 백화점이다. 설립자 얀도르프(Adolf Jandorf)가 1927년 문을 연 베를린의 카데베(KaDeWe: Das Kaufhaus des Westens) 백화점은 독일에서 가장 유명한 백화점으로 고급상품과 사치품을 잘 갖추고 있다.

연구소(IK, 18)를 비롯하여 일상현실의 다양한 단면들이 몽타주 되어 있다.

서술자는 작품의 시작 부분에서 빌헬름 구스틀로프가 태어난 메클렌부르크의 주도인 슈베린의 모습에 대한 묘사를 할 때 우리가 일상생활에서 흔히 볼 수 있는 우편엽서에 인쇄된 사진을 이용하고 있다. 그리고 작중인물을 묘사할 때 그 인물의 사진을 이용하기도 한다.

> 우편엽서에서 보듯이 쉘프슈타트와 많은 탑들을 가진 성이 있는 이 도시는 일곱 개의 호수 사이에 위치하고 있으며, 여러 차례 전쟁을 치르고 난 후에도 외관상으로는 여전히 건재하다.(IK, 8)

> 내 아들은 다비드 프랑크푸르터의 어릴 때 사진 한 장과 말년의 사진 한 장을 포함하고 있는 그의 작은 화랑에 대해 상당히 긴 시간 동안 이야기를 했는데, 그 말년의 사진은 늙고 다시 골초가 된 그의 모습을 보여주고 있었다.(IK, 203)

그리고 작품 여러 곳에서 우리가 현실의 일상생활에서 흔히 마주하는 도로가 언급되고 있다. 한 가지 예만 들어보기로 하자.

> 그래서 나는 베를린을 출발한 후 A 24를 경유하여 지방도로로 갈아타고 슈베린으로 향했다.〔...〕 우리는 가가린 거리에 있는 새로 개축한 조립식 아파트의 10층, 텔레비전 방송 송신탑이 보이는 발코니에 앉았다. 아래쪽에는 청동제의 레닌 동상이 서쪽을

바라보며 서 있었다.(IK, 212)

우리가 일상생활에서 흔히 접할 수 있는 각종 차종이 언급되기도 한다. 툴라는 트라반트를 타다가 나중에는 골프를 몰고 다니고, 서술자 파울은 일제 마츠다[5](IK, 161)를 타고 다닌다. 이 경우 일반상식이 있는 독자라면 작중인물들이 타고 다니는 자동차 종류를 통해 간접적으로 그들의 경제 능력이나 취향 등에 대한 정보를 얻을 수 있다.

> 그녀는 모래색깔의 트라반트를 몰고 도착했는데, 이곳 담프의 메르세데스와 오펠 자동차 사이에서 하나의 볼만한 구경거리였다.(IK, 92)

툴라가 몰고 온 트라반트는 동독에서 제조되었던 자동차로 흔히 줄여서 트라비(IK, 44)로 불렸는데, 동독의 낮은 자동차 제조 수준을 상징하는 차였다. 따라서 고급 차종인 메르세데스, 오펠과 비교되어 초라한 느낌을 주게 된다.

그러던 툴라가 최근에는 무리를 해서 폭스바겐 사의 통상 풍뎅이 차로 불리는 골프를 구입하고는 평소 운전 습관대로 과감하게 몰았다. 그녀는 신조대로 마구 추월하는 그런 인물이다.(IK, 206).

서술자는 줄담배를 피우던 골초 다비드 프랑크푸르터에 관한 이

5 마츠다(Mazda, マツダ)는 일본 굴지의 종합 자동차 회사이다.

야기를 하면서 그가 피웠던 담배 종류에 대해 궁금해하면서 이런저런 추측을 하기도 한다.

> 그는 무슨 담배를 피웠을까? 문자 그대로 멋진 담배인 주노를 피웠던가? 아니면 평범한 담배인 오리엔트를 피웠을까? 어쩌면 유행에 따라 황금색 물부리가 달린 담배를 피웠을까? 담배를 피우고 있는 그의 모습이 담긴 사진은 나중에 신문에 실린 한 컷을 제외하고는 없다. 신문에 난 그 사진에는 관직에서 곧 은퇴하게 될 늙수그레한 남자가 엽궐련을 물고 있는 모습이 담겨 있다.(IK, 22)

서술자 파울은 자신의 아들 콘라트가 웹사이트에서, 나치시절의 저렴한 KdF 여행과 오늘날 독일의 관광 상품 비용을 비교한 예로서 사실적인 효과를 높이기 위해 독일 최대의 여행사 TUI를 언급하기도 한다.

> 예컨대 그 애는 선전의 필요성 때문에 싼값으로 가능했던 KdF 여행을 오늘날의 단체 관광 상품, 소위 "꿈의 선박"을 타고 카브리브 해에서 선박 유람 여행을 할 수 있는 배표 가격과 비교하거나 또는 TUI의 관광 상품과 비교했다. 그러면 "계급 차별 없이" 노르웨이 항로에 오른 빌헬름 구스틀로프 호와 노동전선의 다른 배들이 언제나 좋은 점수를 받게 되는 것은 당연지사였다. 이거야말로 진정한 사회주의라며, 그 애는 자신의 웹사이트에서 환호성을 질렀다. 공산주의자들은 독일 민주주의 공화국에서 그와

비슷한 것을 이끌어내 보려고 헛발질만 했다는 것이다.(IK, 107)

『게걸음으로』에서 특히 우리의 주목을 끄는 일상적 요소는 숫자이다. 작품 곳곳에서 사건이 일어난 연월일시, 나이와 생일, 물건 가격, 높이, 통계수치, 선박과 관련된 배수량, 건조비용, 무게, 길이, 높이, 속력, 흘수번호, 건조 번호, 등급 번호, 폭격기 대수, 권총매입비용, 탄환 가격, 전차노선 번호, 공중전화번호, 투표자수와 찬성비율, 군사명령번호, 대기온도 및 수온을 비롯하여 탑승자수, 사망자수, 생존자수 등 많은 사건과 인물, 사물들이 숫자와 함께 언급된다. 일찍이 하르샤이트가 "그라스의 서술자는 이야기할 뿐만 아니라 숫자를 세기도 한다."[6]고 말한 바 있는데, 이 작품도 그렇게 말해도 좋을 정도로 온통 숫자들로 가득 차 있다.

독일노동전선의 하부 조직 KdF를 위한 전동 여객 건조 명령, 그리고 소련 해군 문서보관소에서 발견된 알렉산더 마리네스코의 잠수 기록과 관련해서 제시된 숫자는 세부적이고 정확하다. 이런 숫자의 제시는 기본적으로 사실성을 강조하는 기능을 한다.

총 톤수 25,484톤, 길이 208미터 그리고 흘수 6-7미터라는 숫자만 우선 제시되었다. 최고속력은 15.5노트에 달해야 했고 배에

6 M. Harscheidt, a.a.O., S. 314. 레딕도 "그라스의 구성 계획을 자주 보면 볼수록 숫자가 분명히 그라스의 창조적 상상력의 기초라는 사실이 더욱 분명해진다. [...] 이런 숫자에 대한 매력이 무엇을 '뜻하는가.'는 확신할 수 없다. 그러나 우리는 숫자가 그라스의 소재 형성에 큰 비중을 차지함은 확신할 수 있다. 심지어 숫자를 가장 중요한 첫 번째 요소로 삼을 수 있다."고 말하고 있다. (Vgl. J. Reddick: The Danzig Trilogy of Günter Grass, New York 1978, S. 194f.)

> 는 417명의 승무원과 더불어 1,463명의 승객이 탈 수 있어야 했다.(IK 40)

> 그 함장은 자신의 승무원들에게 수상 공격 연습을 맹렬하게 시켜 마침내는 19.5초 만의 잠수라는 기록을 세우는 데 성공했다고 한다. 다른 잠수함들의 평균 기록은 28초였다.(IK, 72)

위의 예문에서는 한자리 수, 심지어 0 이하의 숫자, 초 이하 단위의 숫자까지 정확하게 제시되어 있다. 반면에 다음 예문에서는 사망자 수가 정확한 숫자가 아니라 어림수로 제시된다. 사망자수가 1명 단위까지 정확하게 제시되지 않고 어림수로 제시됨으로써 한 개인의 생명이 지니는 가치가 사상되어 버린다. 서술자는 이를 비판적인 시각으로 바라보고 있다.

> 하지만 숫자라는 것이 무슨 의미가 있단 말인가? 언제나 나머지를 존중해야 하는 법이다. 6,600명의 인간들은 기록되어 있다. 그들 중에는 대략 5,000명의 피난민들이 포함되어 있다. 하지만 1월 28일 이후 더 이상 셀 수도 없는 인파들이 계단을 올라왔다. 숫자에 포함되지 않고 무명으로 남은 사람들이 2,000이었을까, 3,000이었을까? 대략 그 정도의 식권이 선내의 인쇄소에서 추가적으로 발행되었고, 보조 근무를 지시받은 해군 여성 보조원들에 의해서 배포되었다. 그러한 경우에 몇 백 명 정도 많고 적고는 중요하지도 않았고, 또 지금도 마찬가지이다. 정확한 것은 아무도 모른다. 마찬가지로 화물칸에 빽빽하게 쌓아놓은 유모차

의 숫자는 알 도리가 없다. 다만 최종적으로 4,500의 젖먹이, 아이들, 어린것들이 선상에 있었다는 정도의 계산은 나온다.(IK. 104-105)

일찍부터 그라스는 상징적 분위기가 커지는 숫자의 사용을 통해 사건, 인물, 날짜 등에 대해 상징적 깊이를 연상시키는 효과적인 라이트모티브로도 사용해왔다. 앞에서 살펴보았듯이 지속적인 불운의 역사가 반복되는 것을 의미하는 1월30일이라는 날짜가 그 예라 하겠다. 그밖에도 4월 20일은, 히틀러가 태어난 날(1889.4.20)이자 구스틀로프 동상 옆에서 허구적 인물인 콘라트가 볼프강을 권총으로 사실한 날(1997. 4.20)이기도 하다. 이로써 4월 20일이라는 날짜는 불행한 사건이 일어나는 날로 치부된다.

그라스가 초기 작품에서부터 특히 관심을 보여 온 숫자는 3이다. 그라스의 "숫자 3에 대한 잠재적 친화성"[7]은 서술구성상으로도 나타난다. 숫자 3은 인물구성 차원에서 중요한 역사상 실재 인물과 허구적 인물이 각각 3인조를 이루며 나타난다는 점이 가장 두드러진 특징이다.

『게걸음으로』에 역사적 사실과 인물들이 몽타주 된 예는 너무나 많기 때문에 몇 개의 예만 들어보기로 하겠다.

서술자 파울은 대학시절 수강한 문학 강좌에 대해 이야기하면서 역사상 실재한 인물들을 언급한다.

---

7 Ebda., S. 265.

> 나는 TU 대학에서 횔러러 교수[8]의 강의를 들었다. 그는 숨넘어가는 듯한 새소리로 강의실에 가득 찬 학생들을 열광시켰다. 클라이스트[9], 그라베[10], 뷔히너[11]와 같이 문자 그대로 도피의 길에 오른 천재들에 관한 강의였다.(IK, 30)

KdF 소속 선박 빌헬름 구스틀로프 호는 계급 차별이 없는 그야말로 "꿈의 배"였고 나치 시대 대독일 제국이라는 야망의 상징이었다. KdF의 역사와 관련해서 총통 히틀러를 필두로 나치의 실세들, 그리고 독일노동전선의 지도자 로버트 라이가 소개된다.

> 모든 것은 지나가고 사라져 잊혀버린다! 그 당시 독일 노동전선의 지도자 이름을 과연 누가 안단 말인가? 오늘날, 히틀러와 나란히 한때 전능의 권력을 가졌던 자들로는 괴벨스, 괴링, 헤스가 거명된다. 만약 텔레비전의 퀴즈 대회에서 히믈러나 아이히만[12]

---

8 횔러러(Walter Höllerer, 1922-2003)는 문학비평가이자 문예학자로, 1959년 TU(die Technische Universität Berlin: 베를린 공과대학)에서 교수를 지냈다.

9 클라이스트(Heinrich von Kleist, 1777-1811)는 독일 극작가로, 대표작으로는 희극 『깨어진 항아리(*Der zerbrochne Krug*)』를 비롯해, 『하일브론의 쾨트헨(*Das Kathchen von Heilbronn*)』, 『펜테질레아(*Penthesilea*)』 등의 드라마, 그리고 노벨레 『미하엘콜하스(Michael Kohlhaas)』가 있다.

10 그라베(Christian D. Grabbe, 1801-1836)는 독일 극작가로, 대표작으로는 『나폴레옹: 백일천하(*Napoleon : oder die Hundert Tage*)』와 비극 『돈 후안과 파우스트(*Don Juan und Faust*)』가 있다.

11 뷔히너(Georg Büchner, 1813-1837)는 독일의 요절한 천재 극작가이다. 희곡 3편(『당통의 죽음(*Dantons Tod*)』, 『레옹스와 레나(*Leonce und Lena*)』, 『보이체크(*Woyzeck*)』)와 단편소설 1편(「렌츠(*Lenz*)」이 그의 전체 작품이다.

> 이 누구냐고 묻는다면, 때로는 바른 답이 나올 것이고 때로는 당황해하면서 역사에 대한 무지를 드러내기도 할 것이다.(...)하지만 방송에서 곡예를 하고 있는 우리의 퀴즈 대회 사회자를 제외하고는 오늘날 누가 로버트 라이[13]를 안단 말인가? 이 사람은 히틀러의 대권 장악 이후 모든 노동조합을 해체시키고, 그 금고를 털고, 그 건물들을 청소반원들로 하여금 점령케 하고 수백만에 이르는 그 회원들을 독일노동전선에 강제로 편입시킨 장본인이다.(...)그리고 그자는 노동자와 사무직원들의 휴가를 조직적으로 실시하겠다는 아이디어도 제시했다. 즉 KdF라는 모토 아래 바이에른 알프스 지역과 에르츠게비르게 산맥으로의 값싼 여행, 발트해 해변과 바텐메어 해변에서의 휴가, 그리고 무엇보다도 단거리와 장거리 바다 여행을 제공하겠다는 것이었다.(IK, 37-38)

빌헬름 구스틀로프 호가 1945년 1월 30일 소련 잠수함이 발사한 어뢰에 맞아 침몰하기 이전의 시기에 있었던 그 배의 항해 역사가 선장들과 함께 소개되기도 한다.

---

12 히틀러(Adolf Hitler, 1889-1945) 괴벨스(Joseph Goebbels, 1897-1945.), 괴링(Hermann W. Göring, 1893-1946), 헤스(Walter R. Hess, 1894-1987). 히믈러(Heinrich Himmler, 1900-1945)는 친위대 SS 국가지도자로서 SS와 게슈타포를 지휘했다. 아이히만(Otto A. Eichmann, 1906-1962)은 유대인 대학살의 전범으로 SS 중령으로서 유대인 박해의 실무 책임자였다.

13 로버트 라이(Robert Ley, 1890-1945)는 나치 독일의 정치인으로, 1933년부터 1945년까지 독일노동전선의 지도자로 "기쁨을 통한 힘"(Kraft durch Freude)이라는 하부조직을 만들었다. 그는 전후에 전범재판을 기다리는 동안 자살했다.

구스틀로프 호는 두 번째 항해에서 도버 해협을 건너갔다. 그러다가 북서 폭풍에 빠져들어, 전력을 다해 거친 바다를 헤쳐 나가고 있던 중에, 선적용 해치가 파괴되고 방향타가 부서진 영국의 석탄 운반선 페가웨이 호로부터 구조요청 신호를 받았다. 그 즉시 뤼베Carl Lübbe 선장은 –그는 마데이라 섬을 목표로 한 근거리 카데에프 여행의 초기에 심장 마비로 죽었다– 조난 지점으로 항해토록 명령을 내렸다. 어둠 속에서 두 시간 후에 서치라이트가 이미 깊이 가라앉고 있는 페가웨이 호를 발견했다. 그리고 이른 아침에서야 북서 폭풍이 더욱 거세지는 가운데 22개의 구명보트 가운데 하나를 물위로 내리는 데 성공했다. 하지만 그 보트는 삼각파도에 의해 모선의 뱃전에 충돌하여 심하게 파손된 채 휩쓸려 가버렸다. 뤼베 선장은 즉시 모터보트를 내리게 했고, 여러 차례의 시도 끝에 19명의 선원들을 태웠으며 그 동안 폭풍우가 잔잔해졌기 때문에 안전하게 모선에 승선시킬 수 있었다. 마지막으로 휩쓸려 가버린 보트와 거기에 탄 승무원들도 구출할 수 있었다.(IK, 61)

뤼베 선장이 죽고 리스본에서부터 남은 항해 구간을 페데르젠 Friedrich Petersen 선장이 지휘를 맡았던 첫 번째 마데이라여행 이후, 이제 하인리히 베르트람[14]의 지휘 아래 하절기 노르웨이 여행이 시작되었다.(IK, 65)

14 하인리히 베르트람(Heinrich Bertram, 1897-1956)

> 그러고 나서도 전쟁은 아직 시작되지 않았고 구스틀로프 호는 오히려 체조 교육에 투입되어 있었다. 스톡홀름에서는 2주 동안 〈링기아데〉라는 이름의 평화로운 체조 대회가 열렸는데, 〈링기아데〉라는 그 체조 대회의 이름은 추측컨대 체조의 아버지 얀[15]의 스웨덴 판 인물이라 할 수 있는 퍼 헨릭 링[16]에게서 따온 것이었다. 휴양선은 유니폼을 입은 1,000명이 넘는 남녀 체조 선수들의 주거용 선박이 되었다. 그들 중에는 노동 봉사대의 소녀들, 철봉 체조 국가대표 선수단뿐만 아니라 아직도 평행봉 체조를 하는 나이든 남자들, 또한 '믿음과 아름다움' 협회 소속의 체조 선수들, 운동장에서 집단체조 훈련을 받은 많은 아이들이 포함되어 있었다.(IK, 79)

인터넷에 제공된 정보를 이용해 스페인 내전과 걸프 전쟁 등 역사상 실제 있었던 전쟁, 그리고 해양선박 침몰 참사의 역사가 제시되기도 한다.

> 슈베린 동지회의 대변인은 초연하게 전쟁사가인 양 행세하면서, ―마치 몇 년 전 걸프 전쟁[17]이 미국인들에 그들의 새로운 미사

15 얀(Friedrich L. Jahn, 1778-1852)은 독일의 체조 교육가로, 독일에서 맨 처음 노천 체조장을 열어 체조 교육에 힘썼으며 체조 발전에 이바지했다.

16 퍼 헨릭 링(Per Henrik Ling, 1776 - 1839)은 스웨덴 신체교육의 선구자였다.

17 걸프전은 이라크의 쿠웨이트 침탈이 계기가 되어, 1991년 1월 17일부터 2월 28일 사이에, 미국·영국·프랑스 등 33개 다국적군이 이라크를 상대로 이라크 및 쿠웨이트를 무대로 전개된 전쟁이다.

> 일 체계를 시험하는 기회가 되었던 것처럼 – 스페인 내전[18]이 신무기들을 시험할 수 있는 기회를 제공했음을 입증했다.(IK, 71)

> 자주 영화화되는 드라마 〈타이나틱〉이 선두를 지키려고 시도했다. 그리고 〈루시테니어 호〉의 침몰이 그 뒤를 따랐다. 이 배는 1차 세계 대전 동안 독일 잠수함에 의해 침몰되었고, 그 결과 미국의 전쟁 개입을 유발하거나 가속화시켰다고 한다. 또 어떤 고독한 목소리가 집단수용소 포로들을 실은 〈캡 아르코나 호〉가 노이슈테트 만에서 영국 폭격기들에 의해 침몰되었다는 정보도 제공했다. 착오로 인한 이 사건은 종전 며칠 전에 일어났으며 이제 인터넷에서 7,000명의 사망자 숫자로 리스트에서 수위를 차지했다. 그러고 나서는 〈고야 호〉가 같은 수준이었다. 그러나 그 모든 경쟁적인 숫자 비교에서 최후의 승자는 구스틀로프 호였다.(IK, 134)

제2차 세계대전 중에 대독일 라디오방송을 통해 중계된 히틀러의 연설과 동프로이센 대관구 지도자 코흐의 구호 제창이라는 역사적 사실과 함께 허구적 인물 툴라에 관한 허구적 이야기가 병렬적으로 제시되기도 한다.

---

18 스페인 내전은 아사냐가 이끄는 좌파 인민전선 정부와 프랑코 장군을 중심으로 한 우파 반란군 사이에 있었던 스페인의 내전이다. 1936년 7월 17일 모로코에서 프랑코 장군이 쿠데타를 일으켜 내전이 시작되었고, 1939년 4월 1일에 공화파 정부가 마드리드에서 항복하여 프랑코 측의 승리로 끝났다. 이 내전으로 인해 스페인 전 지역이 황폐화되었다.

> 사실 그랬다. 구스틀로프 호 선상의 확성기가 달려 있는 모든 곳에서 자신의 민족에게 고하는 히틀러의 연설이 대독일 라디오 방송을 통해 중개되어 들려왔다. 또한 병실 간호사의 권고에 따라 야전 침대에 누워 있었던 어머니도 임산부와 산모 병실에서 뚜렷이 구분되는 목소리를 들었던 것이다. "오늘로부터 12년 전, 1933년 1월 30일 진실로 역사적인 날에, 나는 섭리에 의해 독일 민족의 운명을 내 손에 두게 되었던 것입니다..."
> 그러고 나서 동프로이센의 대관구 지도관 코흐[19]가 "싸워 이기자"는 구호를 십여 차례 이상 외쳤다. 이어서 비장한 음악이 들려왔다. 그러나 어머니는 오직 총통의 연설에 대해서만 이야기했다. "나는 진짜로 공포를 느꼈어, 총통이 운명이니 무어니 하고 말했을 때 말이야." 그리고 그녀는 잠시 침묵한 다음 이따금씩 말하곤 했다. "마치 묘지에서 들려오는 소리 같았어..."(IK, 119)

그밖에 서술자는 독일 묄른에서 실제로 일어났던, 외국인에 대한 증오로 비롯된 방화와 살인 사건을 허구적인 이야기 속에 집어넣어 함께 제시함으로써 사실성을 높인다.

> 나는 평정을 유지하려고 애쓰면서, 이곳 전원 도시 묄른에서 3년 반 전에 터키인들이 살고 있는 두 채의 주택에 대한 악질적

19 코흐(Erich Koch, 1896-1986)는 1928년부터 1945년까지 동프로이센의 대관구 지도자, 1941년부터 1944년까지 우크라이나에서 제국 판무관을 지냈다. 코흐의 명령에 의해 나치 점령 하의 우크라이나에서 민간인 대량학살이 이루어졌다.

인 방화 사건이 일어났었다는 사실을 생각해 보라고 말했다. 당시에 모든 신문들이 특보 기사를 싣고 난리법석이었고 별 볼일 없는 나 자신도 통신사에 기사를 제공했었다. 심지어는 외국에서도 〈독일에 다시...〉 하는 우려의 목소리가 들려왔다. 아무튼 세 사람이 죽었다. 몇몇 아이들이 체포되었으며 두 명의 범인은 중형에 처해졌다.(IK, 75)

작품 도처에 역사적 사실과 인물, 일상적 현실과 시대사, 그리고 사실과 일치하는 지리와 환경 묘사 등의 사실적 요소들이 몽타주되어 있다. 그런데 사실 소재와 상세한 세부 묘사를 지향하는 작가정신에서 기인하는 이러한 사실적 요소들이 환상적 요소와 분간할 수 없을 정도로 상호 침투하고 있다. 이처럼 몽타주 된 사실적 요소들은 작품에 무엇보다도 현실감을 부여하는 기능을 한다. 이때 허구적 이야기의 세계와 실재했던 역사적 소재가 만남으로써 보고와 이야기 사이에 긴장관계가 생겨나며, 이미 서술자의 설정에서부터 불가피한 이러한 긴장관계가 매력적이다.

이제 몽타주 기법 중에서 특히 이 작품에서 두드러지게 자주 사용되고 있는 동시성의 기법에 관해 살펴보기로 하자.

(2) 동시성의 기법

이 노벨레에는 사실들을 병렬적으로 제시하는 동시적 서술기법이 주도적으로 사용되고 있다. 모든 것이 거의 동시에 병렬적으로 제시됨으로써 동시성이 서술의 지배적 원리로 나타난다. 직선적인 시간 범주를 거부한 배후에는 전통적인 역사기술 방식에 대해 "모든 사건의 연대기적 배열은 확실히 쓸모 있는 코르셋이지만, 그것은 허구이다"[20]라는 그라스의 믿음이 감추어져 있다.

동시성의 기법은 몽타주 기법의 일부를 이루는 것으로, 잡다하고 개별적인 것들을 차례차례(nacheinander) 서술하는 대신 서로 엉클어지고 뒤섞이게 하여 병렬적으로(nebeneinader) 표현하는 서술기법이다. 동시성의 기법은 논리적 순서를 고려하지 않고, 시간이나 공간적으로 멀리 떨어진 서로 관계가 없는 것처럼 보이는 사건들을 병렬시킴으로써 충돌, 비교, 상극 등을 통해 효과적인 인상을 불러일으킨다. 다양하고 다층적인 현실을 동시적으로 제시함으로써 상호 모순되고 대립적인 시각이 다양하게 동원되고, 그 결과 어떤 대상이나 사건이 역동적으로 파악될 수 있다. 이로써 시간적으로 상이한 사건들이 병렬적으로 동시에 진행될 수 있으며 교체되면서 이야기될 수 있다.[21] 잡다하고 개별적인 것들을 차례대로 서술하는 대신 서로 엉클어지고 뒤섞이게 하여 병렬적으로 표현하는 동시성의 기법은 역사를 직선적인 과정이 아니라 오히려 부조리한 반복과정으로 파악하는 그라스의 역사개념을 매우 효과적으로 전달하는 서술수단이 된다. 비동시적인 것의 동시적인 병렬 제시를 통해 독자는 시공간적으로 서로 다른 사건들을 상호 비교할 수 있으며, 그 결과

---

20 M. Durzak(Hg.): Zu Günter Grass. Geschichte auf dem poetischen Prüfstand. Stuttgart 1985. S. 17. 그라스는 모든 사건의 연대기적 배열에 대한 명백한 반증으로, 우리가 일상생활에서 나누는 실제 대화, 그리고 내적 독백과 의식의 흐름이 결코 시간상의 순서대로 배열되는 것이 아니라 동시적으로 진행되고 있다는 사실을 들고 있다.

21 Vgl. R. Gerstenberg: Zur Erzähltechnik von Günter Grass, Heidelberg 1980, S. 109.

역사의 반복성이 드러난다. 『게걸음으로』에서는 그의 이전 작품들과는 달리 시간적으로 서로 떨어져 있는 사건보다는 주로 서로 다른 공간에서 비슷한 시기에 일어난 것으로 여겨지는 사건들을 주로 병렬적으로 제시하고 있다.

문학에서 의미 있는 시간으로 다루어지는 시간은 인간이 자연의 주기에 따라 인위적으로 만들어놓은 객관적(또는 공적, 물리적) 성격의 것이 아니라 개개인이 삶에서 실제로 경험하는 심리적이고 사적인 성격의 "인간적 시간"(le temps humain)이다.[22] 시간의 순간적 경험을 기억과 기대라는 심리적 범주와 연결시켜, 이 순간적 경험을 토대로 독창적 시간 이론을 전개한 최초의 철학자는 성 아우구스티누스였다. 그는 이 세상에서 일어나는 모든 일은 현재의 시점에서 일어난다고 설명했다. 세상만사는 모두 현재에 일어나는 경험이요 이념임에도 불구하고 우리는 기억과 기대에 의존하여 의미 있는 시간적 연속체를 구성하며 이에 따라 과거와 미래를 설명할 수 있다는 것이다.[23]이런 주관적이고 심리적인 경험적 시간 개념의 도입으로 시간 지평이 연속적으로 이어지는 계기적繼起的 차원에서 동시적 차원으로 확대된다. 직선적인 흐름으로서의 시간 개념이 지양되고 과거, 현재, 미래가 동시적으로 존재하는 이러한 시간관에 대해 그라스는 "우리는 학교에서, 과거 다음에 현재가 오고 그 후에 미래가 뒤따른다고 배웠다. 하지만 나에게는 제4의 시제, 즉 과현

22 Vgl. H. Meyerhoff: Time in Literature, Berkeley/Los Angeles/London 1955, S. 4f.

23 Ebda, S. 8: "과거란 과거사에 대해 현재에 일어나고 있는 기억 경험이며, 미래란 미래사에 대한 현재의 기대나 예상이다."

미라는 시제가 통용된다."고 설명하고 있다. 과거(Vergangenheit), 현재(Gegenwart), 미래(Zukunft)를 합성하여 만든 조어인 과현미過現未(Vergegenkunft)에 그라스의 동시적 시간관이 잘 나타나 있다. 동시적 시간관은 시간적으로 상이한 사건들을 비교, 병렬 제시함으로써 현실과 환상이 변증법적으로 통합된 총체적 상을 그리는 것을 목표로 삼는다.

역사를 직선적인 과정이 아니라 오히려 부조리한 반복과정으로 파악하는 작가 그라스의 역사개념을 매우 효과적으로 전달하는 서술수단이 바로 동시성의 기법이다. 비동시적인 것의 동시적인 병렬 제시를 통해 독자는 서로 다른 시간과 공간에서 일어난 사건들을 상호 비교할 수 있으며, 그 결과 역사의 반복성이 드러난다. 이런 맥락에서 보면, 동시성의 기법은, 역사는 단순히 지나가 버린 과거지사가 아니며, 현재의 상황이, 단순히 현재의 문제로 국한되어 단면적으로 고찰될 고립된 성질의 것이 아니라, 과거와의 연관 속에서 비로소 그 전체적인 모습을 드러낼 수 있음을 보여주기 위한 구성 장치라 할 수 있다.

허구에 바탕을 둔 작중인물들의 사적인 사건과 기록문서에 의거한 역사적인 사건들을 의도적으로 병렬 제시한 데에는 과거에 일어난 사건을 과거의 상태 그대로 생생하게 유지하려는 의도도 숨어 있다. 공적인 역사와 상상력에 의한 허구적인 사적 사건의 혼동은 지극히 의도적이다.

실제로 그 사건들은 동시에 발생할 수 없다. 그러나 사건을 보존하는 의식 속에서는 일련의 다양한 사건이 공존한다. 그리고 과거, 현재, 미래가 동시적으로 존재할 수 있다. 다양하게 교차하는 시간의 경과는 복잡하고 다양한 층의 기억 속에서만 가능한 인식의 필수 불가결한 전제가 된다. 비동시적인 것의 동시적 병렬 제시를 가능하게 한다. 이야기가 앞으로 뒤로 오가면서 병렬적으로 제시되고 과거와 현재가 예기치 못하게 서로 겹쳐져 나타난다.

서술구성의 측면에서 보자면, 멀리 떨어진 두 공간에서 일어난 사건이 동시에 병렬적으로 제시되고 있다. 역사적 사실들의 몽타주는 끊임없는 악순환에 의한 폭력의 사건사를 보여주려는 보조장치에 불과하다. 역사적 사실과 인물의 몽타주는 공적인 역사의 파괴성을 드러내기 위한 수단이기도 하다.

동시성의 서술기법은 빌헬름 구스틀로프와 연관된 3인의 역사적 실재 인물들의 서술에만 국한되지 않고, 역사상 실재 인물과 허구적 인물들의 행적을 서로 연결할 때에도 이용되고 있다. 사실적 요소와 허구적 요소의 결합은 그라스의 전형적인 서술방식이다. 그는 역사적인 사실이나 인물을 허구적인 사건이나 인물과 연관 짓는 방식을 즐겨 사용한다.

첫째, 역사상 실제 있었던 사건들을 병렬적으로 제시하는 경우이다. 제2차 세계대전의 전황과 관련된 역사적 사건들의 병렬적으로 제시된다. 이때 서로 다른 지역의 상황들이 병렬적으로 제시됨으로써 마치 그 상황들이 마치 서로 직접적인 인과관계가 있는 것 같은 착각을 불러일으킨다. 이런 경우가 자주 나타나기 때문에 몇 가지 예만 들어보기로 하겠다.

> 영국과 미국의 사단들은 아헨 지역에 진주하고 있었다. 우리의

남아 있는 잠수함들은 아일랜드 해역에서 세 척의 화물선을 침몰시켰다는 소식을 물론 전해왔지만, 그러나 라인 전선에서는 콜마르에 대한 압박이 거세어지고 있었다. 발칸 반도의 사라예보 지역에서는 게릴라들의 활동이 증대되고 있었다. 덴마크의 유틀란트 반도로부터 동부 전선에서의 병력 증강을 위해 2개 산악 전투사단이 철수했다. 생필품 공급 상황이 날로 악화되었던 부다페스트에서는 전선이 성 바로 앞에까지 와 있었다. 도처에 양 진영의 사망자들이 널려 있었고, 인식표들이 수거되었으며 훈장이 수여되었다.

출현이 예고되었던 기적의 병기들이 나타나지 않은 것 말고도 어떤 일이 더 일어났던가? 슐렌지엔에서는 글로가우 근교에서 적군의 공격이 격퇴되었으나, 포젠 지역에서는 전황이 위태로워졌다. 그리고 콜름에서는 소련 군대가 바익셀 강을 넘었다. 적군은 동프로이센의 바르텐슈타인과 비숍스베르더까지 진격해 왔다. 필라우에서는 아무 특별한 날도 아니었던 그날에 6만 5,000명의 민간인들과 군인들을 승선시키는 데 성공했다. 도처에서 기념비를 세워줄 만한 영웅적 행위들이 이루어졌고, 이후에도 계속 보고되었다. 빌헬름 구스틀로프 호가 자기 항로를 따라 서쪽으로 해서 슈톨페방크에 접근하고 있었고, 잠수함 S13이 탐욕스럽게 먹이감을 찾고 있는 동안에, 야간 공습을 위해 함, 빌레펠트, 카셀 지역에 1,100대의 4발 엔진 적군 폭격기가 투입되었으며, 미국 대통령은 이미 미국 땅을 떠나 있었다. 루즈벨트는 크림 반도의 회담 장소 얄타로 향했는데, 그곳에서 그 병든 사람은 새로운 국경을 그음으로써 평화를 준비하기 위해 처칠과 스

탈린을 만나려고 했다.(IK, 123-124)

이 무렵 포머른 해안가에 있는 모든 도시들은 적에 의해 점령되거나 위협받고 있었다. 슈테텐은 포위되었고, 스비네뮌데는 아직 버티고 있었다. 더 동쪽으로 단치히, 초포트, 고텐하펜은 함락되었다. 해안 쪽으로 제 2소련군 군단의 부대들이 푸치히 부근에서 헬라 반도를 봉쇄하였다. 그리고 더 서쪽으로 오데르 강 유역에서는 이미 퀴스트린이 격전 중이었다. 대독일 제국은 이제 사방에서 오그러들었다. 라인 강과 모젤 강이 합류하는 코블렌츠는 미군의 수중에 들어갔다. 마침내 레마겐의 다리도 붕괴되었다. 동부 전선에서 중앙 군단은 슐레지엔에서 철군을 했고 브레스라우의 요새는 점점 더 위기에 몰렸다. 게다가 미국과 영국의 폭격기 편대들은 대도시와 중간 크기의 도시들에 대한 공습을 멈추지 않았다. 영국의 공군 원수가 드레스덴 시의 폐허에서 연기가 솟아오르는 것을 보고 기뻐하는 동안에도 베를린, 레겐스부르크, 보훔, 부퍼탈에 폭탄이 떨어졌다... 슈타우젠의 댐들은 거듭된 공격의 목표물이었다. 도처에서, 동에서 서로 밀리는 가운데 피난민들의 행렬이 줄을 이었다. 그들은 어디에서 머물러야 할지를 몰랐다.(IK, 156)

둘째, 살인자와 피살자로서 서로 직접적인 관계를 맺고 있는 두 인물 빌헬름 구스틀로프와 다비드 프랑크푸르터의 행적이 동시에 병렬적으로 제시된다. 이때 관련이 있는 역사적 인물들과 역사적 사실도 함께 제시된다.

두 사람은 각각 철도로 여행했다. 다비드 프랑크푸르터가 베른에서 다보스로 가고 있는 동안에 구스틀로프는 몇몇 나치 당국의 지부들을 방문했으며, 히틀러유겐트와 줄여서 베데엠[24]이라고 불리는 독일소녀단의 새로운 거점을 마련했다. 그는 1월 말에 여행길에 올랐기 때문에 베른과 취리히, 글라루스와 추크에서 제국 독일인들과 오스트리아인들 앞에서 권력 장악 3주년 기념행사로 예의 청중들을 사로잡는 연설을 했다. 이미 지난해에 자신의 고용주, 즉 기상관측소로부터 – 사회민주당 의원들의 강력한 요구에 의해 – 해임되었기 때문에 그는 시간을 자유롭게 활용할 수 있었다. 그의 선동적 활동 때문에 스위스 내부에서 항의가 계속되었고 좌익 신문들은 그를 "다보스의 독재자"라고 불렀으며 국회의원인 브링골프[25]는 그의 국외 추방을 촉구했다.(IK, 22-23)

셋째, 역사적으로 서로 직접적인 인과 관계가 없는 역사상 실재 인물 2인 알렉산더 마리네스코와 다비드 프랑크푸르터가 병렬적으로 제시되는 경우이다. 유대인 프랑크푸르터가 독일인 구스틀로프를 살해했기 때문에 구스틀로프가 나치의 순교자로 불리게 되고 KdF 선박에 그 이름이 붙여지게 된다. 그러나 마리네스코는 그 배를 어뢰로 침몰했던 인물로 상호간에 직접적인 관계는 없다. 다만,

---

24 BDM(Bund Deutscher Mädel)은 히틀러유겐트의 하부조직으로 14-18세의 소녀로 구성된 독일여자청년동맹을 말한다.

25 브링골프(Walther Bringolf, 1895-1981)는 스위스의 정치가인데, 한때 공산주의자였던 그는 20세기 스위스의 가장 영향력 있는 사회민주주의자에 속한다.

구스틀로프 호를 매개로 간접적으로 연관되어 있을 뿐이다. 그런데 구스틀로프는 일찍 죽었고, 그의 사후에도 마리네스코와 프랑크푸르터는 상당히 오랜 기간 생존해 있었기 때문에 이 두 사람의 행적이 병렬적으로 제시되는 경우가 많다.

> 잠수함 사관 마리네스코가 해상에 있거나 혹은 흑해의 항구 제바스톨에서 상륙허가를 받아 아마도 3일 동안 곤드레만드레 취해 있을 거라고 짐작할 수 있는 시기에, 함부르크에서는 건조가 시작된 새 선박이 그 모습을 드러내고 있었다. [...] 그리고 그 동안에 피고 다비드 프랑크푸르터는 두 명의 주 경찰 사이에 앉거나 서 있었을 것이다. 그는 성심껏 죄를 자백했다. 그래서 재판은 긴장감이 없어져 버렸다. 그는 앉아서 듣다가 일어서서 말했다. 나는 결심했습니다. 구입하고, 연습하고, 차를 타고 가서, 기다리다가, 발견하고, 집으로 들어가서, 앉았다가, 다섯 차례 쏘았습니다. 그는 이따금씩만 더듬거리면서 단도직입적으로 고백했다. 그는 침착하게 선고를 받아들였다.(IK, 47)

> 다비드 프랑크푸르터가 이미 쿠어의 젠호프 교도소에 복역 중이고 함부르크에서는 샴페인 병들이 산산조각으로 박살났을 무렵에 알렉산더 마리네스코는 사령부의 지시에 따라 레닌그라드 아니면 크론슈타트에 있었을 것이다. 아무튼 그는 명령에 따라 흑해를 떠나 발트해의 동쪽 연안으로 옮겨갔다.(IK, 52-53)
> 배 밑바닥, E갑판으로부터 상갑판, 굴뚝, 사령교에 이르기까지 내부 공사가 마무리되고 발트 해 연안을 따라 잠수연습을 하고

있는 동안, 쿠어에서는 11개월간의 감옥생활이 지나갔다. 그때서야 이 배는 부두를 떠나 엘베 강 하류 쪽으로 시험 항해하여 북해로 갈 수 있었다.(IK, 54)

구스틀로프 호가 처음으로 병력 수송선으로 투입되고, 다비드 프랑크푸르터는 건강이 호전된 상태에서 3년째 젠호프 교도소에서 수감 생활을 하고 있는 동안, 알렉산더 마리네스코는 연안 지역에서 시험 항해를 쉬지 않고 계속하고 있었다.(IK, 72)

그리고 또 다른 무엇이 그 사이에 일어났다. 다비드 프랑크푸르터는, 스위스가 여전히 강력한 이웃 국가에 의해 점령될까 두려워하고 있었을 때, 쿠어의 감옥에서 나와 벨쉬란트에 있는 교도소로 이송되었는데, 이유인즉 경호 때문이었다. 그리고 250톤급 잠수함 M96의 함장 마리네스코는 제3급 선장으로서 새로운 잠수함을 지휘하게 되었다. 2년 전에 그는 수송선 한 척을 침몰시켰는데, 그 배는 그의 보고에 의하면 7,000톤급이었고, 소련 함대 지휘부의 보고에 따르면 800톤급일 뿐이었다고 한다.(IK, 87)

넷째, 역사적 실재 인물 3인조가 병렬적으로 제시되는 경우이다. 빌헬름 구스틀로프가 일찍 사망했기 때문에 이 경우는 바로 앞 셋째의 경우에 비해 훨씬 드물게 제시된다.

베른에서 왕복 열차표가 아니라 편도 열차표를 요구했던 골초 대학생 다비드가 철도 여행을 하던 무렵, 그리고 나중에 순교자

> 가 된 자가 당을 위해 헌신하면서 자신의 실력을 입증하고 있던 무렵, 항해사 조수였던 알렉산더 마리네스코는 이미 상선에서 흑해의 적기함대로 자리를 옮겨, 교육함대의 항해 강습 코스에 참가했다가 다시 잠수함 승무원 교육을 받았다.(IK, 23)

동시성의 기법 중에서도 가장 중요한 의미를 지니는 것은 역사적 사실과 허구를 병렬적으로 제시하는 경우이다. 역사적 실재 인물의 이야기 가운데 허구적인 작중인물의 이야기가 끼어들어 함께 제시된다. 동시성의 서술방식은 빌헬름 구스틀로프 호와 연관된 3인의 역사적 인물들에 관한 서술에만 국한되는 것이 아니라, 실재한 역사적 인물과 허구의 인물들의 행적을 연결할 때에도 이용되고 있다. 역사적 사실 속에 가공인물들을 배치하는 것, 역사와 허구, 실재와 가상을 절묘하게 뒤섞어놓는 것이 이 작품의 독특한 심미성을 조성하는 요인이다.

> 다비드 프랑크푸르터는 1936년 1월 31일 여행을 떠났다. 그는 신문을 읽고 담배를 피웠다. 〈종합 뉴스〉라는 표제 아래 지구당 지도관 구스틀로프의 활동에 관한 몇 가지 소식을 읽을 수 있었다. 〈신 취리히〉라든지 〈바젤 국민일보〉를 포함한 일간지들은 날짜를 명시하고 있었고, 그 당시에 일어났거나 앞으로 있게 될 행사와 관련된 모든 것들을 보고하고 있었다. 베를린 올림픽[26]으

26 1936년 8월 1일부터 8월 16일까지 베를린에서 개최된 제11회 하계 올림픽을 말한다.

로 역사에 기록될 그해 초에 파시스트 지배 아래에 있던 이탈리아는 멀리 떨어진 네구사의 나라, 에티오피아를 아직 정복하지 못하고 있었으며, 스페인에서는 전쟁의 기운이 무르익고 있었다. 제국 내에서는 제국 고속도로 건설이 진전되고 있었고, 랑푸르에 살던 어머니는 여덟 살 반의 나이였다. 두 해 전 여름, 귀머거리에다가 곱슬머리인 오빠가 발트 해에서 물놀이를 하다가 익사했는데, 그는 어머니가 가장 좋아하던 오빠였다. 그래서 그가 죽은 지 마흔여섯 해 만에 내 아들은 콘라트라는 이름을 가져야만 했던 것이다. 하지만 내 아들은 보통 코니Konny라고 불렸고 편지에서 그의 여자 친구인 로지는 코니Conny로 표기했다.(IK, 24-25)

알렉산더 마리네스코는 1월 30일 이른 아침에 무선 통신을 통해 붉은 군대가 메멜 시의 항구를 점령하였다는 소식을 듣고는 사령부에 보고도 하지 않은 채 새로운 항로를 택했다. 빌헬름 구스틀로프 호가 옥스회프트 부두에서 여전히 마지막 피난민들의 무리를 싣고 있는 동안 -포크리프케 일가도 승선을 했다- S13 호는 47명의 승무원과 열 발의 어뢰를 싣고 포머른 연안 쪽으로 항해하고 있었다.(IK, 122)

지금 인정하는 바이지만, 어머니는 많은 것을 언제나 너무 과장해서 말했고 시간대도 틀리게 말했다. 그녀는 가차 없이 버리거나 아니면 집착한다. 1953년 봄 -그때 여덟 살이었던 나는 편도선염에 걸려 있었고 홍진 또는 홍역까지 앓아 누워 있었다- 그녀는 스탈린의 죽음이 알려졌던 날 낮에 부엌에 촛불을 켜놓고 눈물을 펑펑 쏟으며 울었다. 그녀가 그렇게 심하게 우는 것을 본 적이 없을 정도였다. 몇 년 후 울브리히트[27]가 권좌에서 밀려났을 때, 그녀는 그의 후계자[28]를 〈무식한 기와장이〉라고 매도해 버렸다고 한다. 하지만 공공연한 반파시스트주의자인 그녀는 1950년경에 파괴된 빌헬름 구스틀로프의 묘비에 대해 애통해하면서 "비열한 도굴"이라고 욕설을 퍼부었다. 그리고 나중에 우리 서쪽에서 테러사건이 일어났을 때, 나는 그녀가 보낸 비밀 통신문에서 "바더 마인호프"[29] – 그녀는 이것을 사람으로 알았다 – 가 파시즘과의 전투에서 쓰러졌다는 내용을 읽을 수 있었다. 그녀가 누구의 편인지 누구의 적인지 종잡을 수가 없었다. 그러나 그녀의 친구인 예니는 어머니의 상투적인 말을 들을 때마다 그저 미소를 지을 뿐이었다. 툴라는 언제나 그랬어. 그 애는 다른 사람들이 듣고 싶어하지 않는 걸 말하지. 그러면서 때로는 조금 과장하기도 하고 말이야... 예컨대 그녀는 자기가 일하는 협동공장의 동료들 앞에서 스스로 "스탈린의 최후의 충복"이라고 자칭하고 나서는 바로 다음 문장에서 계급 차별이 없는 〈KdF〉를 모

27 울브리히트(Walter Ulbricht, 1893-1973)는 공산주의자로 1950년부터 1971년까지 동독의 국가 원수를 지냈다.

28 호네커(Erich Honecker, 1912-1994)를 말한다. 1967년 울브리히트의 후계자로서 주목받았다. 1971년부터 1989년 동유럽을 강타한 민주화 바람이 정권을 무너뜨릴 때까지 동독의 지도자로 군림했다.

29 "바더 마인호프"는 안드레아스 바더(Andreas Baader, 1943 - 1977)와 울리케 마인호프(Ulrike Meinhof, 1934-1976)가 지도자로 있던 독일의 좌익 테러 조직 적군파(Rote Armee Fraktion)를 말한다. 나치청산과 반자본주의를 기치로 폭탄테러, 방화 등을 자행한 단체로 영화화되기도 했다.

든 진정한 공산주의의 모범으로 칭송했다고 한다.(IK, 40-41)

마리네스코가 시베리아 기후와 소비에트 강제수용소에 내팽겨져 있을 무렵, 그리고 어머니는 스탈린에 대한 충성심을 지키고 나는 소년 개척단원으로 목에 두른 수건을 자랑스러워하고 있었던 무렵, 감옥에서 만성으로 짐작되던 관절이 완치된 다비드 프랑크푸르터는 이스라엘 국방부에 공무원으로 근무하고 있었다. 그 동안에 그는 결혼을 했고, 나중에는 두 명의 아이를 낳았다. [...] 이 무렵에 또 있었던 일로는, 살해된 빌헬름의 미망인 헤트비히 구스틀로프가 슈베린을 떠났다.(IK, 170)

일인칭 서술자 파울은 아버지가 누군지 모른 채 태어난 사생아로서의 자기 처지를 한탄하면서 아버지라는 존재를 매개로 역사상 실재한 3인의 인물과 서술자 자신을 비교하면서 병렬적으로 제시하기도 한다.

그렇다. 나에게 진짜 아버지란 없다. 서로 바뀌어도 상관없는 허깨비들만 있을 뿐이다. 더 시급한 문제는 이제 나에게 중요한 의미를 가지는 저 세 사람에 대한 이야기를 하는 것이다. 아무튼 어머니 자신도 1945년 1월 30일 오전 그녀의 부모와 함께 고텐하펜 옥스회프트 부두에서 칠천 몇 백 명과 함께 배에 올랐을 때 뱃속에 있는 애의 아버지가 누군지 알지 못했다. 이 배의 이름을 따온 바로 그 사람의 경우에는 헤르만 구스틀로프라는 상인이 아버지임이 분명히 밝혀져 있다. 그리고 짐을 너무 많이 실

> 은 그 배를 격침시키는 데 성공한 알렉산더 마리네스코는, 오데사에서 보낸 소년 시절에 〈블라트네트〉라고 불린 도둑들의 패거리에 속해 있었기 때문에 아버지 마리네스코로부터 이따금 심하게 두들겨 맞곤 했는데, 바로 그 점이 뚜렷이 느낄 수 있는 아버지로서의 애정이 아니고 무엇이겠는가. 그리고 베른에서 다보스로 여행하면서 그 배가 어느 순교자의 이름에 따라 불리도록 만든 다비드 프랑크푸르터는 심지어 정통파 랍비인 아버지가 있었다.(IK, 22)

위에서 살펴보았듯이 일인칭 서술자는 시간상의 순서에 따라 사건과 인물을 서술하는 것이 아니라 오히려 "동시성"의 관점에서 여러 곳에서의 사건을 횡적으로 연결하는 이야기 방식을 선호하고 있다. 그리고 거듭해서 시점이 교체되고 있다. 이야기가 거의 동시적으로 앞뒤로 오가며 서술된다. 이야기가 순차적으로 나열되지 않고 비동시적인 것들이 급작스런 동시성 속에서 병렬적으로 제시된다. 병렬적 제시는 지극히 의도적인 것이다. 논리적인 인과관계에 따른 것이 아니라 지극히 애매한 연상에 의해 상호 연관된 사건들은 독자의 의식 속에서 그 사건들이 동시에 발생한 것 같은 인상을 강렬하게 불러일으킨다.

서술자 나는 상이한 사건들을 동시에 병렬적으로 제시하여 서로 비교할 수 있도록 허용한다. 과거와 현재의 관계에 인과론적인 계기가 존재하지 않으므로 과거와 현재의 사건이 갑자기 서로 인접하여 나타날 수 있다. 역사적 연속성과 인과 관계와 관련해서 보자면, 병렬적으로 제시된 사건들 사이에는 일견 서로 아무런 관계가 없고 기껏해야 비슷한 시기에 발생했다는 공통점밖에 없는 것 같다. 실제로 그 사건들은 동시에 발생할 수 없다. 그러나 사건을 보존하는 의식 속에서는 일련의 다양한 사건이 공존한다. 그리고 과거, 현재, 미래가 동시적으로 존재할 수 있다. 다양하게 교차하는 시간의 경과는 복잡하고 다양한 층의 기억 속에서만 가능한 인식의 필수 불가결한 전제가 된다.

작품 전체에 걸쳐 서로 이질적인 다양한 요소들을 병렬시키는 동시성의 기법은, 일인칭 서술자의 의식을 거의 전지자적 의식으로 만들고 있다. 이런 서술자의 의식은 시공간적으로 떨어져 있거나 이질적인 요소들을 결합시키는 기능을 할 뿐 아니라 그 결합에 정당성을 부여해 주는 기능도 한다.

그라스는 전승된 기록문서에 바탕을 둔 기존의 공적인 역사기술이 사실은 생략과 은폐와 날조의 토대 위에 이루어진 허구라고 믿으며, 역사를 논리 일관한 법칙에 따라 진보하는 과정이 아니라 오히려 부조리한 과정의 반복으로 파악한다. 작가 그라스의 이런 역사개념을 매우 효과적으로 전달하는 서술수단이 바로 동시성의 기법이다. 비동시적인 것의 동시적인 병렬 제시를 통해 독자는 시공적으로 서로 다른 사건들을 상호 비교할 수 있으며, 그 결과 역사의 반복성이 드러난다. 역사적 사실과 허구의 병렬적 제시, 과거와 현재, 서로 떨어진 공간에서 동시에 일어난 사건. 이러한 병렬은 아주 의도적인 것으로, 역사의 순환적, 반복적 요소를 중시하는 것을 의미한다. 시간적으로 상이한 사건들을 병렬, 비교하고 역사의 반복성을 강조하기 위한 장치이다.

2. 예술전통의 생산적 수용

우리는 문학작품을 흔히 창작물이라고 부르며 무엇보다도 독창성을 중요시한다. 그러나 어떤 문학작품이든 그 내용과 형식상의 요소들을 낱낱이 분석해 보면, 거의 대부분이 과거의 문학적 또는 예술적 전통에 빚지고 있음을 알 수 있다. 한 문학 작품은 작가 자신의 작품들은 물론 다른 작가들의 작품들, 때로는 문학 텍스트 외에 미술, 음악 등 다른 예술 장르의 작품들을 생산적으로 이용하는 경우도 있고, 다른 한편으로는 영화와 텔레비전, 컴퓨터 등 다른 매체와 상호연관성을 맺는 경우도 있다.

이런 의미에서 본다면, 우리가 소위 "전통"이라고 부르는 것은 결코 단순히 지나가 버린 과거의 생명 없는 유물로 머무는 것이 아니라 오히려 후대의 창작 활동에 끊임없이 자극을 주고 영향을 미치는 시공을 초월한 보고寶庫의 역할을 하는 것이다. 이렇듯 문학 작품이란 결코 무의 상태에서 생겨나는 전적으로 새로운 것이라기보다는, 오히려 한편으로는 수많은 세월 동안 축적되어 온 전통을 수용하면서 다른 한편으로는 인습적이고 일상적인 사고의 틀을 벗어난 새로운 시각을 통해 그 전통을 변형시키는 '옛것과 새것'의 독특한 만남, '전통과 혁신'의 특이한 접합이라고 할 수 있다.

물론 한 작품의 문학적 질과 가치를 결정짓는 지배적인 요소는 그 작품의 일부를 이루고 있는 독창적 요소이다. 따라서 한 작품이 과거의 전통을 어떻게 생산적으로 수용하고 있는가를 비교 연구를 통해 밝힘으로써 그 작품 특유의 독창성을 찾아내는 작업은 그 작품을 단순한 재미에서 읽지 않고 지적인 독서과정을 거치면서 제대로 이해하려고 하는 경우 반드시 필요한 일 가운데 하나이다. 이와 관련하여 그라스는 1974년 10월 「책 읽는 노동자」(WA IX, 662-672)라는 연설에서, 고전작품에 대한 지식이 없는 독자는 현대문학을 제대로 이해할 수 없다면서 그 이유를 다음과 같이 말하고 있다.

> 문학도 무조건적으로 살아가는 것이 아니라, 그 전통으로부터 살아가기 때문입니다. 어떤 고전작품들에 대한 지식이 없는 독자에게는 현대문학의 비밀은 단지 불충분하게만 드러날 것입니다.(WA IX, 668)

인용은 크게 공개적 인용과 은폐적 인용으로 나눌 수 있다. 공개적 인용은 독자의 식별을 전제로 널리 알려진 작품이나 사실을 인용하는 것이고, 은폐적 인용은 독자의 식별을 전제하지 않고서 잘 알려져 있지 않은 소재를 인용하는 것이다. 그러나 독자의 지식수준과 관심 방향, 그밖에 민족, 문화권 등에 따라 교양 수준의 정도가 다르므로 독자에 의한 식별 가능성도 달라질 수밖에 없다.[30] 그런데 인용은, 심지어 은폐적인 인용조차도 그 생명은 "지시적 성격(Verweisungscharakter)"[31]에 있으며, 인용을 확인할 수 있는 교양 수준을 갖춘 독자가 있을 때에야 비로소 제 기능을 수행한다. 다른 메시지처럼 문학 텍스트도 독자에 의한 능동적이고 의식적인 협력 활동

30 최순봉: 토마스 만 연구, 삼영사 1981, 92-93쪽 참조할 것.

31 M. Durzak(Hg.): Die deutsche Literatur der Gegenwart, Aspekte und Tendenzen, Stuttgart 1976, S. 218.

을 요구하는 것이다.

인용된 요소는 작가가 의도적으로 '지적인 아이러니'의 수단으로 사용하고 있으며, 이것은 독자에 의해 식별되고 이해되는 것을 전제로 한 지적인 유희이다. 이런 의미에서, 인용된 요소는 에코가 말한 소위 "모델독자(Lettore Modello)"[32]를 요구한다.

그라스는 모든 작품에서, 짧은 구절의 인용으로부터 긴 문장의 인용에 이르기까지, 은폐적인 인용으로부터 공개적인 인용에 이르기까지, 전래동화와 신화로부터 예술적인 시문학에 이르기까지, 문학연구의 성과를 창조적으로 이용하고 있다. 인용은 그라스가 순전히 자신의 박학다식함을 보여주기 위해서, 또는 전문적인 문학연구가를 위한 지적인 유희를 즐기기 위해서가 아니라, 대부분 등장인물의 성격 묘사를 위해, 또는 상황의 요점을 간결하게 제시하기 위해 이루어지고 있으며, 소설의 전체 맥락과 무관한 불필요한 인용은 없다.

『게걸음으로』 역시 예외가 아니다. 문학작품을 비롯한 예술 전통이 폭넓게 수용되어 작품의 중요한 한 층을 이루므로 그것이 작품 속에 어떻게 이용되고 있으며 그 기능과 의미는 무엇인가를 밝히기 위한 분석 작업이 필요하다는 것은 명백하다.

우선 작품 전체의 줄거리와 허구적인 작중인물들을 이해하는 데 관건이 되는 그라스의 장편소설 『개들의 시절』을 중심으로 상호텍

32 "모델독자"란 책읽기에 많은 시간을 활용할 수 있고, 현명한 연상 능력이 있으며, 다양한 백과사전적 지식을 갖춘 매우 이상적인 독자를 뜻한다. U. Eco(김운찬 역): 소설 속의 독자, 열린책들 1996. 79-92쪽 참조할 것.

스트성이 어떤 기능을 하고 있으며 어떤 의미를 지니는가에 관해 살펴보기로 하자.

(1) 상호텍스트성

『게걸음으로』에는 그라스 자신의 기존 작품들뿐만 아니라 다른 작가들의 작품들과 작중인물들까지 포괄하는 다양한 문학 전통이 폭넓게 이용되고 있다. 『게걸음으로』에 인용된 요소는 작가가 의도적으로 '지적인 아이러니'의 수단으로 사용하고 있으며, 이것은 독자에 의해 식별되고 이해되는 것을 전제로 한 지적인 유희이다. 따라서 기존의 다양한 문학 전통들과 관련됨으로써 백과사전적인 지식을 요구하는 『게걸음으로』의 이러한 상호텍스트성은 이상적인 "모델 독자"를 전제로 할 때에만 그 기능을 제대로 수행할 수 있다.

작품의 시작 부분에서 빌헬름 구스틀로프의 전기가 소개되는데, 이때 그가 병 치료를 위해 찾은 스위스의 요양지 다보스와 관련하여 토마스 만의 『마의 산』의 내용이 인용된다.

> 한스 카스토르프라는 한자 동맹 도시 출신의 한 젊은이가 자기를 만든 작가의 명령에 따라 마의 산을 떠나서, 같은 이름의 소설 994쪽에 나오는 플랑드르에서 의용병으로 전사하거나 아니면 문학 속의 운명 속으로 사라져버리게 된 반면에, 슈베린의 생명보험 회사는 사려 깊게도 자신의 유능한 직원을 1917년 스위스로 보낸다. 병 치료차 그곳 다보스를 찾은 그는 이후 유달리 좋은 공기 속에서 매우 건강하게 되어, 이제 다른 종류의 죽음만이 그를 저 세상으로 데려갈 수 있게 되었다. 그러므로 그는

> 처음에는 저지 독일 기후의 슈베린으로 돌아가려고 하지 않았다.(IK, 9)

이를 시작으로 작품 여러 곳에서 작가 이름, 기존 저작물의 제목이나 내용이 언급된다. "한 유대인이 쏘았다"[33](IK, 14), "윙어의 『강철의 벼락』"[34](IK, 37)처럼, 상세한 내용 소개 없이 단순히 책 제목만 언급되는 경우도 있고, 컴퓨터의 가상공간에서 허구로 만들어낸 ID 다비드라는 인간을 "일종의 호문쿨루스"(IK, 118)라고 부름으로써 괴테의 『파우스트』에 나오는 인조인간 호문쿨루스를 떠올리게 하는 경우, 콘라트가 수감된 교도소의 방 서가에 꽂힌 "카프카의 책 두 권"(IK, 215)처럼 작가명만 언급하고 작품명은 언급하지 않은 경우[35]도 있다. 앞에서 한 번 언급(IK, 115)된 바 있는 책의 내용이 다시 한 번 인용되기도 한다.

> 영국의 저작자들인 돕슨, 밀러, 페인은 그들의 보고서를 다음과 같은 사실로부터 출발한다. 즉, 그 소련 함장은 독일 잠수함들이

---

33 이것은 다비드 프랑크푸르터의 재판과정에서 목격한 내용을 토대로 쓴 디베르게의 보고서이다. Vgl. Wolfgang Diewerge: Ein Jude hat geschossen. Augenzeugenbericht vom Prozeß gegen David Frankfurter, München, 1937.

34 윙어(Ernst Jünger, 1895 - 1998)의 『강철의 벼락(Stahlgewitter)』은 윙어가 10대에 참전한 제1차 세계대전 당시 처절했던 서부전선 전투를 회고록 형식으로 쓴 책이다.

35 작가 이름만 밝히고 있을 뿐 작품명조차도 밝히지 않을 경우, 카프카의 전체 작품세계에 대해 상당한 지식이 있는 소위 "모델 독자"가 요구된다. 모델 독자라면 이 대목을 카프카가 유대계 작가라는 점, 그의 전체문학세계를 특징짓는 부조리한 현실, 거대한 권력 앞의 무력한 개인, 출구 없는 한계상황 등과 연계해서 읽을 것이다.

대서양에서 연습한. 수면 위 공격을 그 높은 성공률 때문에 오랫동안 연습해 왔고 이제 마침내 그 방법을 적용하려 했다는 것이다. 수면 위 공격은 시야가 더 좋기 때문에 보다 빨리 접근해서 보다 정확하게 목표물을 적중시킨다는 것이다.(IK, 129)

그밖에도 제Ⅳ장 제1절에서 예시했던 볼프강 디베르게의 책, 에밀 루트비히의 책, 보고문 『늪지의 병사들』, 구스틀로프 호 사건을 직접 목격한 생존자 하인츠 쇤의 책들을 비롯하여 기존의 수많은 텍스트들이 『게걸음으로』에서 생산적으로 이용되고 있다.

『게걸음으로』의 상호텍스트성과 관련하여 무엇보다 중요한 텍스트는 『게걸음으로』에서도 직접 언급되고 있는 그라스 자신의 "두꺼운 책 『개들의 시절』"(IK, 77)이다.

『게걸음으로』와 『개들의 시절』을 연결시켜주는 고리로서 가장 중요한 역할을 하는 인물은 바로 툴라 포크리프케이다. 『개들의 시절』에서는 악동소녀로서 나치의 악마성을 체현했던 작중인물 툴라가 『게걸음으로』에서는 나치시절부터 제2차 세계대전 시기, 동서독의 분단과 독일통일과정을 거쳐 2000년대에 이르기까지 독일의 파란만장한 현대사를 모조리 체험한 억척 할머니로 등장하고 있다. 따라서 『게걸음으로』의 내화 차원에서 펼쳐지는 툴라의 과거와 연관된 이야기들은 대부분 『개들의 시절』의 내용과 거의 똑같다. 더구나 툴라뿐만 아니라 『개들의 시절』에서 툴라에게 괴롭힘을 당한 집시 소녀 예니 브루니즈, 그리고 『개들의 시절』의 공동서술자인 암젤, 하리 리베나우, 마테른 3인 모두 『게걸음으로』에서 직접 등장하거나 자주 언급된다. 그라스 문학의 상호텍스트성을 고려하더라도, 한 소설에서 이미 40년 전에 출간된 소설의 줄거리가 거의 삼분의 일을 차지한다는 것은 참으로 놀라운 사실이다. 아무튼 『개들의 시절』에 대한 사전 지식이 있으면 『게걸음으로』를 이해하는 데 많은 도움이 되므로, 『게걸음으로』에 직접 언급되는 인물들과 사건들을 중심으로 『개들의 시절』에 관해 간략하게 소개하기로 하겠다.

『개들의 시절』은 3부로 이루어져 있다. 각 부의 서술을 맡은 세 서술자는 동시에 나치즘을 배경으로 한 역사적 과정 속에서 전형적인 역할을 수행해온 인물들이다. 이들은 자신이 수행해온 역할에 따라 각기 다른 시각으로 자신의 과거를 서술한다.

제1부 「아침 교대조」는 나치 체제 이전 시대를 배경으로 하는데, 서술자는 에두아르트 암젤이다. 브라욱셀, 금이빨, 하젤로프 등의 별명으로도 불리는 그는 허수아비 제작에 천재적인 재능이 있는 인물이다. 그는 공동저자의 한 사람일 뿐만 아니라 다른 공동저자들인 하리 리베나우와 발터 마테른에게 저술 작업을 맡기는 위탁자이기도 하다. 암젤은 유대인으로서 시대의 '희생자'이다. 아버지를 서술하면서도 반어적 거리를 취하는 암젤의 눈에는 유대인인 아버지가 독일 사회에 동화되고자 철저하게 노력하는 모습이 포착된다. 유대인이라는 자신의 정체성마저 부정해가며 살아남으려고 절망적으로 몸부림치는 아버지의 묘사를 통해, 나치 집권 이전부터 독일 사회에 반유대주의적 분위기가 얼마나 뿌리 깊은 것이었는지가 드러난다.

제2부 「사랑의 편지」에서는 나치 시절에 청소년기를 보낸 하리 리베나우가 시대의 '증인'으로서 소시민적 일상을 편지 형식을 통해 보고한다. 하리는 암젤이나 마테른과는 달리 작중 세계의 중심

인물이 아니다. 중심인물인 암젤과 마테른이 각각 1, 3부를 그들의 체험을 토대로 서술하는 반면, 주변인물인 하리에게 주어진 역할은 암젤과 마테른이 속한 소시민세계를 관찰해 보고하는 "증인"으로서의 역할이다. '현재화하는 시선'을 부여하는 편지라는 서사적 장치를 통해 나치 시대가 어린 하리의 관점에서 재현된다. 나치 이데올로기를 교육받으며 성장한 하리 리베나우의 시선 속에서 나치에 부화뇌동하는 미성숙한 소시민의 태도와 나치즘에 물들어가는 청소년들의 모습이 생생하게 그려진다. 하리는 나치 시대의 일상을 기록하는 '증인'으로서의 역할에 충실하지만, 그의 증언은 피상적인 사실들의 나열에 그칠 뿐, 역사의 진실에 대한 통찰은 결여되어 있다. 하리는 시대의 불의 앞에서 방관자로서 나치의 야만적 범죄를 묵인함으로써 사실상 동조한 독일 소시민 계층의 행태를 대변한다.

제3부 「마테른 이야기」의 서술자 발터 마테른은 "이빨 가는 버릇"(WA Ⅲ, 231)이 있다. 그는 온갖 이데올로기에 쉽게 현혹되는 기회주의자로서, 나치 돌격대에서 살아남기 위해 유대인 친구 암젤을 심하게 폭행한 '가해자'이다. 하리 리베나우의 집 지키는 셰퍼드 하라스를 독살한 것도 마테른이다.(WA Ⅲ, 581) 전후 서독사회를 서술하는 마테른은 나치에 가담했던 과거를 회상하기를 기피하면서도, 원고료의 유혹을 떨치지 못하고 마지못해 과거를 서술해나간다. 마테른은 옛 나치들을 찾아다니며 복수를 펼치지만, 이들은 '우리가 한때 다함께 죄를 저질렀으니 이제 다 잊고 다시 출발하자'는 무책임한 태도를 보인다. '연대책임'이라는 미명 아래 개인의 죄를 은폐하고, 과거를 이미 지나가버린 일로 규정함으로써 진정한 과거청산을 방기하고, 경제 부흥의 안락함 속에만 안주하려 드는 전후 서독

사회에 만연한 '과거기피'의 태도, 독일 소시민 계층의 기회주의적 태도와 정치적 무의식이 신랄하게 비판된다.

『게걸음으로』에 나타난 상호텍스트성과 관련하여 특히 중요한 것은 『개들의 시절』의 제2부이다. 제1부 마지막 부분에서 툴라의 출생을 기준으로 하리 리베나우와 예니 브루니즈의 출생이 언급된다.[36] 그리고 바로 이어지는 제2부에서 하리 리베나우, 툴라 포크리프케, 예니 브루니즈가 본격적으로 등장한다. 작가 그라스와 마찬가지로 1927년에 태어나 나치 시대에 유년기와 청소년기를 보낸 세대인 이 세 인물은 암젤과 마테른보다 열 살 어리다.

『개들의 시절』에서 툴라 포크리프케는 심술궂고 악마적인 소녀의 모습으로 등장한다. "시퍼렇게 멍든 뼈마디들과 살집이라고는 전혀 없는 근육"에, "두 눈은 움푹 패고 옆으로 가늘게 찢어진" "툴라가 심술을 부릴 때면 - 그것도 하루에 몇 차례씩이나 심하고 짓궂은 심술을 부렸는데 - 실핏줄이 섬세하게 드러난 흰자위가 눈구멍에서 번득거릴 정도로 눈동자를 굴려댔다."(WA Ⅲ, 288) 툴라는 역겨운 행동도 서슴지 않는다. 예컨대 툴라는 친구인 하리와 예니, 그리고 자신의 몸에 거머리를 몇 마리씩 풀어놓은 후, 피를 빨아먹어 부풀어 오른 거머리들을 떼어내어 그것들이 완전히 익어서 터져 버릴 때까지 요리하고, 질척질척한 그 즙을 하리와 예니가 억지로 마

36 "툴라는 1927년 6월 11일에 태어났다."(WA Ⅲ, 274) "툴라가 태어났을 때, 그녀의 이종사촌오빠인 하리 리베나우는 태어난 지 한 달 나흘이 지났다."(WA Ⅲ, 276) "툴라가 태어났을 때, 고등학교 정교사 오스발트 브루니즈는 젖니가 나고 있는 생후 6개월 된 기아(棄兒)를 양녀로 삼았다."(WA Ⅲ, 277).

시도록 강요하는 데서 재미를 느낀다.(WA Ⅲ, 455) 이런 툴라에게 하리는 꼼짝 못하고 예속되어 있다.[37] 툴라가 예니의 은반지를 빼앗아 오라고 명령하면, 하리는 오로지 그 은반지를 예니의 손가락에서 빼낼 궁리만 한다. 또한 툴라가 예니를 괴롭히는 대목에서도 하리와 아이들은 군소리 없이 조용히 툴라의 뒤를 따를 뿐이다. 툴라는 사람들이 악한 짓을 하도록 유혹하는 묘한 힘을 지니고 있다. 툴라는 그 불가해한 매력으로 하리를 비롯한 나치 시대 청소년들, 그리고 마테른을 사로잡는다.

이제 『게걸음으로』에 『개들의 시절』의 등장인물과 줄거리가 어떻게 인용되어 있는가, 구체적으로 살펴보기로 하자.

서술자 파울은 다비드 프랑크푸르터가 아버지로부터 매달 송금을 받는 사실과 관련해서 자신에게 매달 생활비를 보내주는 하리 리베나우와 자신과의 관계에 대해 언급한다.

> 하지만 금전 문제에서 나는 곧 베른에 살았던 다비드 프랑크푸르터와 같은 처지가 되었다. 그에게도 멀리 있는 아버지가 달마다 소정의 금액을 스위스의 구좌로 입금시켜 주었던 것이다. 어머니 이종사촌의 이름은 - 하느님이 그의 명복을 빌어주시기를 - 하리 리베나우였는데, 그 당시 엘젠슈트라세 거리에 살던 도

37 하리는 이렇게 말하고 있다: "제법 순수한 옷인 교복을 입은 여고생이 되어서도 그 애한텐 아교냄새가 남아있었어. 그리고 나는 거의 저항도 못하고 착 달라붙어 버린 거야."(WA Ⅲ, 475)

목수의 아들이었고, 1950년대 말 이후로는 바덴바덴에 살면서 남서 라디오 방송의 문화 담당 PD로서 야간 프로그램인 심야의 서정시를 맡고 있었다.(IK, 20)

툴라는 아들 파울이 서독으로 탈주할 때 "내 생각엔 그 사람이 네 애비란다. 내 이종사촌이지. 그 양반이 입대하기 전에 내 배를 불룩하게 만들었거든. 하여간 그렇게 믿어. 그러니 네가 저쪽으로 가거든 그 사람한테 편지하거라."(IK, 20)라고 말하면서 그에게 서독 주소 하나를 슬쩍 쥐여 주었다. 파울은 하리 리베나우가 자신의 생물학적 아버지가 아니라는 사실을 빤히 알면서도 예니 브루니즈의 신세를 계속 지는 것이 싫은 나머지 "당신을 뵙지 못한 당신의 아들"이라는 공손한 문구로 마무리한 편지 속에 자신의 구좌번호를 알렸고, 그러자 하리 리베나우는 매달 최저 생계비보다 훨씬 많은 돈, 정확하게 200마르크를 꼬박꼬박 보내온다.

그러나 앞에서 인용한 대목은 하리 리베나우라는 인물이 『개들의 시절』에서 엘젠슈트라세 거리에 살던 도목수의 아들이고 툴라의 이종사촌오빠라는 사실 외에는 『개들의 시절』의 내용을 그대로 따온 것은 아니다. 그러나 이 대목 이후에는 『개들의 시절』의 작중인물과 줄거리를 변형시키지 않은 채 거의 그대로 인용한 이야기들이 끊임없이 제시된다. 구체적인 예문들을 들어보기로 하자.

원래는 랑푸르의 지구당 지도부가 도목수 리베나우와 그 부인을 노르웨이 여행 참가자로 선발했었다. 왜냐하면 그 도목수 소유의 하라스라는 이름의 셰퍼드가 자유도시 치안경찰의 종축장에서 암캐 한 마리를 임신시키는 데 성공했고, 그 암캐의 배에서 총통의 애견 프린츠 －대관구 지도관이 선사했다－가 태어났고, 따라서 종견 하라스가 〈단치히 전초〉지에 여러 차례 언급되었기 때문이다. 이 동화 같은 이야기를 어머니는 어린 시절부터 나에게 들려주었다. 족보를 포함한 그녀의 개 이야기는 소설 한 권 길이는 되었다. 개 이야기가 나올 때면, 언제나 어린애 툴라에 대한 이야기가 따라왔다. 예컨대 어머니는 일곱 살 때, 오빠 콘라트가 발트 해에서 수영하다가 익사하자 목공소의 개집으로 기어 들어가 일주일 동안이나 거기에 머물렀으며, 한나절 동안 단 한마디도 하지 않았다고 한다. 심지어는 개밥 그릇에 있는 걸 먹었어. 내장 고기 말이야! 그래, 그건 개들이 먹는 거였지. 개집에서 일주일을 보내면서 한마디도 하지 않았지, 우리 오빠 콘라트 때문에 그만큼 슬펐던 거야. 오빠는 태어날 때부터 귀머거리였거든...

하지만 개 주인인 리베나우 －그의 아들 하리가 어머니의 이종사촌이었다－에게 모두들 가고 싶어 하는 KdF 선박을 타고 가는 노르웨이 여행이 제안되었을 때, 그는 유감스럽게도 포기할 수밖에 없었다. 왜냐하면 그의 목공소가 공항 인근의 막사 증축으로 호기를 맞고 있었기 때문이다. 그는 지구당 지도부에게 그의 유능한 조수이자 열성적 당원인 아우구스트 포크리프케와 그 부인 에르나가 여행을 하면 어떻겠느냐고 제안을 했다. 선실 비용과 아무튼 할인된 함부르크까지의 왕복배표에 대한 비용은 그가 공장의 금고에서 지불하겠다는 뜻도 밝혔다.(IK, 65-66)

그래서 결국 미성년의 툴라는 전쟁 동안에 의도적으로 눈을 감고 있는 사람들 사이에서, 카이저하펜 고사포 부대에서 조금 떨어진 곳에 흰빛으로 뭉쳐 있는 덩어리를 인간의 뼈로 알아보고 커다란 목소리로 저기 "인골산"이 있어요! 라고 소리쳤던 그런 존재이다, 라고 그 분은 말한다.(IK, 100)[38]

〔...〕어머니가 내게 말했던 적이 있다. 그녀 이모부의 목공소 마당에서 사슬에 묶인 개를 상당히 그럴듯하게 그렸다는 소문이 나도는 "주근깨가 잔뜩 나있는 뚱뚱한 사내 녀석" 누군가가 눈에 띄었다는 것이다. "그 녀석은 언제나 이모부의 목공소 마당에서 그런 우스꽝스런 걸 생각해 내는 유대인이었어. 내 아버지가 알고 있었던 대로 그 녀석은 그저 반쪽 유대인이었던 게야. 아버지는 암젤이라는 이름의 그 유대인을 우리 마당에서 내동댕이치기 전에 큰소리로 그렇게 말했어."(IK, 106) 포크리프케 부부가 엘젠슈트라세 거리를 떠났을 때, 그들과 친척간인 리베나우 일가는 피난 보따리를 꾸려 보조 직공 가족을 따라나서기를 거부했다. 도목수는 그의 대패질용 작업대, 원형톱과 띠톱, 정류기, 창고에 쌓아놓은 목재 그리고 자기 소유로 되어 있는 19번 셋집에 너무 큰 애착을 가지고 있었기 때문이었다. 어머니가 이따금 내 아버지일지도 모른다며 끌어들이는 그의 아들 하리에게는 이미 지난해 가을에 징집 명령이 떨어졌었다. 밀

38 작가 그라스의 분신이라 할 수 있는 허구적 작중인물 "그 분"(그 양반)을 통해 『개들의 시절』에서 이미 서술된 툴라 이야기가 거의 그대로 인용되고 있는 대목이다. Vgl. WA Ⅲ, 605.

리고 있는 수많은 전선들 중의 그 어디에선가 그는 무선 통신병이거나 기갑 보병으로 참전 중이었을 것이다.(IK, 107-108)

어머니가 어렸을 때 그 경비견의 집안에서 일주일간이나 있었다고 주장하는 그 개는 죽은 지 오래다. 전쟁이 일어나기 전에 누군가가 –어머니의 말에 의하면 "그 암젤이라는 유대인의 한 친구 녀석이"– 그 개를 독살시켰다고 한다.(IK, 108)[39]

그 앨범과 함께 친근한 코닥 사진기로 찰칵거리며 찍은 모든 사진들, 예컨대 곱슬머리를 한 그녀의 오빠 콘라트와 함께 초포트의 상륙 발판 위에서 찍은 사진, 친구 예니와 그 양아버지인 고등학교 교사 브루니즈와 함께 예쉬켄탈 숲속의 구텐베르크 기념비 앞에서 찍었던 사진, 그리고 순종 셰퍼드이자 유명한 종견인 하라스와 함께 여러 차례 찍었던 사진들이 사라져버렸던 것이다.(IK, 109-110)

누가 어머니를 배불뚝이로 만들었는지는 아무도 모른다. 랑푸르의 엘젠슈트라세 거리의 컴컴한 목재 창고에서 사촌이 그랬다고도 하고, 언젠가 인골산이 보이는 카이저하펜 근처에서 고사포 중대의 어느 공군 보초병이 그랬다고도 하며, 또는 성교 중에 이를 바득바득 갈았다고 전해지는 어떤 하사가 그랬다고도 한

39 하리 리베나우의 집 지키는 개 하라스는 독을 넣은 고기로 독살 당했다.(Vgl. WA Ⅲ, 444) 발터 마테른이 자신이 그 개를 독살했다고 자백한다.(Vgl. WA Ⅲ, 581).

> 다. 누가 그녀에게 방아를 찧었는지는 상관없다. 나에게 그들은 그녀가 임의로 고른 상품일 뿐이니까. 아버지 없이 태어났고, 그 언젠가 아버지가 되기 위해서 자라났음에는 변함이 없는 것이다.(IK, 178)

> 어느새 고장 난 레코드판이 제자리를 맴돌고 있었다. 옛날에, 더 옛날에, 아니 엄청 옛날에 목공소 마당에서 있었던 일이라든지, 숲속에서 눈사람을 만들었던 이야기, 또는 여름 방학 동안 발트해 해변에서 "내가 그렇게나 말라깽이였던 시절..."에 올리바 숲속에서 무슨 일이 벌어졌었는지를 다시 되풀이하여 들려주었다.(IK, 205)

이 예만으로도 『게걸음으로』에 『개들의 시절』이 얼마나 자주, 그리고 두드러지게 이용되고 있는가를 충분히 알 수 있다. 그러나 『개들의 시절』에는 아예 나와 있지도 않거나 『게걸음으로』를 『개들의 시절』의 속편으로 보기에는 약간 어려운 그런 내용들도 있다.

대표적인 것이 툴라가 애지중지하는 여우목도리에 관한 이야기이다. 『개들의 시절』에는 툴라의 여우목도리에 관한 이야기가 전혀 없다. 그런데 『게걸음으로』에서는 여우목도리가 잡초처럼 끈질긴 툴라의 생명력과 교활함을 상징하는 일종의 라이트모티브로 사용됨으로써 매우 중요한 기능을 하고 있다.

그리고 『개들의 시절』에서는 예니 브루니즈가 동갑내기 친구 툴라에게 엄청난 괴롭힘을 당하고 많은 피해를 입은 집시 소녀로 등장하는 반면에, 『게걸음으로』에서는 시종일관 툴라와 사이좋은 소꼽친구 사이로 그려지고 있다. 두 작품 사이에 연속성이 있으려면 어린 시절 가해자였던 툴라의 반성이나 사과, 또는 두 당사자 사이의 화해를 통해 좋은 친구 사이로 발전할 수 있는 이유나 계기가 있어야 하는데, 그런 설명이 전혀 없다. 둘 사이의 변화된 관계를 단순히 과거의 고통을 잊게 하는 세월의 힘 탓으로만 돌리기에는 무리가 따른다.

이 두 가지 점 외에 몇 가지 지엽적이고 사소한 차이점을 제외하면 『개들의 시절』의 작중인물과 줄거리가 거의 그대로 『게걸음으로』에서 인용되고 있다고 보아도 무방할 것이다.

한편 툴라는 『개들의 시절』에서 뿐만 아니라 『고양이와 쥐』에서도 필렌츠[40]와 말케를 사로잡는 악동 소녀로 등장한다.[41] 『게걸음으로』에서 "요헨"이라고 불리는 인물은 『고양이와 쥐』의 주인공 요아힘 말케Joachim Mahlke[42]를 가리키는데, 수영실력이 뛰어난 인물로 그려지고 있다. 미성년 시절부터 남자라면 사족을 못 쓰는 툴라의 남성편력과 관련해서 요헨(요하임 말케), 그리고 고유한 이름 없이 번호로만 불림으로써 성적인 도구기능만을 하는 소위 "요헨 2번", "요헨 3번"이 언급된다.

---

40 필렌츠는 『고양이와 쥐』의 서술자 하이니 필렌츠(Heini Pilenz)를 말하는데, 그는 『게걸음으로』에서는 직접 언급되지 않고 있다.

41 V. Neuhaus: Günter Grass, 2. Aufl., Stuttgart 1992, S. 92.

42 그는 김나지움 시절 엄청 큰 후두돌기 때문에 고양이에게 목이 물리는 인물로 '쫓기는 자'의 상징으로 나타난다.

남자들이라면 차고 넘쳤다. 하지만 그들은 오래 머무르지 않았다. 한 사람은 미장이 감독으로서 아주 다정했다. 그는 시장에 잘 나오지 않는 것들을 가져왔다. 예컨대 간소시지 같은 것을. 그가 렘슈트라세 거리 7번지의 뒤뜰에 앉아 바지 멜빵으로 탁탁 소리를 내고 있었을 때, 나는 이미 열 살이었다. 요헨이라고 불렸던 그 남자는 무조건 나를 그의 무릎 위에 앉혀놓고 말을 달리게 했다. 어머니는 그를 "요헨 2번"이라고 불렀다. 왜냐면 미성년 시절에 사귄 고등학생 하나의 이름이 요아힘이었지만, 그녀가 요헨이라고 불렀기 때문이다. "그 사람은 나한테 아무것도 안 바랐어, 내 손 한번 안 잡았다니까..."

어머니가 언제 그리고 무엇 때문에 요헨 2번을 내쫓아버렸는지 나는 모른다. 내가 열세 살 무렵이었을 때, 인민경찰 한 명이 근무를 마친 후에 그리고 종종 일요일에도 우리 집으로 왔다. 계급은 경사였고 작센 사람으로 피르나 출신인 것으로 기억된다. 그는 서독산 치약 콜게이트와 그밖의 압수 물품들을 가져왔다. 게다가 이 사람도 요헨이라고 불렸다. 그래서 어머니가 말했다. "내일은 3번이 온다. 오거든 친절하게 대해라." 요헨 3번은 내쫓기고 말았는데, 그 이유는 어머니의 말에 의하면 이랬다. "맙소사, 나하고 결혼하겠다는구나."
그녀는 결혼하고는 담을 쌓은 여자였다.(IK, 56-57)

그녀가 한 무리의 아이들과 함께 전쟁이 일어난 직후부터 몸체를 물 밖으로 내놓고 있었던 폐선박 한 척이 있는 데까지 헤엄쳐 갔다는 이야기도 해주었다. "우리는 녹슨 궤짝이 있는 곳까지 아주 깊이 잠수했지. 그 애들 중 가장 깊이 잠수한 애가 바로 요헨이었지..."(IK, 205)

이제 『게걸음으로』에 나타난 상호매체성에 대해 살펴보기로 하자.

(2) 상호매체성

『게걸음으로』에는 영화, 텔레비전, 비디오, 컴퓨터, 라디오, 신문 등 다양한 매체들을 활용하여 이야기를 서술하는 상호매체성이 자주 나타난다. 그 중에서도 특히 영화와의 상호매체성이 두드러진다.

빌헬름 구스틀로프 호와 관련된 최초의 영화는 그 배가 침몰하기 7년 전인 1938년 〈계급 없는 선박(Schiff ohne Klasse)〉이라는 제목으로 만들어진 상연시간 20분짜리 나치선전용 영화였다.[43] 그러나 이 영화는 『게걸음으로』에 전혀 언급되고 있지 않다.

작품에서 맨 먼저 언급되는 영화는 〈전함 포템킨(Panzerkreuzer Potemkin)〉[44]이다. 그러나 세계영화사에서 몽타주 기법으로 유명한 이 영화의 경우에도 알렉산더 마리네스코가 태어난 도시 오데사와

---

43 이 영화는 http://www.archive.org/details/1938-Schiff-ohne-Klassen-Die-Wihelm-Gustloff에서 볼 수 있다. Vgl. L. Hrdlík: Günter Grass-Im Klebasgang: Fakten und Fiktionen, Diplomarbeit, Masaryk-Universität Brünn 2010, S. 43.

44 〈전함 포템킨 Броненосец Потёмкин〉은 볼셰비키 혁명 20주년을 기념하기 위해 1925년 러시아 영화감독 에이젠슈테인(Sergei Michailowitsch Eisenstein, 1898-1948)이 제작한 흑백 무성영화이다. 옛 제정 러시아 수병들의 반란 사건인 포템킨 함 반란에 기본을 둔 사회주의 혁명 선전 영화로, 몽타주 기법을 이용한 '오데사 계단에서 벌어진 민간인 학살 장면'이 특히 유명하다.

관련하여 그저 제목만 한 번 언급[45]될 뿐, 이 영화의 줄거리나 등장인물, 또는 사용기법 등에 대한 더 이상의 상세한 정보는 제공되지 않고 있다.

『게걸음으로』의 작중인물과 관련해서 보자면, 다비드 프랑크푸르터의 암살 사건을 다룬 롤프 리시 감독의 영화[46]의 내용이 매우 상세하게 소개되고 있다.

> 우수어린 모습을 한 그에 관해 1960년대 말 리시 감독이 영화를 만들었다. 나는 집에 있는 텔레비전 화면으로 그 비디오테이프를 보았는데, 영화관에서 그 흑백 영화는 이미 오래 전부터 더 이상 상영되지 않고 있었다. 리시는 사실들을 상당히 정확하게 다루었다. 우리의 의대생은 처음에는 챙 없는 모자를, 다음에는 챙 있는 모자를 쓰며, 절망적으로 담배를 피워대고 알약을 삼키기도 한다. 베른의 구시가지에서 연발 권총을 사는 장면에서 그는 두 다스의 탄환에 3프랑 70을 지불한다. 구스틀로프가 평복을 입고 그의 서재로 들어가기 전에, 프랑크푸르터는 나의 판본과는 달리 기다리면서 모자를 쓰고, 안락의자에서 걸상으로 옮

---

45 "알렉산더 마리네스코는 1913년, 흑해 연안에 위치한 항구도시 오데사에서 태어났다. 그 도시는 흑백영화 〈전함 포템킨〉에서 보듯이 한때는 번성했음이 분명하다."(IK, 13)

46 〈대결 - 다보스의 암살. 다비드 프랑크푸르터, 그의 암살과 제2차 세계대전중의 스위스에 관한 다큐드라마. Konfrontation-Das Attentat von Davos. Dokudrama über David Frankfurter, sein Attentat und die Schweiz im Zweiten Weltkrieg〉를 말한다. 이 영화는 1974년에 제작되었다. 제작연도를 1960년대 말이라고 한 것은 오류이다. 리시(Rolf Lyssy. 1936.-)는 유대계 스위스 인으로 시나리오 작가이자 영화감독이다.

겨 앉는다. 그러고 나서 머리에 모자를 쓴 채 총을 쏜다. 그는 다보스의 경찰서에 출두하여 마치 교과서에서 배운 시를 읊듯이 무표정하게 자백한 다음 증거물로서 연발 권총을 탁자 위에 놓는다.

그 영화에 새로운 것은 없다. 그러나 재미있는 것은 눈이 내리는 가운데 갈고리 십자 기로 덮은 관을 보여주는 주간 뉴스가 삽입된 부분들이다. 장례 열차가 지나가는 동안 슈베린 전역에 눈이 내린다. 기록들과는 달리 고작 소수의 시민들만이 손을 치켜들고 그 관에 경의를 표한다. 암살자 프랑크푸르터 역을 맡은 배우는 재판 중에 두 명의 주 경찰관 사이에 끼여 상당히 초라한 인상을 준다. 그가 말한다. "구스틀로프는 내가 접근할 수 있었던 유일한 대상이었습니다..." 그가 또 말한다. "나는 사람이 아니라 세균을 쏘려고 했던 것입니다..."

더 나아가서 영화는 죄수 프랑크푸르터가 다른 수감자들 사이에 끼여 날마다 베틀 앞에 앉아 있는 장면을 보여준다. 세월은 지나간다. 분명한 것은 쿠어의 젠호프 교도소에서 처음 수감 생활을 하는 동안 – 그와 동시에 그리고 다른 영화에서처럼 잠수함 함장인 알렉산더 마리네스코는 동부 발트 해의 연안에서 수상 공격 후의 신속한 잠수를 연습하고 있고 KdF 선박 빌헬름 구스틀로프는 노르웨이의 피요르드 만과 심야의 태양을 목표로 항해를 되풀이하고 있다. – 프랑크푸르터는 천천히 관절염에서 치유되고, 영양 섭취를 잘해서 빵이 두툼하게 보이며, 이제 담배는 더 이상 피우지 않는다.

물론 리시의 영화에서는 구스틀로프 호도, 소련의 잠수함도 보이지 않는다. 다만 여러 차례 서서히 조명을 받으면서 나타나는 베틀 돌아가는 소음과 함께, 수수한 직물의 양이 증가함에 따라 시간이 흐르고 있음을 알 수가 있다. 그리고 교도소 전속 의사가 수감자 프랑크푸르터는 지속적인 형무소 생활에서 점차로 건강해지고 있음을 서류상으로 증명하고 있다. 마치 그 범인이 자신의 형기를 다 마치고 이제 딴사람이 된 것처럼 보인다.(IK, 68-69)

위의 예문에서 확인할 수 있듯이 이 영화는 빌헬름 구스틀로프호 침몰 참사를 다룬 영화가 아니다. 선박 참사와 관련해서 언급되는 첫 번째 영화는 선박 참사 영화의 대명사처럼 여겨지는 통속적인 할리우드 영화 〈타이타닉〉[47]이다.

근래에는 할리우드에서 상영된 〈타이타닉〉 호 침몰이 인기를 끌었는데, 엄청난 연출 방식으로 제작된 감상적인 작품, 곧 모든 시대를 통틀어 가장 큰 규모의 선박 참사로 상품화되었다. 이 터무니없는 난센스는 하인츠 쇤의 객관적으로 입증한 숫자들과 극단적으로 대비되었다.(IK, 63)

『게걸음으로』에는 영화 〈타이타닉〉 그 자체에 대한 정보나 줄거리에 대해 상세하게 이야기되고 있지 않다. 타이타닉 호 침몰이 실

47 1997년에 제작된 이 영화는 제임스 카메론이 감독을 맡고 레오나르도 디카프리오와 케이트 윈슬렛이 남녀 주인공 역을 맡은 로맨스 멜로드라마로 세계적으로 많은 사랑을 받았다.

제 사실과 달리 마치 역사상 최대 규모의 선박 참사로 잘못 알려져 있다는 것을 확인해주는 역할, 그러니까 사망자가 최대였던 빌헬름 구스틀로프 호 참사에 비해 타이타닉 호 침몰의 사망자는 그 6분의 1에 불과했다는 사실을 전달하기 위한 일종의 비교의 대상으로서의 역할로 이용되는 측면이 크다.

구스틀로프 호 침몰 참사에서 살아남은 인물로서 전후에 구스틀로프 호의 좋았던 시절과 불운했던 시절과 관계되는 모든 자료를 모으고 정리한 책을 냈으며 오롯이 그 주제에만 몰두해 온 하인츠 쇤의 자문과 협력을 얻어 1950년대 말에 〈고텐하펜에 밤이 내리다〉라는 영화가 상영되었다.(IK, 62)

이 영화에 대해 감독과 출연배우, 흥행 실적과 관객의 반응 등 각종 정보와 함께 영화 줄거리가 심지어 영화 속의 대사까지 곁들여 상세하게 소개된다.

> 그런데 1950년대 말에 제작된 흑백 영화 한 편이 있다. 제목이 〈고텐하펜에 밤이 내리다〉이고, 브리지트 호니와 소냐 치만 같은 스타들이 출연하고 있다. 예전에 스탈린그라드 영화를 제작한 적이 있는 프랑크 비스바르[48]라는 이름의 독일계 미국인 감독은 구스틀로프 호 전문가인 하인츠 쇤에게 자문을 받았다. 동쪽에

48 브리지트 호니(Brigitte Horney, 1911-1988)는 독일에서 태어나 독일과 미국에서 활동한 배우이다. Vgl http://en.wikipedia.org/wiki/Brigitte_Horney. 소냐 치만(Sonja Ziemann, 1926-)은 독일의 배우이자 댄서, 가수이다. Vgl http://en.wikipedia.org/wiki/Sonja_Ziemann. 비스바르(Frank Wisbar, 1899-1967)는 독일 출신의 영화감독이다. 1932년부터 1967년 사이에 독일과 미국에서 20편 이상의 영화를 감독했다. Vgl. http://en.wikipedia.org/wiki/Frank_Wisbar.

서는 상영되지도 못한 채 그 영화는 오직 서쪽에서만 썩 좋지는 않은 정도의 성공을 거두었는데, 그 불행한 배와 마찬가지로, 잊혀지고, 기껏해야 기록보관소에 저장되었을 뿐이다.〔...〕모든 타이타닉 영화에서와 마찬가지로 구스틀로프 호가 침몰하는 영화에서도 마지막에 가서 영웅적 스케일을 띄게 되는 러브 스토리가 억지로 시간 때우기 식으로 들어와야 했다. 마치 초만원의 배가 침몰하는 것만으로는 긴장감이 부족하고 수 천 명의 죽음만으로는 충분히 비극적이지 못하다는 듯이 말이다.

줄거리는 한결같이 잔머리를 굴리는 식으로 진행되었다. 그 모든 타이타닉 영화들에 있어서와 마찬가지로 영화로 만들어진 빌헬름 구스틀로프 호의 침몰에도 고뇌에 찬, 영웅적인 사랑 이야기를 부차적인 소재로써 첨가제로 제시해야만 했다. 초만원 상태의 침몰이 그렇게 긴장감이 넘치지도 않고, 수천 명의 죽음이 충분히 비극적이지도 않다는 듯이 말이다.

요컨대 전쟁 동안의 얽히고설킨 남녀 관계의 위기를 다룬 이야기이다. 〈고텐하펜에 밤이 내리다〉에는 너무나 긴 서막이 전개된 후, 동프로이센과 그 밖의 곳을 무대로 동부 전선의 한 병사가 배신당한 남편이자 나중에는 중상자로서 배에 승선한다. 그리고 젖먹이를 데리고 배에서 목숨을 건질 수 있었던 부정한 아내는 이 남자 저 남자에게로 전전하며 사는 매력적인 인물로 등장한다. 또 간부이자 아버지이며 젖먹이의 구출자로서 그저 대충대충 살아가는 해군장교, 이 세 사람이 삼각관계의 주인공으로 등장한다.(IK, 113-114)

> 하지만 1945년 1월 30일 21시 16분 이후 실제로 빌헬름 구스틀로프 호 선상에서 일어났던 일은 사이버 공간에서 제시된 압도적인 숫자들과는 아무런 관계도 없다. 오히려 프랑크 비스바르는 그의 흑백 영화 〈고텐하펜에 밤이 내리다〉에서, 지나치게 늘어진 서막 이야기에도 불구하고 세 발의 명중탄으로 뱃머리가 즉시 불바다가 되었다가, 왼쪽 뱃전으로 기울며 침몰했을 때 모든 갑판에서 돌발했던 경악스런 몇몇 장면을 포착하는 데 성공했다.〔...〕
>
> 일부 사람들은 붙들 데가 없었기 때문에 바다 위로 떨어졌다. 모든 사람이 구명조끼를 입고 떨어진 것은 아니었다. 그때 많은 사람들은 공포에 질려 바다로 점프를 했다. 선박 내부의 열기 때문에 상갑판으로 몰려왔던 대부분의 사람들은, 대기 온도 영하 18도 그리고 마찬가지로 낮은 수온 영상 2도 혹은 3도였던가?-에서 냉기에 의한 쇼크를 이겨내고 살아남기에는 옷을 너무 얇게 입었다. 그렇지만 그들은 뛰어내렸다.
>
> 이제 함교로부터 명령이 떨어졌다. 밀어닥치는 인파를 유리로 된 아래쪽 산책 갑판 안으로 인도하여 그 문들을 잠그고 무장하여 지키도록 하라는 것이었다. 구조선이 올 거라는 희망 때문이었다.(IK, 135)

그러나 서술자가 전달하는 이야기에 따르자면, "이 영화에 대한 관객들의 반향은 실로 미미했다. 마치 그 어떤 것도 타이타닉 호의 참사를 능가할 수 없으며, 구스틀로프 호라는 배는 결코 존재한 적도 없고, 타이타닉 호의 경우를 제외한 더 이상의 불행은 있을 수 없으며, 구스틀로프 호가 아니라 타이타닉 호의 사망자들만 애도의 대상이 될 수 있는 것 같은 식의 반응만 있을 뿐이었다."(IK, 62)

그 다음으로 영화 〈콜베르크〉[49]가 소개되는데, 이 영화를 매개로 독일의 유서 깊은 요새 도시 콜베르크에서 역사적으로 끊임없이 반복되는 전쟁과 파괴의 역사가 이야기된다.

> 학교가 포탄에 명중되어 그 안에서 살 수 없게 되었을 때, 우리는 방공호 안에서 숙소를 구했다. 콜베르크는 도시이자 요새로서 역사적 유래가 있는 곳이었다. (IK, 154) 그 시의 요새와 방어벽은 나폴레옹 시대의 저항의 한 중심지였다. 그러므로 선전성의 독촉에 의해 하인리히 게오르게[50]가 주역을 맡고 우파 영화사의 다른 거물배우들이 연기하는 〈콜베르크〉라는 제목의 결사항전 영화가 상영되었다. 이 천연색 영화는 아직 점령되지 않은 제국의 아직 폭격 받지 않은 모든 영화관에서 상영되었다. 강력한 적에 맞서 싸운 영웅들의 투쟁 이야기.(IK, 155)

그리고 이 이야기에 바로 뒤이어 역사적 사실과 툴라를 중심으로

---

49 영화 〈콜베르크 Kolberg〉는 하이제(Paul Heyse)의 드라마 『콜베르크(Kolberg)』와 요아힘 네텔베크(Joachim Nettelbeck)의 자서전에 바탕을 두고, 독일의 영화감독이자 배우인 하를란(Veit Harlan, 1899-1964)이 감독한 UFA의 선전 영화(1944-45)이다. UFA(유니버스 필름주식회사. Universum Film Aktien Gesellschaft)는 1917년 독일에서 군소 영화 제작사들이 모여 조직한 영화사로. 회사 재정의 1/3은 독일 정부가 지원했다. 당초 목적은 국민정신을 고양시키고 수준 높은 영화 제작을 통해 해외에서 독일의 명성을 높이는 것이었지만, 나치 시절에는 선전선동 도구로 악용되었다.

50 배우 하인리히 게오르게(Heinrich George)는 남자 주인공 요아힘 네텔베크 역을 맡았다.

한 허구적 사건이 병렬적으로 제시된다.

> 그런데, 2월 말, 콜베르크의 역사가 다시 되풀이되었다. 곧바로 도시와 항구와 해변의 휴양지가 붉은 군대와 폴란드 사단에 의해 포위되었다. 포탄이 떨어지는 가운데 민간인과 도시를 가득 메운 피난민들의 해상 수송이 시작되었다. 다시 모든 부두에 거대한 인파가 밀어닥쳤다. 하지만 어머니는 다시 배에 오르는 것을 거부했다. "몽둥이 타작을 당하는 일이 있더라도 그런 배는 다시 타고 싶지 않았어요..." 그리고 누군가가 어머니에게 당시 포위되고 불타오르는 도시에서 젖먹이와 함께 어떻게 빠져 나올 수 있었는지 알고 싶어 하자, 그녀가 대답했다. "그래요, 언제든 빠져나갈 구멍은 있는 법이지요." 아무튼 어머니는 나중에도, 슈베린 호수에서 회사 야유회를 할 때에도, 결코 배에는 오르지 않았다.
> 3월 중순 그녀는 륙색 하나와 나를 짊어지고 러시아군 진지들 사이로 몰래 빠져나갔다. 러시아의 초병들이 이 젊은 여자와 그 젖먹이를 가련하게 생각해서 그냥 통과시켜 주었을는지도 모른다. 내가 지금 여기에서, 다시 한 번 피난길에 나서는 마당에, 자신을 젖먹이라고 지칭하는 것은 맞기도 하고 틀리기도 하다. 왜냐하면 어머니의 젖가슴은 아무것도 내놓지 않았으니까 말이다. 젖이 나올 생각도 하지 않았다. 어뢰정에서는 동프로이센의 산모들 중의 한 사람이 도와주었다. 그녀는 젖이 충분하고도 남았다. 그러고 나서는 피난길에 자기 젖먹이를 잃어버린 여자의 도움을 받았다.(IK,155)

영화 외에 나치 시절 독일 국가 바로 뒤에 자주 불리던 호르스트 베셀의 노래가 인용되기도 한다.

> 왜냐하면 연사들이 보기에 이 사람과 비교할 만한 위인으로서는 종종 공식적인 행사 때마다 독일 국가가 연주 된 바로 뒤에 불리는 〈깃발을 높이 들고...〉라는 노래의 제목을 그 사람의 이름에서 따온, 저 위대한 순교자[51]만 떠오를 뿐이기 때문이었다.(IK, 34)

상호매체성의 문제와 관련하여 또 하나 주목해야 할 점은 컴퓨터와 인터넷 매체의 생산적 이용이다. 새로운 커뮤니케이션 매체로 등장하는 컴퓨터는 『게걸음으로』에서 주제의 측면에서뿐만 아니라 서술구조적 측면에서도 매우 중요한 역할을 하고 있다. 컴퓨터와 인터넷이 역사적 사건과 허구, 과거와 현재를 연결 짓는 중요한 도구로 기능하고 있다. 인터넷의 채팅방에서 얻은 정보를 바탕으로 역사적인 실재 인물들과 그들과 관련된 세부적인 사실들이 자연스럽게 이야기될 수 있다. 이에 관한 예들은 워낙 많기 때문에 두 가지 예만 들어보겠다.

---

51 "저 위대한 순교자"는 나치당원이었던 독일 작곡가 호르스트 베셀(Horst L. Wessel, 1907-1930)를 가리킨다. 그는 나치당 초기 멤버로 활동했으나 나치 집권 전인 1930년 2월 23일 독일 공산당 소속 괴한들의 총격을 받아 살해당했다. 그는 1929년 5월에 「깃발을 높이 들고 Die Fahne hoch」라는 정치시를 지었는데, 이것이 훗날 괴벨스의 선전부에 이용되어, 그를 '나치스 순교자'로 떠받들어 호르스트 베셀의 노래로 작곡된다. 1933년 히틀러의 나치스 집권 이후 나치의 당가로 채택되어 나치독일 집권 시절 연주되곤 하였다.

채팅방에서 때로는 독일어로, 때로는 영어로 오가는 쓸모없는 잡소리들 중에서도 약간의 역사적 사실들을 읽어낼 수 있었다. 한 채팅 참가자는 디베르게가 전쟁이 발발한 직후에 단치히 국영방송의 감독관이었다는 사실을 알고 있었으며, 또 다른 채팅 참가자는 전후의 그의 활동에 대해 알고 있었다. 즉, 디베르게는 다른 나치 간부들, 예컨대 나중의 자유민주당 소속 연방의회 의원인 아헨바흐[52]와 패거리를 이루어 노르트라인 베스트팔렌 자유주의자들 사이로 서서히 침투해 들어갔다는 것이다. 또한 제3의 채팅 참가자의 보충 설명의 이하면 이전의 나치 선전 전문가였던 디베르게가 1970년대에 자유민주당을 위하여 소음이 적은 무료 세차 설비를 라인 강변의 노이비트에서 운영했다는 것이다. 그리고 마지막으로 만원사례가 된 그 채팅방에서는 다보스의 그 살인자의 신상에 관한 질문들이 쏟아졌고, 그때마다 일관성 있는 답변들이 주어졌다.(IK, 15)

외로운 전사는 〈민족의 관찰자〉지의 도움을 교묘하게 이용했다. 나는 구스틀로프 부인이 두 번째 재판기일에 검은 상복을 입고 법정에 들어섰을 때, 참석한 제국 독일인들과 스위스의 몇몇 지지자들 그리고 제국에서 도착한 저널리스트들이 그녀에게 기립한 상태로 히틀러식 경례를 바쳤다는 사소한 보고는 〈대독일 국가사회주의 운동의 기관지〉에서 베껴온 것임을 간파했다. 〈민

52 아헨바흐(Ernst Achenbach, 1909-1991)는 독일의 법률가이자 정치인이다. 나치당 정치가였다가 2차 대전 후 자유민주당 소속 정치인으로 연방의회 의원을 지냈다.

족의 관찰자〉지는 역사적으로 유명한 나흘간의 재판 동안뿐만 아니라 인터넷에서도 등장한다. 인터넷망을 통해 전파된 인용문, 즉 엄격한 아버지가 그의 탕아에게 보내는 편지에서 따온 인용문도 마찬가지로 당 기관지에서 빌려온 것이다. 왜냐면 랍비의 편지구절 -"나는 네게서 더 이상 아무것도 기대하지 않는다. 넌 편지도 없구나. 이제는 더 이상 쓸 필요도 없다."-은 피고의 무자비한 심성에 대한 새로운 증거물로 검사측이 법정에서 인용한 것이었다. 그리고 그 골초에게는 휴정 동안에 한 개비, 또한 개비의 담배를 피울 수 있도록 허락되었다는 이야기도 나온다.(IK, 46-47)

3. 패러디와 비극적 역사의 반복

패러디는 시대에 따라 그 개념이 다양하게 변천해왔다. 하지만 통상적으로는 어떤 텍스트의 문체나 운율을 모방하여 그것을 풍자적으로 또는 희화적으로 꾸민 익살스런 조롱조의 텍스트를 말하는데, 일반적으로 텍스트 상호 간의 관련성, 즉 상호텍스트성을 전제로 한다. 패러디는 패스티시나 오마주[53]와는 달리 원래 텍스트

53 패스티시도 기존 작품을 변형시키는 기법이지만 차이점보다는 유사점에 주목하는 것이 특징이며 긍정적인 태도로 기존 작품을 차용하는 것을 말한다. 오마주는 영화 같은 영상 매체에서 주로 쓰는 용어로 선배에게 경의를 표하고자 기존 작품의 특정 장면, 분위기 등을 차용하는 것을 뜻한다. 그러나 패스티시나 오마주는 패러디와 달리 희화화나 풍자와는 거리가 멀다. 패스티시나 오마주도 넓은 뜻의 패러디에는 포함될 수 있다.

를 변형시켜 모방함으로써 낯선 느낌을 불러일으키는 소격효과(Verfremdungseffekt)를 주는 것이 목적이다. 패러디는 단순모방과 달리, 원래 텍스트를 변형시켜 생산적으로 이용한다. 패러디는 대상이 되는 원래 텍스트의 존재를 전제로 하므로, 패러디의 존재를 아는 이상적인 "모델 독자"가 요구된다.

패러디와 관련해서 허구적 작중인물인 독일통일세대의 두 청소년, 콘라트 포크리프케와 볼프강 슈트렘플린에 관한 허구적 이야기를 살펴보기로 하자.

나치의 유산에 관한 후대의 담론은 가상현실 속에서 각기 "다비드"와 "빌헬름"이라는 ID로 채팅을 하던 이 두 명의 적대적 청소년 논쟁자들을 통해 환생된다. 인터넷이라는 최신 미디어에서 도피처를 찾은 이들의 사고는 의외로 지극히 과거 지향적이다. ID가 말해주듯이 두 청소년은 각각 역사적 실재 인물인 빌헬름 구스틀로프와 그를 살해한 다비드 프랑크푸르트를 영웅으로 숭앙하는 네티즌들이다. ID 빌헬름은 콘라트 포크리프케가 사용하고, ID 다비드는 볼프강 슈트렘플린이 사용한다.

반유대주의자이자 네오나치주의자인 ID 빌헬름(콘라트 포크리프케), 독일인이지만 친유대주의자이자 온라인상에서 유대인인 척하는 ID 다비드(볼프강 슈트렘플린). 이 두 외톨이 청소년은 자신들이 만든 온라인의 가상세계를 도피처로 여기고 인터넷 채팅을 통해 대화를 나누게 된다. 이로써 "온 세상으로부터 잊혀진, 아니, 기억으로부터 밀려났다가 갑자기 인터넷을 통해 유령처럼 불러내어진 그 불운의 배"(IK, 120) 빌헬름 구스틀로프 호의 비극적 역사가 인터넷의 가상현실 속에 재현된 역사로 부활한다. 그들은 독일의 과거와 유대인 문제를 놓고 격한 어조로 심각하게 투쟁적인 격론을 벌인다.

〔...〕아무튼 한 편의 투쟁적인 역할극이 시작되었다.
그때부터 거듭 제기되는 논쟁은 이름을 앞세우고 진행되었는데, 거기에서 빌헬름이라는 자는 살해된 지구당 지도관의 입장을 대변했고, 다비드라는 자는 자살 미수자로서 무대에 등장했다.
이 상호간에 주고받는 난타전은 마치 저 세상에서 벌어지고 있는 것 같았다. 아울러 지상에서의 처절한 싸움이기도 했다. 살인자와 피살자가 만나면서 그 행위와 행위의 동기를 둘러싸고 끊임없는 설전이 전개되었다. 한 사람은 장광설로 선전을 늘어놓았고 재판이 진행되고 있는 동안에 제국 내에서는 전년보다 실업자가 80만 명이 줄었다는 사실도 말하면서 "그 모든 것은 오로지 총통 덕택이었다."라고 열광했다. 반면에 상대방은 불평하면서, 수많은 유대인 의사들과 환자들이 병원과 휴양지에서 쫓겨났으며, 나치 정부가 이미 1933년 4월 1일에 유대인 배척을 촉구했고, 이어서 유대인 상점들의 진열장에 "유대인 뒈져라!"라는 선동 문구가 씌어지게 된 사건들을 일일이 열거했다. 그런 식으로 설전이 오갔다. 빌헬름은 아리안 족의 순수성 보존과 독일 혈통의 강화는 필연적이라는 자신의 명제를 입증하기 위해 『나의 투쟁』에서 총통의 말을 인용하여 인터넷에 올렸고, 그에 대하여 다비드는 한때 집단수용소 포로였던 사람이 망명지 출판사에서 간행한 『늪지의 병사들』에서 일부를 발췌하여 답변했다.(IK, 47-48)

논쟁은 심각하고 완강한 기세로 진행되다가 갑자기 어조가 느슨해진다. 두 청소년은 때로는 탁구 등 스포츠의 주제에 대해서는 의기투합하기도 하고 친구사이처럼 서로 농담을 주고받기도 한다. 이들의 채팅은 언뜻 보면 아무런 문제도 일으키지 않을 것처럼 보인다.

> 채팅방에서 잡담이 오갔다. 빌헬름이 물었다. 말해 봐, 왜 너는 나에게 다섯 발을 쏘았니? 그러자 다비드가 대답했다. 미안, 첫 발은 불발탄이었어. 그러니까 네 발만 맞은 거지. 이어서 빌헬름이 말했다. 그런데 누가 너한테 연발 권총을 주었니? 다비드가 대답했다. 내가 연발 권총을 샀어. 10 스위스 프랑만 주고 말이야. 50프랑은 지불해야 하는 무긴데 너무 싸게 샀잖아. 그렇군. 그러니까 자네는 누군가가 그것을 내게 주었다고 말하고 싶은 거지, 안 그래? "나는 네가 명령을 받아서 쏘았다고 확신하거든."
> "그래, 맞아! 전세계 유대인의 명을 받들었지."
> 그 후 며칠 동안에도 그들의 인터넷 대화는 그런 식으로 진행되었다. 그들은 서로 녹초가 될 만큼 논쟁을 하고 난 후에, 곧 친구 사이에 장난이라도 치듯이 농담을 주고받았다. 채팅방을 떠나기 전에 그들은 말했다.
> 안녕, 복제한 나치 돼지! 잘해봐, 유대인 녀석! 그러나 누군가가 발레아렌 군도나 오슬로에서 그들의 대화 사이에 서퍼로서 끼어들려고 하면, 그들은 꺼져버려! 또는 나중에 들어와! 라고 하면서 내쫓아버렸다.
> 이 둘은 또 분명히 탁구를 하는 애들이었다. 다비드의 말에 따르면 그들은 중국 선수권자까지 격파한 독일의 탁구 에이스인 외

르크 로스코프[54]에게 열광하고 있음이 드러났기 때문이다. 이 둘은 페어플레이를 하기로 맹세했다. 또 이 둘은 상대방이 가지고 있는 새로운 정보들을 서로 칭찬하는 전문가임이 분명했다.(...) 그들이 상호간의 증오를 마치 도덕적 의무인 것처럼 애써 행했지만, 사람들은 그들을 친구라고 오인할 수도 있었을 정도였다. 채팅방에서 빌헬름이 던진 "만약 총통이 나에게 다시 생명을 불어넣어 준다면 넌 또다시 날 향해 쏠 거야?"라는 질문에 다비드는 즉각 "아니, 다음번에는 네가 나를 마구 쏘아 죽여도 좋아."라고 대답했다.(IK, 48-49)

그리하여 그동안 '다비드'라는 아이디를 사용하는 적대자이자 스포츠 경기의 맞수를 얻게 되었던 우리의 외로운 전사는 어린애 같은 자부심을 보이면서 구스틀로프 호가 영국의 해상 조난자들을 구출했다는 사실을 인터넷으로 연결된 전 세계에다 알렸다. 그는 영국의 신문이 독일의 구출 행위에 대해 칭송하는 말을 마치 어제 찍은 생생한 신문 기사라도 되는 것처럼, 새삼스럽게 인용했다.

그러고 나서 그는 인터넷상에서의 자신의 적대자인 다비드에게 쿠어에서 복역하고 있는 유대인 살인자 프랑크푸르터가 저 영웅적인 구조 행위에 대해 들었는지 알고 싶어 했다. 그러자 다비드

---

54 외르크 호스코프(Jörg Roßkopf. 1969.-)는 왼손잡이 셰이크핸드 선수로 독일의 최고 탁구선수 가운데 하나로 여겨진다. 1989년 세계선수권대회에서 복식우승, 1992년 바르셀로나 하계올림픽에서 복식 은메달, 1996년 애틀랜타 하계올림픽에서 동메달을 획득했다. 2010년 현역에서 은퇴하고 독일 탁구 남자 국가대표 코치를 맡았다.

는 "젠호프 교도소에서는 죄수들이 날이면 날마다 덜컹거리는 베틀 앞에 쪼그리고 앉아 있기 때문에 신문 읽을 시간이 거의 없네."라고 대답했다.(IK, 63)

서술자 파울은 둘 사이의 대화에 끼어들지 않고 그냥 지켜보기만 하면서 그 대화에 영향을 주지 못하고 계속 글을 쓰고 있었다.

그러던 어느 날 두 청소년은 가상공간이 아닌 현실 세계에서 직접 만나게 된다. 그리고 이 만남은 전혀 예상치 못하게 살인이라는 끔찍한 결과로 이어진다. 잘못된 과거기억에 집착하던 그들의 대화가 오프라인에서 결국 살인 사건으로 끝이 나게 되는 것이다. 콘라트가 볼프강을 살해함으로써 과거의 비극적인 역사가 현실에서 반복된다. 이 살인 사건을 전후로, 극우적인 분위기에 싸인 통일독일의 현실과 병렬적으로 콘라트의 우익화 과정, 그리고 콘라트의 살인에 대한 재판과정에서 역사의 순환성, 반유대주의와 네오나치즘의 문제가 다루어진다.

1997년 4월 20일 오후(IK, 171) 역사상 실재 인물 빌헬름 구스틀로프가 태어난 도시 슈베린에서 이들 두 청소년이 만났을 때 ID 빌헬름은 구스틀로프 추념 현판에 침을 뱉는 ID 다비드를 권총으로 살해한다. 1936년 유대인 대학생 다비드 프랑크푸르트에 의해 스위스 다보스에서 독일인 나치 간부 빌헬름 구스틀로프가 살해된 사건이 반세기가 훨씬 지난 통일독일에서, 비록 허구적인 인물들 사이에서 일어난 허구적인 사건이긴 하지만, 일종의 "가능한 현실"로서 반복된 것이다. 잘못된 과거의 모습에 집착하던 두 청소년의 가상공간에서의 커뮤니케이션이 이처럼 어처구니없는 모방살인으로 끝나는 소설 속의 이 사건은 가상세계와 현실 사이의 괴리를 드러내 보여주기에 충분하다.

빌헬름 구스틀로프 피살은 실제 있었던 역사적 사건이다. 이 사건은 허구적 인물 콘라트의 살인사건과 관련해서 원래 텍스트라고 할 수 있으며, 콘라트의 살인사건은 빌헬름 구스틀로프 피살사건을 모방한 살인으로서 패러디 텍스트가 된다. 빌헬름 구스틀로프의 피살이라는 역사적 사건에 관해 이미 알고 있는 독자는, 가상공간에서 ID 빌헬름과 ID 다비드의 대립이 점차 심화되어 갈수록 콘라트 포크리프케가 볼프강 슈트렘플린을 권총으로 살해하는 모방범죄를 저지를지도 모르겠다는 막연한 예감을 할 수도 있을 것이다.

역사적인 살인 사건의 두 인물과 허구적인 모방살인의 두 인물은 서로 직접적인 관계가 없다. 이 인물들 사이에는 공통점과 차이점이 있다.

원래 텍스트에 등장하는 역사상 실재 인물인 빌헬름 구스틀로프와 다비드 프랑크푸르터는 신체적 장애라는 공통점이 있다. 빌헬름 구스를로프는 후두 쇠약증과 만성 폐병을 앓고 있고(IK, 9) 다비드 프랑크푸르터 역시 줄곧 골수염을 앓아왔다.(IK. 15) 그런데 신체적 장애가 두 사람에게 미친 영향은 결과가 전혀 다르게 나타난다. 빌헬름에게 신체적 장애는 전쟁에 나가 싸우지 않은 대신에 정당 활동을 통해 나치에 충성하는 계기를 마련해준 반면에, 다비드의 경우에 신체적 장애는 그로 하여금 병의 치유를 위해 독일 유학을 택하게 하고, 유학 중 경험한 인종적 차별을 견디지 못하고 결국 살인을 행하게 되는 계기가 된다.

패러디 텍스트에 등장하는 콘라트와 볼프강도 사회성이 결여된 외톨이에다 지나치게 과거지향적인 성격상의 공통적 장애가 있다.[55] 콘라트와 볼프강이 사회성이 결여된 외톨이라는 점이 그들이 과거에 외곬으로 집착한다는 설정을 용이하게 한다. 비사회적인 인물은 자칫 독단에 사로잡혀 극단적인 방향으로 나갈 수도 있다. 콘라트의 예를 통해 계몽되지 않은 채 독단적인 이념을 맹종하고 설파하는 것이 얼마나 위험한 일인가가 잘 드러난다.

원래 텍스트와 패러디 텍스트 둘 다 공통적으로 가해자/피해자라는 대립구조로 되어 있다. 그런데 가해자와 피해자의 역할이 바뀐다는 점이 다르다. 원래 텍스트에서는 유대인 다비드가 독일인 빌헬름을 살해하지만, 패러디 텍스트의 모방살인 사건에서는 ID 빌헬름(콘라트)이 ID 다비드(볼프강)를 살해한다. 원래 텍스트와 패러디 텍스트에 묘사된 살인 방법과 그 후 범행을 자수하는 것은 동일하다. 가해자가 권총으로 피해자의 가슴과 목과 머리에 네 발을 쏘아 죽이고 나서 자수하는 것이다. 살인 후 자수할 때 "나는 내가 독일인이기 때문에 쏘았어요."(IK, 129)라는 콘라트의 대사는 "나는 내가 유대인이기 때문에 쏘았습니다."(IK, 28)라는 다비드 프랑크푸르터의 대사를 패러디한 것이다.

그런데 가상공간에서 ID 다비드로 유대인 행세를 한 피해자 볼프강은 실제로는 유대인이 아니라 독일인으로 드러난다. 이 점도 원

55 이와 관련해 콘라트의 경우는 제V장 제3절 제3항에서 이미 밝힌 바 있다. 볼프강의 경우 그가 살해당한 후 그의 어머니가 한 말에 의해 이를 확인할 수 있다. "볼프강은 언제나 별난 괴짜였다. 동년배 애들과는 기껏해야 탁구나 하면서 접촉하려고 했다. 여자 친구와의 비교적 밀접한 관계도 볼 수 없었다.(…)열네 살 때부터 다비드라는 이름을 스스로에게 짊어지고 잘 알려진 전쟁 범죄와 집단 학살에 대해 속죄해야 한다는 생각에 사로잡혔다."(IK, 185)

래 텍스트와는 다른 부분이다. 말하자면 문제의 핵심이, 유대인이냐 독일인이냐 하는, 인종이나 민족 그 자체의 차이가 아니라, 똑같은 독일인이라도 친유대적인 입장에 서느냐, 반유대적인 입장에 서느냐 하는 이념적인 차이에 있는 것이다. 그러니까 중요한 것은 인종이나 민족 그 자체가 아니라 이념인 것이다.

인터넷에서 독일의 과거가 극우 성향의 젊은이들에 의해 왜곡되고 있는 현실의 한 단면이 드러나고 있다. 서술자 파울뿐만 아니라 손자에게 컴퓨터를 사주었던 툴라도 컴퓨터에 대한 비판적 시각을 드러낸다.[56] 실제로 인터넷에는 많은 문제점이 있다. 예컨대, 컴퓨터 가상공간상의 댓글들이 동원할 수 있는 사람이 너무 많고, 불특정 다수이기 때문에 군중심리가 발동하여 폭력성이 극대화하는 경향이 있으며, 더구나 상대방의 고통 받는 모습이 직접 보이지 않기 때문에 사용하는 언어의 폭력성이 더 심해지는 경향이 있다. 그러나 문학적 관점에서 본다면, 인터넷은 망각 속에 묻힌 과거를 현재 속에 불러내는 도구로서 중요한 역할을 하고 있다는 점에서 매우 중요한 의미를 지니고 있다.

콘라트와 볼프강의 사건은 단순히 역사적 사건의 반복이 아니라, 독일의 과거와 현재 그리고 미래의 부조화가 만들어낸 참상으로 이해되어야 할 것이다. 캐트린 쇠델은 이것을 제3세대에서 나타나는

---

56 슈베린 주 재판소의 청소년 법정에 선 툴라는 손자인 콘라트가 살인을 저지르는 잘못된 길로 들어선 책임이, 사랑을 쏟지 않은 부모에게 있다고 하면서, "사악한 힘이자 악마의 연장인 컴퓨터라는 고약한 물건 때문에 잘못된 길로 빠져버린 손자가 항상 부지런하고 공손하며, 더할 나위 없이 맑은 심성의 소유자이자, 언제든 남을 도울 준비가 되어 있고, 저녁 시간을 잘 지키는 등 시간관념도 철저하다며 칭송을 늘어놓았다."(IK, 180)

전형적인 반응을 과하게 재현한 것이라고 해석하고 있다.[57]

재판과정에서 유대인의 대변자를 자처했던 볼프강이 유대인이 아니라 독일인임이 밝혀지지만 볼프강이 유대인처럼 말했고 행동했고 주장했으므로 자신은 유대인을 총으로 쏜 것이라며 콘라트는 본인의 행동이 잘못되지 않았음을 주장하며 정당화한다.

> 저와 마찬가지로 다비드 프랑크푸르터도 네 발을 쏘았답니다. 또한 다비드가 주 법정에서 밝힌 범행 동기, 즉 자신이 유대인이기 때문에 쏘았다는 말[58]을 내 아들은 그대로 이용하여, 아니 더 확대하여 써먹었다. 저는 독일인이기 때문에 쏘았습니다. 다비드를 통해 영원한 유대인[59]이 발언하고 있었기 때문에 쏘았습니다.(IK, 189)

콘라트는 반유대주의라는 극우적 인종차별주의 이념에 매몰되어 있는 소위 "확신범"이다. 재판 과정에서 그의 변호사가 형량을 경감하기 위해 그의 살인을 고의가 아닌 우발 범행임을 강조하면서 단순 살해로 주장할 때마다 그는 "서두르지 않았고 마음이 평온했으

---

57 K. Schödel, Narrative Normalization and Günter Grass's Im Krebsgang, in German Culture, Politics and Literature into the Twenty-First Century, New York, 2006, p. 203.

58 "나는 유대인이기 때문에 쏘았습니다. 나의 행동은 전적으로 의도적인 것입니다. 따라서 결코 후회하지 않습니다."(IK, 28)

59 〈영원한 유대인(Der ewige Jude)〉(감독: Fritz Hippler)은 1940년 11월 28일 최초 상연된 나치의 반유대 선전영화의 제목이다. 이 영화는 오늘날까지도 상연이 금지되어 있다.

며 증오심은 아무 역할도 못했다. 냉철한 생각, 정조준 해서 발사했다."(IK, 194)며 고의적인 범행이었음을 강조하는 발언을 한다. 판사 앞에서는, "자신이 모범으로 여긴 빌헬름 구스틀로프를 위한 복수는 신성한 것이다."는 견해를 당당하게 밝힌다.(IK, 195) 그리고 유대인을 경멸하는 이유를 묻는 담당 검사에게는, 유대인들에게 반감은 없지만 유대인을 아리안 족 내부의 이물질이라고 생각할 뿐이라는 인종차별주의적 발언을 서슴지 않는다.(IK, 196) 그리고 슈베린 지방법원의 청소년 교도소 7년 징역형을 덤덤하게 받아들인다, 재심청구를 통해 판결 수정을 다투어보자는 변호사의 제안도 거절한다.(197) 오히려 "7년형만 받았다는 게 납득하기 어렵다며, 다비드 프랑크푸르터는 감옥에 9년 반만 있었지만 18년형을 언도받았다는 사실"(IK, 198)을 언급한다.

재판과정 동안 파울은 자신이 아들 콘라트에게 무심한 아버지였음을 반성한다. 어머니 툴라를 통해 그릇된 역사의식을 갖게 된 콘라트를 방치한 자신을 탓하면서, 지금이라도 늦지 않았다고 결심하고 교도소에 수감된 아들을 찾아가 지속적으로 대화를 시도한다. 그 결과 콘라트는 아끼던 빌헬름 구스틀로프 호의 모형을 박살냄으로써 어느 정도 의식이 변화될 조짐을 보인다. 그런 모습을 바라보면서 그는 콘라트에게 포기하지 않겠다고 말하면서 다시 시작해보자고 제안한다. 그러나 작품 맨 마지막에 파울이 거의 체념조로 "그것은 중단되지 않는다. 결코 그것은 중단되지 않는다."(IK, 216)고 혼자 내뱉는 것으로 미루어 볼 때, 전망이 결코 밝아보이지는 않는다.

어린 시절 나치 체제하에서 전쟁을 직접 겪은 세대로서 그라스는 통일독일 사회에서도 여전히 활개 치는 폭력적인 극우현상을 목도

하면서, 과연 어떻게 해야 어두운 과거의 역사가 반복되지 않도록 할 수 있을지에 대해 끊임없이 고민해온 작가였다.

이 작품은 표면상으로는 전후 오랫동안 금기시 되어온 '희생자로서의 독일인'이라는 다루기 까다로운 소재를 과거와 현재의 시간 차원을 대상으로 해서 다루고 있지만, 그 이면을 들여다보자면 과거를 제대로 청산하지 못할 경우 맞닥뜨릴 수밖에 없는 독일의 어두운 미래에 대해 경고하는 메시지를 보내고 있는 것이다.

Ⅶ. 맺음말

이제까지 『게걸음으로』의 작가 그라스의 삶과 전체 문학세계에 관해 간략하게 살펴본 후, 『게걸음으로』의 서술의도와 수용사 및 연구상황, 서술구조 및 서술방식, 서술차원과 서술태도, 언어와 문체, 플롯과 인물구성을 중심으로 작품을 분석적으로 고찰했으며, 몽타주와 패러디 기법에 초점을 맞추어 작품에 나타난 현실과 환상의 변증법적 상호작용의 특징과 그 매력에 관해 밝혔다.

제Ⅱ장에서는 소시민 계층 출신인 그라스가 어떤 계기와 과정을 통해 민주시민으로서 현실정치에 뛰어들게 되고 줄곧 행동하는 양심으로서의 역할을 해왔는가, 그가 살아온 삶의 역정을 살펴보았다. 어린 시절 "불에 덴 아이"로서 겪은 나치 체험을 통해 그라스가 사회민주주의자의 길을 걷게 된 이유와 그 과정을 살펴보았고, 작가 그라스가 문학과 정치의 관계에 대해서는 어떤 입장을 지니고 있는가, 나아가 그가 민주시민으로서 정치 및 사회 현실에 어떻게 참여하고 어떤 활동을 해왔는가에 대해 살펴보았다. 또한 그라스가 독일통일을 전후하여 왜 줄곧 비판적인 입장을 보여 왔던가, 그 이유를 중심으로 그의 통일관을 살펴보았고, 남북이 분단된 현실에서 살고 있는 우리 한반도의 바람직한 통일 방법에 관해 그라스의 조언을 참고하여 제시해 보았다. 그리고 그라스의 주요 작품들에 관한 간략한 내용과 전체 문학세계의 특징에 관해 소개했다. 환상적 리얼리즘의 문학세계의 특징을 그의 현실개념과 역사관, 동화적 서술방식과 결부시켜 살펴보고, 그라스의 잃어버린 고향 단치히가 그의 문학에서 어떤 비중과 의미를 지니고 있는가를 밝혔으며, 그라스의 또 하나의 예술적 재능인 조형예술적 능력을 비유적인 언어 표현과 결부시켜 글쓰기와 그림그리기의 상호작용과 그 기능 및 의미를 살펴보았다.

제Ⅲ장에서는 『게걸음으로』의 서술의도와 수용사 및 연구상황을 고찰했다. 그라스가 이 작품을 서술하게 된 의도를 나치 시절 빌헬름 구스틀로프 호 침몰 참사와 연관된 피해자로서의 독일인 문제라는 사회적 타부의 문학적 형상화와 연관시켜 밝히고, 독일을 중심으로 외국에서의 작품 수용사 및 연구 상황을 소개하고, 아울러 우리나라에서 이루어진 수용사 및 연구 상황을 소개했다.

제Ⅳ장에서는 작품의 서술구조 및 언어의 특징을 분석했다. 일인칭 서술자의 기능과 서술상황을 분석하고, 내화와 외화로 이루어진 액자구조와 다층적인 서술차원을 밝혔다. 이 노벨레에 제목을 부여한 소위 "게걸음"의 서술방식의 특징과 의미를 밝혔고, 회의적인 서술태도의 특징과 의미를 "믿을 수 없는 서술자"의 존재와 연관시켜 밝혔다. 세 가지 서술차원에서 세 가지 주제가 효과적으로 드러나 있다. 역사상 실재한 인물 3인에 관해 이야기하는 내화의 과거 서술차원에서는 소련 잠수함에 의해 침몰된 빌헬름 구스틀로프 호의 비극적 참사와 연계해 희생자로서의 독일민족이라는 금기시된 까다로운 소재를 다루고 있고, 3대에 걸친 포크리프케 집안의 허구적인 인물 3인에 관해 이야기하는 외화의 현재 서술차원에서는 네오나치즘의 부활 등 기승을 부리는 극우주의의 원인을 밝히면서 그 위험을 경고하고 있다. 그리고 메타픽션 차원에서는 역사적 진실의 문학적 형상화의 문제가 절묘하게 표현되어 있다. 그밖에, 서술자 파울의 보고체 언어, 툴라의 사투리, 그리고 콘라트의 이념적인 선동 언어, 작가 그라스의 분신이라고 할 수 있는 작중인물 그 양반의 충고하고 명령하는 투의 언어, 특히 작품 전체에 걸쳐 두드러지게 나타나는 비유적인 언어 표현을 중심으로 언어의 특성에 관해 고찰했다.

제Ⅴ장에서는 이 노벨레의 중심플롯인 빌헬름 구스틀로프 호 침몰, 그리고 그 참사와 직간접적으로 연관된 사건들과 작중인물들에 관해 역사적 실재 인물 3인(스위스 나치당 간부인 독일인 빌헬름 구스틀로프, 그를 살해한 유대 청년 다비드 프랑크푸르터, 그리고 그 배를 어뢰로 침몰시킨 소련 잠수함 함장 알렉산더 마리네스코)과 허구적 작중인물 3인(포크리프케 집안의 3대에 걸친 인물들로, 제1세대 툴라 포크리프케, 제2세대 파울 포크리프케, 제3세대 콘라트 포프리프케)을 중심으로 살펴보았다.

제Ⅵ장에서는 현실과 환상의 변증법적 상호작용의 특징과 그 매력에 관해 밝혔다. 작품에서 광범위하게 사용되고 있는 몽타주와 패러디 기법에 관해 분석했다. 역사적 사실, 일상적 현실, 자전적 현실 등 사실적 요소들이 작품에 어떻게 몽타주 되고 있으며, 그 기능과 의미는 무엇인가를 밝혔고, 작품에 주도적으로 사용되고 있는 동시성의 기법의 기능과 의미를 특히 사실적 요소들과 허구적 요소들의 병렬 제시와 관련하여 밝혔다. 그리고 문학과 영화 등 다양한 예술전통이 이 노벨레에서 어떻게 생산적으로 수용되고 있는가를 상호텍스트성, 상호매체성의 개념과 연관시켜 밝혔다. 나아가 인터넷의 가상공간에서 시작된 역할극이 실제 현실에서 살인으로 이어지는, 콘라트의 모방범죄의 문제를 비극적 역사의 반복이라는 관점에서 패러디 기법과 연관하여 살펴보았다.

이제 『게걸음으로』를 포스트모더니즘 문학의 이론적인 논의와 연관해서 살펴보고자 한다. 『게걸음으로』는 "모든 문학 형식의 저장소"라고 불러도 좋을 만큼 탈장르화 현상이 두드러지게 나타났던 『넙치』"[1]와는 달리, 탈장르화 현상은 두드러지게 나타나고 있지 않다. 하지만 그 밖의 여러 가지 점에서 포스트모더니즘의 특성들이 잘 나타나고 있기 때문이다.

현대 문화의 논의에서 포스트모더니즘이라는 용어만큼 많이 사용되고 또 오용되는 말은 거의 없을 것이다.[2]넓은 의미에서 포스트모더니즘은 포스트모던 사회의 전반적인 문화현상을 가리키는 말로서, 제2차 세계대전 이후 서구사회에서 생겨난 가치, 사상, 생활양식 등의 총체를 지시한다. 그러나 포스트모더니즘이라는 용어는 논자의 관심사, 입장, 이데올로기, 상황 등에 따라 너무 다양하게 해석되어 사용됨으로써 그 개념을 명확하게 규정하기가 매우 어렵다. 포스트모더니즘의 여러 특성에 대한 평가가 비평가나 이론가에 따라 편차가 심하기 때문에 심지어 이를 논하는 모든 비평가와 이론가들이 자기 자신만의 용어를 만들어낸다는 주장이 나올 정도이다. 하지만 포스트모더니즘 문학의 경우 그 특성을, 상호텍스트성, 탈

---

1 G. Stern: Der Butt as an Experiment in the Structure of the Novel. In: G. B. Pickar(Hg.): Adventures of a Flounder: Critical Essays on Günter Grass' *Der Butt.*, Houston German Studies Vol. 3. München 1982. S. 51-55. hier S. 51. 『넙치』에는 수많은 시 텍스트가 삽입되어 있을 뿐 아니라, 르포르타지 형식의 에세이, 상상력에 의존하여 실제 자료를 변형시킨, 그럴 듯한 설득력을 지닌 갖가지 문학사, 전래동화와 신화에 이르기까지 여러 이질적 요소들이 몽타주 되어 장르 사이의 경계가 해체되고 픽션과 논픽션의 경계마저 해체되고 있다.

2 Vgl. L. Hutcheon: The Politics of Postmodernism, London/New York 1991, S.1.

장르화, 해체, 글 쓰는 행위에 대한 작가의 자기성찰과 그에 따른 메타픽션의 성격, 이분법적 사고 체계의 지양, 절대적 진리의 부재, 개별성과 다양성의 옹호, 과거-현재-미래를 계기적 연결로 파악하지 않는 시간관, 이성의 거부, 역사의 진보에 대한 믿음의 상실, 현실과 환상의 경계 해체, 기록 문서에 의거해 기술한 기존의 역사소설과 달리 상상력을 바탕으로 한 대체역사의 제시 등으로 본다는 점에서는 어느 정도 합의가 이루어져 있다.[3]

『게걸음으로』에는 위에서 열거한 포스트모더니즘 문학의 특성들이 거의 다 나타나고 있다. 물론 어떤 문학 작품이든 그것을 어떤 특정한 이론이나 주의의 틀 속에 집어넣어 버릴 경우 그 작품만이 지니고 있는 개별적이고 특수한 매력들을 간과해버리는 위험에 빠지게 되기 쉽다. 이 점에 유의하면서 『게걸음으로』에 나타난 포스트모더니즘 문학적 특징들에 관해 살펴보자면 다음과 같다.

첫째, 다양한 서술시각을 동원함으로써 확정적인 결론을 유보하는 회의적이고 반어적인 서술태도가 주도적으로 나타난다. 서술자가 자기 자신의 언급에 대해서조차 회의의 눈길을 보내는, 즉 자아성찰을 전제로 한 성숙한 단계의 상대주의에 바탕을 둔 이런 서술태도 때문에 이 작품에는 현실에 대한 다양한 견해들, 단편적인 지식과 경험들, 상대화시키는 추측 이상의 것은 거의 나타나지 않는다. 결국 이 소설에는 잠정적인 의미와 불확정성이 존재할 뿐, 고정된 절대적인 진리는 존재하지 않는다. 최종 판단이나 확정적 결론

3 Vgl. P. Brooker(ed.): Modernism/Postmodernism, London/New York 1992, S. 1-33.

을 유보하는 것은 지극히 의도적인 것이다. 이러한 서술태도는 독자로 하여금 적극적이고 비판적인 독서 행위를 하도록 요구한다. 서술자가 제시하는 다양한 가능성들 가운데에서 가장 그럴 듯한 가능성을 고르는 것은 결국 독자에게 남겨진 몫이 된다.

둘째, 『게걸음으로』에는 메타픽션의 성격이 두드러지게 나타난다. 작품의 허구적 현재 차원에서 대필작가로 등장하는 일인칭 서술자 파울의 자신의 글쓰기 과정에 대한 성찰이나 의문에 대해 이야기하는 서술차원, 그리고 서술자 '나'와 그에게 글 쓰는 일을 위탁한 고용주 '그 양반' 사이에 이루어지는 대화 내용에 대해 이야기하는 서술차원, 이 두 개의 메타픽션 차원에서 실제 작가 그라스의 자전적 현실이 거의 가공되지 않은 채 그대로 반영되고 있다. 작가 그라스의 분신 같은 존재인 허구적 인물 그 양반이 서술자가 집필 중인 작품에 대해 서술 순서, 서술방법 등에 대해 문학상의 충고를 하는 장면은 실제 작가 그라스가 집필과정 중에 신중하게 생각한 것을 반영한 것이다. 이렇듯 질서정연한 구성이나 리얼리티의 재현, 보편적 진리 추구에 대한 지향 등 관습적인 소설양식을 탈피하여 독자에게 반어적인 유희를 즐길 수 있게 해주는 고도로 세련된 메타픽션 기법을 사용하고 있다. 그라스는 메타픽션 차원을 통해 역사를 문학으로 재현하는 '서술과정' 자체를 형상화함으로써 독자가 미적 환상에 빠지지 않고 역사의 '진실'을 함께 추적할 것을 요청한다. 하나의 고정된 시각으로 20세기 독일 역사를 서술하는 대신, 상이한 관점에서 시대사를 그려냄으로써 다양한 해석의 가능성을 열어둔다. 이를 통해 "끝나지 않을 아우슈비츠"를 부단히 기억하고, 나치과거와 지속적으로 대결하도록 독자를 유도한다. 이것만이 파국의 역사가 반복될 위험을 지양시킬 수 있는 방법인 것이다.

셋째, 『게걸음으로』에는 기본적으로 과거, 현재 미래가 계기적으로 연결되는 시간관이 아니라 동시적인 시간관이 주도적으로 나타난다. 언뜻 보면 9장으로 나누어져 있어 전통적인 연대기적 기술방법에 따라 이야기되고 있는 것처럼 보인다. 그러나 내적인 서술구조로 본다면 동시성의 서술이 지배적인 원리로 나타난다. 모든 것이 거의 동시에 서술자의 기억으로부터 다시 불러 모아지고 예기되면서 과거-현재-미래라는 전통적인 계기적 시간 구조가 지양된다. 이는 역사 자체의 순환적, 반복적 요소를 중시하는 것을 의미한다. 일인칭 서술자 파울은 역사적 연속성이나 인과 관계와 관련해서 보자면, 서로 아무런 관계가 없는 것처럼 보이는, 서로 다른 공간에서 발생한 사건들을 마치 동시에 발생한 것처럼 병렬적으로 제시하고 있다. 이것은 공간적으로 떨어져 있거나 이질적인 어떤 요소들을 결합시키는 기능을 할 뿐만 아니라 그 결합에 정당성을 부여하는 기능도 한다. 다층적인 현실을 동시적으로 제시함으로써 상호 모순되고 대립적인 시각이 다양하게 동원되고, 그 결과 사건이 다각적으로 파악될 수 있다. 이처럼 동시성의 기법은, 역사란 단순히 이미 지나가 버린 과거지사가 아니며 현재의 상황이 현재라는 시간 차원의 문제로 국한되어 단면적으로 고찰될 성질의 것이 아니라, 과거와의 연관 속에서 비로소 그 전체적인 모습을 드러낼 수 있음을 보여주기 위한 구성 장치라고 볼 수 있다. 무엇보다도 역사적 실재 인물들과 관련된 사실적 요소들과 허구적 인물들과 관련된 허구적 요소들이 동시에 병렬적으로 제시된다는 점이 동시성 기법의 백미를 이룬다. 동시성의 기법을 통해 역사적 – 사실적 모사와 미학적 – 허구적 서술이 거의 구분될 수 없는 환상적 리얼리즘의 세계가 펼쳐진다. 작품 도처에 몽타주 된 역사적 인물들과 관련 사실들은 이와 병렬적으로 제시되는 허구적인 작중인물들과 허구적인 이야기에 사실성을 부여하기 위한 장치이다. 전통적인 역사소설이 실제 세계와 되도록 유사한 허구의 세계를 제시하려고 애쓴다는 점에서 사실주의적이라면, 『게걸음으로』는 오히려 역사적 사실과 환상적 요소를 의도적으로 상호 침투시키고 있다. 이것은 기록으로 전해져 내려오는 소위 "공적인 역사"의 취약점을 보완하기 위한 서술장치이다. 단치히-랑푸르를 주무대로 펼쳐지는 과거 차원의 이야기들은 억압적인 독재 권력이 지배하는 나치 독일의 역사를 반영하고 있다. 역사적 사실과 인물의 몽타주는 허구적인 인물들의 이야기에 사실성을 부여하기 위한 장치임과 동시에 역사의 파괴성을 드러내기 위한 수단도 된다. 파괴와 정복 위주의 역사는 전쟁과 굶주림과 억압으로 점철된 고통으로 가득 찬 거짓 진보의 역사로 드러난다. 허구적 상상력에 바탕을 둔 문학은 사실 기록에 바탕을 둔 역사의 이면에 감추어진 진실의 공백을 메움으로써 공적인 역사를 보완하는 기능을 한다. 이런 의미에서 보자면, 『게걸음으로』는 "게걸음"의 서술 방식으로 독일의 과거와 현재를 연결 짓는 한편의 흥미진진한 '이야기 역사책'인 셈이다.

넷째, 『게걸음으로』에는 기존의 예술전통이 다양하게 이용됨으로써 상호텍스트성과 상호매체성이 눈에 띄게 드러나고 있다. 따라서 복잡한 의미의 그물망을 이루는 『게걸음으로』를 제대로 이해하기 위해서는 상호텍스트성과 상호매체성의 문제를 고려해야만 한다. 이와 관련해서 특히 중요한 것은 그라스 자신의 장편소설 『개들의 시절』이다. 『개들의 시절』은 3인의 공동서술자에 의해 이야기가 서술되는 복잡한 서술구조와 다층적인 서술차원, 입체적 서술시각, 메타픽션적 서술기법, 믿을 수 없는 서술자, 도발적인 의사소통구조, 알레고리적 서술방식 등 다양한 미학적 장치들로 이루어져 있어서 그라스 문학의 미학적 '원천'이자, 그라스 소설미학의 무진장한 보물창고라고 할 수 있다. 또한 『개들의 시절』은 과거의 비극적 역사와 치열하게 대결함으로써 역사의 반복을 막아야 한다는 그라스의 일관된 주제의식이 정교하게 짜인 서사구조를 통해 미학적으로 탁월하게 구현된 작품이다. 이런 맥락에서 보자면, 『게걸음으로』에서 『개들의 시절』의 작중인물과 줄거리를 상당부분 끌어들인 것은 『개들의 시절』을 통해 그라스 자신이 던진 경고의 메시지가 간과되어 통일 이후의 독일 사회에 네오나치즘이나 극우화 현상과 같은 비극적인 역사 반복의 징후가 나타나는 현실에 깊은 우려를 표명한 것이라고 할 수 있다.

빌헬름 구스틀로프 호의 침몰 참사라는 소재는 독일통일 이후 네오나치즘과 반유대주의 등 극우적인 움직임이 확산되는 분위기에서 정치적으로 악용될 소지가 적지 않았다. 그라스는 『게걸음으로』에서 희생자로서의 독일인이라는 이 까다로운 문제를 완숙한 필치와 치밀한 구성으로 무리 없이 문학적으로 형상화하는 데 성공했다. 『게걸음으로』 출간이 이 금기시된 문제를 공론화하는 계기가 되었다. 『게걸음으로』의 출간 이후 전쟁 중에 고통을 겪은 희생자로서의 독일인 문제를 다룬 자료집과 책들[4]이 많이 출간되었으며, 독일제2방송인 ZDF에서 역사를 회고하는 2부작 다큐멘터리 미니시리즈 〈구스틀로프 호〉가 제작되기도 했다.[5] 『게걸음으로』는 추방 및 피난이라는 주제와 관련해 전후독일의 기억 문화를 활성화시키는 촉매 역할을 톡톡히 한 셈이다.

『게걸음으로』는 제2차 세계대전으로 인한 피난, 추방, 강제 이주의 단면을 그리고 있다는 점에서 과거청산을 주제로 하는 '단치히 3부작'과 맥을 같이하는 '역사·시대 비판적 소설'의 성격을 지니고 있다. 단지, '단치히 3부작'은 기본적으로 전쟁의 가해자로서의 독일민족에 초점이 맞추어져 있다면, 『게걸음으로』는 독일민족을 전쟁의 피해자로서 바라보는 쪽에 초점을 맞춤으로써 시각과 입장의 차이가 있다. 그렇지만 독일민족이 당한 비극적인 희생 이야기로 독일민족이 저지른 범죄를 덮으려는 것이 아니라, 그 비극적 사건이 오늘날까지 독일에 남겨놓은 트라우마를 치유하려는 살풀이 한마당이다. 주제가 심각한 경우 교훈적 요소가 부각됨으로써 자칫 독서의 재미를 앗아가 버리는 상황에 빠질 수도 있는데, 이 노벨레는 주제의 심각성에도 불구하고 무척 흥미롭게 읽힌다. 그 이유로

---

4 대표적인 자료집과 저서 몇 권만 들어보면 다음과 같다. J. D. Gauger/M. Kittel(Hg.): Die Vertreibung der Deutschen aus dem Osten in der Erinnerungskultur. Sankt Augustin 2005; B. Niven(Ed.): Germans as Victims. Remembering the Past in Contemporary Germany, New York 2006; H. Schmitz(Ed.): A NATION OF VICTIMS? Representations of German Wartime Suffering from 1945 to the Present. Amsterdam-New York, NY. 2007.

5 영화 〈스탈린그라드〉의 감독으로 알려진 필스마이어(Joseph Vilsmaier)가 메가폰을 잡은 이 미니시리즈는 큰 호평을 받지는 못했다. 그러나 구스틀로프 호의 비극에 대한 미니시리즈 겸 해설 다큐멘터리인 이 2부작(제1부: 희망의 항구 Hafen der Hoffnung. 제2부: 발트해상에서의 탈출 Flucht über die Ostsee)은 2008년 3월 2일과 3일에 독일 제2 방송 ZDF와 오스트리아 공영방송 ORF에서 방영되었다.

거장 그라스의 치밀하고 탄탄한 구성능력과 이야기꾼으로서 탁월한 언어능력을 들 수 있다.

『게걸음으로』는 구스틀로프 호 침몰이라는 과거의 비극적 사건에 관한 이야기로 그치는 것이 아니라, 오늘을 살고 있는 독일인들의 이야기이기도 하다. 역사는 인간의 살아 숨 쉬는 기억이다. 역사는 끊임없이 현재의 차원으로 불러내어 늘 새로운 시각으로 바라보고 새롭게 해석해야 할 그런 대상이다. 역사에 대한 참된 인식은 역사란 결코 이미 지나가버린 과거지사가 아니라 현재 및 미래와 연계된 역동적인 생명체라는 사실을 깨닫는 것이다. 과거에 대한 기억을 간직하는 자만이 미래에 대한 희망을 품을 수 있다. 희망은 오직 기억하는 자의 몫이다. 어떻게 세대 간의 문화적 기억을 이해하고 이를 어떤 방식으로 다음 세대에 전수할 것인가 하는 것은 중요한 과제이다.

"과거는 속죄되고 극복되어야 한다. 과거 문제를 해결하려고 애쓴다는 것은 슬픔을 이기기 위한 정신적 노력을 다함을 뜻한다."(IK, 116)는 일인칭 서술자의 생각처럼, 모든 노력을 다해 어두운 과거를 제대로 청산되지 못하면 그 과거는 다시 반복된다. 예컨대 독일 역사에서 가장 수치스러운 죄과인 "아우슈비츠는 결코 끝나지 않는다."[6] 일인칭 서술자는 노벨레의 맨 마지막 문장에서 과거를 잊어버리고자 하는 풍토에 경고의 메시지를 보내면서 "그것은 중단되지 않는다. 결코 그것은 중단되지 않는다."라고 결론을 맺는다.[7]

---

6 G. Grass: Schreiben nach Auschwitz, in: D. Hermes, (Hg.): Günter Grass. Der Autor als fragwürdiger Zeuge, München 1997, S. 195-222, hier S. 212.

우리가 "지나간 것의 현재화"를 통해 역사를 이미 지나가버린 것, 잊어버려야만 하는 과거지사가 아니라 끊임없이 현재의 차원에 다시 불러들여 새롭게 해석하고 극복해야 할 대상임을 깨달을 때 『게걸음으로』가 전달하고자 하는 메시지를 제대로 읽은 것이다. 1990년 독일통일 이후 오늘날까지도 네오나치즘의 망령이 활개 치는 것을 볼 때, 20세기 독일의 역사를 눈앞에 생생하게 펼쳐 놓으며 역사적 진실을 보여주면서, 나치 시대의 비극이 다시 되살아나지 않도록 부단히 기억하라는 『게걸음으로』의 메시지는 여전히 시의성을 잃지 않고 있다. 제대로 과거 청산을 하지 못할 때 우리는 끊임없이 반복되는 역사의 질곡에서 벗어날 수가 없으며, 우리의 오늘과 내일도 결코 밝을 수 없다. 이 작품의 독서가 독일의 과거와 현재의 사회현실을 분석하는 차원에 머물지 않고, 우리 자신의 역사와 현실을 직시하면서 반성하고 각성하는 계기로 이어져야 할 것이다.

그라스 전체 문학 세계의 특징이자 가장 큰 매력은 무엇보다도 환상적 리얼리즘의 세계, 즉 사실과 허구가 절묘하게 어우러진 팩션의 성격에 있다. 경험적인 현실세계에서는 상상할 수 없는 환상적 요소들이 사실적 요소들과 서로 구분될 수 없이 상호 침투함으로써 역사적-사실적 모사와 미학적-허구적 서술이 거의 구분될 수 없을 정도이다. 더구나 세부적이고 치밀하게 묘사하는 디테일 리얼리즘의 서술 방식이 사용됨으로써 서술된 내용이 허구인지 사실인지 분간할 수 없는 독특한 효과가 생겨난다. 환상적 요소는 경험적

---

7 이러한 인식은 『양철북』에서 언급된 "지나가버리는 것은 아무것도 없다. 모든 것은 되돌아온다."(WⅡ, 582)는 인식과 궤를 같이한다.

인 현실 세계와 동떨어진 황당무계한 영역으로서가 아니라, 오히려 경험적인 현실의 이면을 들추어냄으로써 보다 더 높은 차원의 총체적인 현실상을 그려내는 또 하나의 다른 현실의 영역으로서 기능하고 있다. 결국 『게걸음으로』을 비롯하여 그라스의 모든 작품에 엄청난 탄력성과 시적인 생명력을 부여하는 것은 사실과 허구의 끊임없는 변증법적 상호 작용인 것이다.

작가 연보

1927 10월 16일 자유시 단치히Danzig(현재 폴란드령 그단스크Gdańsk)의 교외 랑푸르Langfuhr(현재 폴란드령 브제스치Wrzeszcz)에서 식료품 가게를 하는 소시민 가정에서 태어남. 아버지 빌헬름 그라스Wilhelm Grass(1899-1979)는 제국 독일인으로 개신교 신자였으며, 어머니 헬레네 그라스Helene Grass(1898-1954)는 슬라브 족의 일파인 카슈브 계 폴란드 인으로 가톨릭 신자였음.

1933 44년까지 단치히에서 초등학교와 실업계 김나지움에 다님. 나치 소년단, 히틀러 청년단의 단원이 됨. 15세 때 집을 벗어나고 싶은 마음에 U보트 부대에 지원했으나 거절당한 후 제국노동봉사대 노무자로 일하다가 17세 때인 1944년 11월 10일, 드레스덴Dresden에 주둔한 나치 친위대 소속 제10 기갑사단에 징집되어 복무함. 코트부스Cottbus에서 부상을 입고 마리엔바트Marienbad의 군병원에 입원했으며, 45년 바이에른Bayern의 미군 포로수용소에 수용됨.

1946 전쟁 포로 생활에서 풀려남. 김나지움 중퇴. 시골에서 임시 노동자 생활, 칼리 광산에서 광부 생활을 함.

1947 뒤셀도르프Düsseldorf에서 석공 및 석각 견습공 생활을 함. 가톨릭 사회복지사업단에서 운영하는 뒤셀도르프의 카리타스 합숙소에서 1951년까지 생활함.

1948 뒤셀도르프 미술대학에 다니면서 그래픽 작가인 마게스Sepp Mages와 조각가인 판코크Otto Pankok 밑에서 배움. 재즈 그룹의

멤버로 활동함.

1951 51년부터 52년 사이에 이탈리아와 프랑스로 배낭여행을 떠남. 발레를 전공하던 스위스인 여대생 안나 슈바르츠Anna Margareta Schwarz와 알게 됨.

1953 베를린 예술대학에서 조각가 하르퉁Karl Hartung 밑에서 56년까지 조각 수업을 계속 받기 위해 베를린으로 이주함.

1954 안나 슈바르츠와 결혼함.(그녀와 사이에 네 자녀를 둠.)

1955 남독방송국에서 개최한 서정시 경연대회에서 3등에 입상함. '47그룹(Gruppe 47)의 초대를 받게 되고 그 모임에서 처음으로 서정시를 낭독하고 횔러러Walter Höllerer와 친교를 맺음. 슈투트가르트와 베를린에서 조각과 그래픽 작품 전시회를 개최함. 문예지 『악첸테(Akzente)』에 첫 산문작품 「나의 푸른 뜰(*Meine grüne Wiese*)」을 발표함.

1956 첫 시집 『바람닭의 장점들(*Die Vorzüge der Windhühner*)』 출간함. 프랑스 파리로 이주함. 하이네Heinrich Heine의 묘를 여러 차례 방문하고, 파울 첼란Paul Celan과 친교를 맺음. 그 후 59년까지 파리에 거주함.

1957 프랑크푸르트에서 드라마 『홍수(*Hochwasser*)』 초연이 있었음. 쌍둥이 아들 프란츠Franz와 라울Raoul 태어남.

1958 폴란드 여행함. 초고 상태의 소설 『양철북(*Die Blechtrommel*)』으로 '47 그룹상을 수상함. 쾰른에서 드라마 『숙부님, 숙부님(*Onkel, Onkel*)』 공연함. 희곡 『버팔로까지는 아직 10분(*Noch zehn Minuten bis Buffalo*)』, 『말타고 왕복하다. 극장에서의 서막(*Beritten hin und zurück: Ein Vorspiel auf dem Theater*)』 등을 발

표함.

1959 첫 장편소설 『양철북(*Die Blechtrommel*)』 발표함. 브레멘 주의 문학상 후보에 올라 심사위원회에서는 승인되었으나 브레멘 시정부에서 부결됨. 남독 방송국에서 소극笑劇 『32개의 이빨(*Zweiunddreißig Zähne*)』을 방송극으로 내보냄.

1960 시집 『글라이스드라이엑(*Gleisdreieck*)』 발표함. 파리에서 베를린으로 돌아옴. 독일비평가협회 문학상 수상함. 11월부터 『고양이와 쥐(*Katz und Maus*)』 집필을 시작함.(처음 제목은 『기사십자훈장 달고 다니는 자(*Der Ritterkreuzträger*)』였으며, 원래는 『개들의 시절(*Die Hundejahre*)』의 일부로서 구상되었음.)

1961 5월 9일 노벨레 『고양이와 쥐』의 원고를 루흐터한트 출판사에 보냄. 희곡 『악한 요리사들(*Die bösen Köche*)』이 베를린에서 공연됨. 베를린 장벽 설치를 계기로 동독 작가 안나 제거스Anna Seghers에게 보내는 공개서한 발표함. 총선에서 사민당 당수 브란트Willy Brandt의 찬조 연사로 정치 활동 시작함. 딸 라우라Laura 태어남.

1962 『양철북』으로 프랑스로부터 '외국 최고의 책' 문학상 수상함.

1963 장편 『개들의 시절(*Die Hundejahre*)』 발표. 이로써 『양철북』, 『고양이와 쥐』와 더불어 '단치히 3부작' 완성됨. 베를린 예술원 회원이 됨.

1964 최초의 미국 여행.

1965 미국 케뇬Kenyon 대학으로부터 명예박사 학위를 받음. 사민당을 위해 52회에 걸쳐 연방의회선거 유세에 나섬. 다름슈타트Darmstadt에서 뷔히너Georg Büchner상을 수상함. 아들 브루

노Bruno 태어남.

1966 희곡 『평민들 반란을 시험하다(*Die Probejer proben den Aufstand*)』 베를린에서 공연. 미국 여행, 체코와 헝가리 여행. 『고양이와 쥐』가 영화로 만들어짐.

1967 이스라엘 여행함. 2월 2일 영화 〈고양이와 쥐〉가 최초로 상연됨. 시집 『질문공세를 받고(*Ausgefragt*)』 발표함.

1968 『자명한 것에 관하여(*Über das Selbstverständliche*)』 발표. 폰타네 Theodor Fontane 상 수상함.

1969 희곡 『사전에(*Davor*)』 베를린에서 초연함. 장편소설 『국부마취(*Örtlich betäubt*)』 출간함. 테오도르 호이스Theodor Heuss 상 수상함. 190회에 걸쳐 사민당을 위해 연방의회 선거 유세를 함. 연설집 『문학과 혁명(*Literatur und Revolution*)』 발표함.

1970 독일과 폴란드간의 조약에 서명하기 위해 바르샤바로 떠나는 연방 수상 브란트를 수행함. 수많은 정치 연설문을 발표함.

1971 『시 모음집(*Gesammelte Gedichte*)』 출간함. 탄자니아와 이스라엘 여행함.

1972 장편 『어느 달팽이의 일기에서(*Aus dem Tagebuch einer Schnecke*)』 출간함. 사민당을 위해 129회의 연방의회선거 유세를 함. 슐레스비히-홀슈타인 주의 베벨스플레트Wewelsfleth에 집을 매입함.

1973 브란트와 함께 이스라엘을 여행함.

1974 정치 연설집 『시민과 그의 소리(*Der Bürger und seine Stimme*)』 발표함. 4월 24일 수상실 비서인 귄터 기욤Günter Guillaume(1927-1995)이 동독의 스파이라는 사실이 밝혀져, 브

란트가 정치적 책임을 지고 5월 7일 수상 직에서 물러나는 사건이 발생함. 가톨릭에서 탈퇴함. 딸 헬레네Helene 태어남.

1975 최초의 인도 여행. 뉴델리에서 「어림셈에 따르면(*Nach grober Schätzung*)」이라는 제목의 연설을 함.

1976 문학 잡지 『L'76』(나중에 『L'80』으로 지속됨)의 공동 창간인 겸 편집인으로 활동함. 미국의 하버드 대학에서 명예박사 학위 받음.

1977 동화적인 장편소설 『넙치(*Der Butt*)』 발표함. 미국, 캐나다 등지에서 작품 발표회를 개최함.

1978 알프렛 되블린Alfred Döblin상 설립함. 이미 1972년부터 별거를 해온 첫 아내 안나 그라스와 이혼함. 『양철북』의 영화화에 적극 참여함. 아시아(일본, 인도, 홍콩, 타일랜드 등) 및 아프리카 케냐 여행함.

1979 장편 『텔크테에서의 만남(*Das Treffen in Telgte*)』 출간함. 『양철북』이 슐뢴도로프Volker Schlöndorff 감독에 의해 영화화되어 칸 영화제에서 황금종려상을 수상함. 오르간 연주자인 우테 그루너트Ute Grunert와 재혼함.

1980 장편 『두산 또는 독일인들이 멸종되어간다(*Kopfgeburten oder die Deutschen sterben aus*)』 출간함.

1982 사민당에 입당함. 1954년부터 1977년까지 만든 그라스의 그래픽 작품들과 관련 텍스트를 한데 묶은 『Zeichnungen und Texte 1954-1977』(Hg. Anselm Dreher), 그리고 1972년부터 1982년까지 만든 동판화를 한데 묶은 『동판화와 텍스트(*Radierungen und Texte* 1972-1982)』(Hg. Anselm Dreher)를 출간함.

1983 86년까지 베를린 예술원 원장으로 활동함. 시집 『아, 넙치님, 당신의 동화는 나쁘게 끝나는군요(Ach Butt, dein Märchen geht böse aus)』 발표함.

1986 장편 『암쥐(*Die Rättin*)』 출간함. 1972년부터 1986년 사이에 만든 동판화와 1975년부터 1984년 사이에 만든 석판화를 모은 『구리에 새기고, 돌 위에 새긴 판화(*In Kupfer, auf Stein*)』를 슈타이들(Steidl) 출판사에서 출간함. 87년까지 캘커타에 체류함.

1988 인도 여행에서 보고 느낀 것을 글과 그림으로 묶은 서화집 『혀를 내보이다(*Zunge zeigen*)』 출간함.

1989 살만 루시디Salman Rushidi에 대한 무조건적 지지를 유보한 베를린 예술원에서 탈퇴함. 화집 『스케치북(*Skizzenbuch*)』 발간함.

1990 화집 『죽은 나무(*Totes Holz*)』 발표함. 『독일 부채청산 (*Deutscher Lastenausgleich*)』, 『독일민주공화국이라는 이름의 싸구려 상품(*Ein Schnäppchen namens DDR*)』, 『우리 머릿속의 벌채(*Kahlschlag in unseren Köpfen*)』 등 연설문, 에세이집 발표함. 포스난 대학 명예박사 학위를 받음.

1991 그림 서간 『알트되베른으로부터 온 편지들(*Briefe aus Altdöbern*)』, 작업실 보고서 『40년(*Vier Jahrzehnte*)』발표함.

1992 장편 『무당개구리 울음(*Unkenrufe*)』 출간. 연설문 『상실에 관한 연설(*Rede vom Verlust*)』 발표함. 망명자 협정을 거부한 데 실망하여 사민당을 탈퇴함.

1993 13편의 소네트로 이루어진 시집 『11월의 나라(*Novemberland*)』 발표. 쿠바와 멕시코 여행. 그단스크 명예시민이 됨. 1993

년 5월 그단스크 대학으로부터 명예 박사학위를 수여받으면서 '경계 뛰어넘기(Vom Überspringen der Grenzen)'라는 제목의 연설을 행함.

1994 바이에른 예술원의 문학 대상을 비롯해 수많은 문학상을 받음.

1995 독일 통일 문제를 다룬 장편 『아득한 벌판(*Ein weites Feld*)』을 출간함으로써 큰 논란을 불러일으킴.

1996 소닝 상(Sonning-Preis), 팔라다 상(Fallada-Preis), 토마스 만(Thomas Mann-Preis) 상을 비롯해 수많은 상을 수상함.

1997 칠순 기념으로 16권으로 된 작품집을 발간하고, 수채화가 있는 시집 『글을 안 읽는 사람들을 위한 습득물(*Fundsachen für Nichtleser*)』을 발표함.

1998 작가들의 박해에 항의하는 집회를 계기로 5월 10일 베를린 예술원에 입회함.

1999 장편 『나의 세기(*Mein Jahrhundert*)』 출간함. 『양철북』으로 노벨문학상 수상함. 12월 18일 제1회 귄터 그라스 국제 콜로키움이 있었음.

2001 6월 20일부터 7월 7일까지 동대입구 전철역 근처 파라다이스 빌딩 안에 있는 한국문학관에서 그라스의 동판화 30여 점이 전시됨.

2002 2월에 노벨레 『게걸음으로(*Im Krebsgang*)』 발표함. 1만 명 가까운 사상자가 발생한 역사상 최대 규모의 선박참사였던 빌헬름 구스틀로프 호 침몰 사고를 소재로 한 이 소설은 제2차 세계대전 이후 금기시되어 온 '피해자로서의 독일인'

문제를 본격적으로 다룸으로써 문학비평가들의 찬반양론과 독자들의 큰 관심을 불러일으킴. 5월에 중앙대학교 한독문화연구소 주최 국제 심포지엄('통일과 문화') 참석차 내한함.

2003 시화집 『마지막 춤(*Letzte Tänze*)』 발표함.

2006 장편소설 『양파껍질 벗기기(*Beim Häuten der Zwiebel*)』 발표. 그라스가 17세 때, 제2차 세계대전이 끝나가던 무렵, 드레스덴에 주둔한 나치 무장친위대 제10기갑사단에 징집되어 복무했었다는 고백을 담은 자서전적 성격의 이 작품의 출간을 전후하여 격렬한 찬반논쟁이 일어남. 2월 8일부터 2월 28일까지 서울 종로구에 위치한 갤러리 고도에서 귄터 그라스 판화, 조각전이 열림.

2008 장편소설 『상자 카메라(*Die Box*)』 발표함.

2012 4월 4일 일간지 『쥐트도이체 차이퉁』지에 핵무기 보유국으로서 세계 평화를 위협한다는 이유를 들어 이스라엘을 비판하는 산문시 「반드시 말해야만 하는 것(*Was gesagt werden muss*)」발표. 독일인의 금기사항으로 인식되어 온 이스라엘 비판으로 독일 정치권의 비난을 받았으며 이스라엘로부터는 독일 외교상 기피인물로 지정됨. 그로부터 약 두 달 뒤인 5월 27일 『쥐트도이체 차이퉁』지에, 경제위기에 처한 그리스를 비판하는 세계, 특히 유럽 국가들을 향해 따가운 일침을 가하는 「유럽의 수치(*Europas Schande*)」라는 제목의 시를 발표함.

2015 4월 13일 독일 북부 슐레스비히홀슈타인 주에 위치한 항구도시 뤼베크의 한 병원에서 타계함. 12월 12일부터 2016년

2월 12일까지 두 달간 제주현대미술관에서 열린 '귄터 그라스 특별전'에서 그라스의 드로잉과 판화 작품 80여점과 조각 작품 11점(뤼베크의 귄터 그라스 하우스 소장품)을 선보임.

2016 4월 8일부터 5월 8일까지 단원미술관에서 안산시 승격 30주년을 기념하는 귄터 그라스 특별전이 있었음. 그라스의 판화작품 80여점과 조각 작품 10여점 외에도 자필 시원고와 양철북 포스터 등 귄터 그라스의 문학과 조형예술 작품이 접목된 다양한 자료가 전시되고, 귄터 그라스의 삶과 예술에 관해 중앙대학교 김누리 교수의 강연이 있었음. 그밖에도 비극 『민중들 반란을 연습하다』의 낭독 공연, 영화 '양철북' 관련 강연과 영화 상영이 있었음.

참고 문헌

1. 일차문헌

Grass, Günter: Über das Selbstverständliche. Politische Schriften, München 1969.

______: Aufsätze zur Literatur, Darmstadt 1980.

______: Zeichnungen und Texte 1954-1977. Hg. v. Anselm Dreher, Darmstadt/Neuwied 1982.

______: Radierungen und Texte 1972-1982. Hg. v. Anselm Dreher, Darmstadt/Neuwied 1982.

______: In Kupfer, auf Stein. Göttingen 1986.

______: Werkausgabe in zehn Bänden, Hg. v. Volker Neuhaus, Darmstadt und Neuwied 1987.

Band Ⅰ: Gedichte und Kurzprosa, Hg. v. Anita Overwien Neuhaus/Volker Neuhaus.

Band Ⅱ: Die Blechtrommel, Hg. v. Volker Neuhaus.

Band Ⅲ: Katz und Maus; Hundejahre, Hg. v. Volker Neuhaus.

Band Ⅳ: örtlich betäubt; Aus dem Tagebuch einer Schnecke, Hg. v. Volker Neuhaus.

Band Ⅴ: Der Butt, Hg. v. Claudia Mayer.

Band Ⅵ: Das Treffen in Telgte; Kopfgeburten oder Die Deutschen sterben aus, Hg. v. Christoph Sieger.

Band Ⅶ: Die Rättin, Hg. v. Angelika Hille-Sandvoß.

Band Ⅷ: Theaterspiele, Hg. v. Angelika Hille-Sandvoß.

Band Ⅸ: Essays Reden Briefe Kommentare, Hg. v. Daniela

Hermes.

Band X: Gespräche mit Günter Grass, Hg. v. Klaus Stallbaum.

Grass, Günter: Zunge zeigen. Darmstadt 1988.

______: Die Gedichte 1955-1986. Darmstadt 1988.

______: Kurze Rede eines vaterlosen Gesellen. Die Zeit 09.02.1990. Nr.07.

______: Schreiben nach Auschwitz. Nachdenken über Deutschland: ein Schriftsteller zieht Bilanz aus 35 Jahren/Die Frankfurter Poetik-Vorlesung. Die Zeit 23.02.1990. Nr.09, S 1-24.

______: Deutscher Lastenausgleich. Wider das dumpfe Einheitsgebot. Frankfurt a.M. 1990.

______: Gegen die verstreichende Zeit. Hamburg 1991.

______: Unkenrufe. Eine Erzählung, Göttingen 1992.

______: Rede vom Verlust. Über den Niedergang der politischen Kultur im geeinigten Deutschland. Göttingen 1992.

______: Novemberland. 13 Sonette. Göttingen 1993.

______: Ein weites Feld. Roman, Göttingen 1995.

______: Angestift, Partei zu ergreifen. Göttingen 1995.

______: Ach Butt, dein Märchen geht böse aus. Gedichte und Radierungen. München 1996.

______: Der Schriftsteller als Zeitgenosse Hg. v. Daniela Hermes, Göttingen 1996.

______: Der Autor als fragwürdiger Zeuge, Göttingen 1997.

______: Mein Jahrhundert, Göttingen 1999.

Grass, Günter/Zimmermann, Harro: Vom Abenteuer der Aufklärung. Werkstattgespräche, Göttingen 1999.

Grass, Günter: Fortsetzung folgt. Literatur und Geschichte, Göttingen 1999.

Grass, Günter/Milosz, Czeslaw/Szymborska, Wislawa/Venclova. Tomas(Hg.): Die Zukunft der Erinnerung, Göttingen 2001.

Grass, Günter: Im Krebsgang. Eine Novelle, Göttingen 2002. (장희창 옮김: 게걸음으로 가다, 민음사 2002.)

_____: Letzte Tänze, Göttingen 2003.

_____: Fünf Jahrzehnte. Ein Werkstattbericht. Hg. v. G. Fritze Margull, Göttingen 2004.

_____: Beim Häuten der Zwiebel, Göttingen 2006.

_____: Dummer August, Gedichte, Lithographien und Zeichnungen. Göttingen 2007.

_____: Die Box. Dunkelkammergeschichten, Göttingen 2008.

2. 이차문헌

권진숙: 그라스의 『양철북』 연구 – 불구적 세계를 중심으로 –. 한국외국어대학교 박사학위논문 1987.

김누리: Günter Grass의 「Die Blechtrommel」 연구 – 소시민사회와 전후사회 비판을 중심으로 – , 서울대학교 석사학위논문 1988.

_____: 귄터 그라스의 참여문학론, 독일어문학, 제13집, 2000, 1-28쪽.

_____: 역사적 터부의 문학적 형상화- 귄터 그라스의 소설 『게걸음으

로 가다』의 서사구조 연구. 실린 곳: 독일문학 제85집 44권 1호, 2003, 256-280쪽.
_____: 알레고리와 역사. 권터 그라스의 문학과 사상, 민음사, 2003.
_____: 권터 그라스의 나치 전력 논쟁, FES-Information-Series 2007-02, 2007. 1-12쪽.
김래현: 채팅룸 속에서의 독일 과거 - 권터 그라스의 소설 『게걸음으로』. 독일어문학 제20집, 2003, 63-86쪽.
김용민: 고백을 통한 과거극복 - 권터 그라스의 친위대 근무 고백을 둘러싼 논쟁, 유럽사회문화 제3호, 2009, 185-206쪽.
_____: 새로운 유럽공동체를 위한 제안: 권터 그라스의 『무당개구리 울음』, 유럽사회문화 제5호, 2010, 5-31쪽.
김홍근: 권터 그라스의 『게걸음으로 가다』 연구, 한국외국어대학교 대학원, 석사학위 논문. 2004.
박병덕: 권터 그라스의 『넙치』에 나타난 서술기법, 서울대학교 박사학위논문. 1992.
_____: 권터 그라스의 소설에 나타난 환상적 리얼리즘. 독일언어문학 제4집, 1995, 146-169쪽.
_____: 그라스의 역사개념과 『넙치』에 나타난 동시성의 기법. 독일언어문학 제10집. 1998, 199-214쪽.
_____: 권터 그라스의 문학 세계, 다섯수레. 2001.
_____: 권터 그라스의 『양철북』에 대한 독서 모델: 환상적 리얼리즘 소설로서의 『양철북』 읽기, 독일언어문학 제 34집, 2006, 131-150쪽.
박장현 편역: 독일통일, 한국의 모델인가? 문원출판 1999.
박현정: 포스트 종말의 글쓰기와 재난의 문학적 형상화 - 권터 그라스의

『암쥐』에 나타난 생태적 의미, 뷔히너와 현대문학 제48호, 2017, 209-228쪽.

변학수: 서술방식으로서의 반기억. - 귄터 그라스의 『게걸음으로 가다』와 신경숙의 『엄마를 부탁해』. 독일어문학 제60집. 2013, 141-162쪽.

송충기: 뉘른베르크 재판과 나치청산, 역사교육 93집, 2005, 223-249쪽.

신혜정: 귄터 그라스의 『개들의 시절』의 서사구조 연구, 중앙대학교 대학원 석사학위 논문. 2009

양태규: 귄터 그라스와 고향, 기억, 그리고 정체성. 독어교육 제23집, 2002, 447-470쪽.

_____: 문학과 정치의 생산적 긴장 - 귄터 그라스의 『텔크테에서의 만남』과 문화민족 -, 독어교육 제26집. 2003, 413-436쪽.

_____: 『게걸음치면서』와 "기억의 미래." 독일언어문학 제31집, 2006, 125-151쪽.

오은경: 구스틀로프호의 침몰에 대해 이야기하기: 영화 〈구스틀로프호〉와 소설 〈게걸음으로〉에서 살펴본 '타자'의 역사, 영화연구 66집, 2015, 125-153쪽.

이덕형·김수정·송윤희: 독일, 통일 이후가 문제였다. 통일독일 지식인논쟁, 경북대학교 출판부 2007.

이소영·정정호(공편): 페미니즘과 포스트모더니즘. 한신문화사. 1993.

임홍배: 아우슈비츠의 기억과 재현의 문제 - 생존자들의 증언을 중심으로. 뷔히너와 현대문학 31집, 2008, 203-227쪽.

장희창: 귄터 그라스의 『양파껍질을 벗기며』를 둘러싼 논쟁들, 괴테연구 23권, 2010, 159-174쪽.

조영준: 권터 그라스의 「양철북」 – 독일소시민사회의 해부 – 한국학술정보(주). 2004.

조현천: 권터 그라스의 『양철북』 – 청산되지 않은 역사, 성장할 수 없는 독일, 헤세연구 20집, 2008, 285-308쪽.

최순봉: 토마스 만 연구, 삼영사 1981.

프리데만 슈피커·임정택(공편): 논쟁 – 독일통일의 과정과 결과, 창작과비평사 1991.

허영재: 독일문학에 나타난 통일과 재통일 – 테오도르 폰타네와 권터 그라스를 중심으로. 독일언어문학 제10집, 1998, 335-365쪽.

황성모: 통일독일 현장연구, 도서출판 일념 1990.

Adler, Hans/Hermand, Jost(Hg.): Günter Grass: Ästhetik des Engagements, New York 1996.

Adorno, Theodor W: Negative Dialektik, Frankfurt 1966.

Agazzi, Elena: Erinnerte und rekonstruierte Geschichte. Drei Generationen deutscher Schriftsteller und die Fragen der Vergangenheit, Göttingen 2005.

Anz, Thomas(Hg.)(이덕형·안삼환 역), 통일독일 문학논쟁. 문제는 크리스타 볼프가 아니다. 경북대학교 출판부 2004.

Arendt, Hannah: Eichmann in Jerusalem. Ein Bericht von der Banalität des Bösen, München 2006.

_____: Über das Böse. Eine Vorlesung zu Fragen der Ethik, München 2006.

Arker, Dieter: Nichts ist vorbei, alles kommt wieder. Untersuchungen zu Günter Grass' Blechtrommel. Heidelberg 1989.

Arnds, Peter O.: *Representation, Subversion and Eugenics in Günter Grass's* The

Tin Drum, Rochester NY USA 2004.

Arnold, Heinz Ludwig/Görtz, Franz Josef: Günter Grass. Dokumente zur politischen Wirkung, München 1975.

Arnold, Heinz Ludwig(Hg.): Günter Grass. Text+Kritik. 1/1a. Fünfte Aufl.. München 1978.

_____: Günter Grass. Text+Kritik. 1. Sechste Aufl: Neufassung. München 1981.

_____: Blechgetrommelt. Günter Grass in der Kritik. Steidl: Göttingen 1997.

Assmann, Jan: Das kulturelle Gedächtnis. Schrift, Erinnerung und politische Identität in frühen Hochkulturen, München 1997.

Assmann, Aleida(변학수, 채연숙 역): 『기억의 공간』, 경북대학교 출판부, 2003.

Aust, Hugo: Novelle, 3., überarb. und aktualisierte Aufl., Stuttgart 1999.

Aust, Stefan/Burgdorff, Stephan: Die Flucht. Über die Vertreibung der Deutschen aus dem Osten, Stuttgart 2002.

Bajarûniené, Jadvyga: AUTOGRAFISCHES UND GESCHICHTLICHES IN DER SPÄTEN PROSA VON GÜNTER GRASS, LITERATÛA 49(5), 2007, S. 172-181.

Bathke, Peter/Spindler,Susanne(Hg.): Neoliberalismus und Rechtsextremismus in Europa. Zusammenhänge – Widersprüche – Gegenstrategien. Berlin 2006.

Bauer, Matthias: Romantheorie, Stuttgart 1997.

Baumgarten, Joseph E.: COMBATING THE BANALITY OF EVIL:

PORTRAYALS OF THE LITERARY FEMALE VILLAIN IN GÜNTER GRASS' *DANZIGER TRILOGIE* AND NOVELLA *IM KREBSGANG*, Master of Arts, Brigham Young University 2005.

Bekes, Peter et al: Deutsche Gegenwartslyrik. München 1982.

Benz, Wolfgang (Hg.): Legenden, Lügen, Vorurteile. Ein Wörterbuch zur Zeitgeschichte. München, 1. Aufl., 1990.

Benz, Wolfgang: *Der Holocaust*, München 1999. (최용찬 옮김: 『홀로코스트』, 지식의 풍경 2002.)

Bernhardt, Rüdiger: Erläuterungen zu Günter Grass: *Im Krebsgang*. (= Königs Erläuterungen und Materialien Band 416), Hollfeld 2003.

Bjornstad, Jennifer I.: FUNCTIONS OF HUMOR IN GERMAN HOLOCAUST LITERATURE: EDGAR HILSENRATH, GÜNTER GRASS, AND JUREK BECKER, Disertation at the UNIVERSITY OF WICONSIN-MADISON 2001.

Brady, Philip/Mcfarland, Timothy/White, John J.(Hg.): Günter Grass' *Der Butt*. Sexual Politics and the Male Myth of History. New York 1990.

Brandes, Ute: Günter Grass. Berlin 1998.

Braese, Stephan: „Tote zahlen keine Steuern". Flucht und Vertreibung in Günter Grass' „Im Krebsgang" und Hans-Ulrich Treichels „Der Verlorene". In: *Gegenwartsliteratur* 2, 2003, S. 171-196.

Braungart, Wolfgang: Tabu. In: Jan-Dirk Müller(Hrsg). *Reallexikon der deutschen Literaturwissenschaft, neue Bearbeitung. Bd* 3. Berlin 2003, S.

570-572.

Brettschneider, Werner: *Zorn und Trauer. Aspekte deutscher Gegenwartsliteratur*, Berlin 1981.

Brochhagen, Ulrich: *Nach Nürnberg. Vergangenheitsbewältigung und Westintegration in der Ära Adenauer*. Hamburger Institut für Sozialforschung, Hamburg 1994.

Brode, Hanspeter: Die Zeitgeschichte im erzählenden Werk von Günter Grass. Versuch einer Deutung der "Blechtrommel" und der "Danziger Trilogie". Frankfurt a.M./Bern 1976.

_____: Günter Grass. Autorenbücher 17. München 1979.

Brooker, Peter(ed.): Modernism/Postmodernism, London/New York 1992.

Bruhns, Wibke: *Meines Vaters Land. Geschichte einer deutschen Familie*, Berlin 2004.

Brünger, Sebastain: Kriege der Erinnerung. Deutsche Erinnerungskultur zwischen Literatur und Geschichswissenschaft anhand Günter Grass' Novelle *Im Krebsgang*, Magisterarbeit. Universität Mannheim 2006.

Brunkhorst-Hasenclever, Annegrit/Brunkhorst, Martin: Grass: '*Die Blechtrommel*' und '*Katz und Maus*', Stuttgart 2003.

Buck, Theo/Arnold, Heinz Ludwig(Hg): Positionen des Erzählens. Analyse und Theorien zur deutschen Gegenwartsliteratur. München 1976.

Buhr, Manfred(Hg.)(1990): Moderne-Nietzsche-Postmoderne. Berlin 1990.

Burrin, Philippe: *Warum die Deutschen? Antisemitismus, Nationalsozialismus,*

Genozid. Berlin 2004.

Busche, Jürgen: *Die 68er. Biographie einer Generation*, Berlin 2005.

Butollo, Willi / Hagl, Maria / Krüsmann, Marion: *Kreativität und Destruktion posttraumatischer Bewältigung. Forschungsergebnisse und Thesen zum Leben nach dem Trauma*, Stuttgart 1999.

Caspari, Martina: *Im Krebsgang gegen den Strich: Das schwierige Geschäft des Erinnerns bei Günter Grass*, Germanic Notes and Reviews, Volume 33, number 2, Fall/Herbst 2002.

Cepl-Kaufmann, Gertrude: Günter Grass. Eine Analyse des Gesamtwerkes unter dem Aspekt von Literatur und Politik. Kronberg 1975.

_____: Der Deutschen unauslöschliche Vergangenheit. Günter Grass' Roman *Hundejahre*. In: Gerhard Rupp(Hg.): Klassiker der deutschen Literatur, Würzburg 1999, S.273-300.

Cunliffe, W. G.: Günter Grass. New York 1969.

Detlef Mühlberger: Hitler's Voice – The Völkischer Beobachter, 1920-1933. Band 1: Organisation & Development of the Nazi Party, Band 2: Nazi Ideology and Propaganda. Bern 2004.

Diers, Kai Artur: Cultual Memory, Indentity and Representation of Flight and Expulsoin, Dissertation, The State University of New Jersey 2007.

Dobson, Christopher / Miller, John / Payne, Ronald: The Cruelst Night: The Untold Story of one of the Greatest Maritime Tragedies of World War Ⅱ, OH, USA 1979.

Durzak, Manfred(Hg.): Die deutsche Literatur der Gegenwart. Aspekte und

Tendenzen. Stuttgart 1976.

Durzak, Manfred: Der deutsche Roman der Gegenwart; Entwicklungsvoraus-setzungen und Tendenzen. Böll, Grass, Johnson, Wolf, Kant. 3., erw. u. veränd. Aufl., Stuttgart 1979.

Durzak, Manfred(Hg.): Zu Günter Grass. Geschichte auf dem poetischen Prüfstand. Stuttgart 1985.

Dye, Elisabeth: 'WEIL DIE GESCHICHTE NICHT AUFHÖRT': GÜNTER GRASS'S IM KREBSGANG. In: *German Life and Letters*(57: 4) 2004, S. 472-487.

Eco, Umberto(김운찬 역): 소설 속의 독자, 열린책들 1996.

Freund, Winfried: Novelle, Stuttgart 1998.

Fricke, Hannes: Romane des 20. Jahrhunderts. Band 3. Kapitel „Günter Grass: Im Krebsgang" 2003, S. 351 – 368(Interpretation).

Friedemann, Käte: Die Rolle des Erzählers in der Epik. Darmstadt 1965.

Friedrich, Jörg: Der Brand. Deutschland im Bombenkrieg 1940-1945, München 2002.

Fritzsche, Peter: *Wie aus Deutschen Nazis wurden*, Zürich 1999.

Fuchs, Herbert/Seiffert, Dieter(erarbeitet von): Helmut Flad(Hg.): *Unterrichtsmodelle mit Kopienvorlagen, Günter Grass Im Krebsgang*. Berlin 2004.

Fuhrer, Armin: "Die Todesfahrt der Gustloff" München 2007.

Furch, Hannelore: Der Erzählerdiskurs in "*Unkenrufe*" und "*Im Krebsgang*" von Günter Grass. Dissertation, Universität zu Köln 2013.

Gaede, Friedrich: Grimmelshausen, Brecht, Grass. Zur Tradition des literarischen Realismus in Deutschland. in:Simpliciana. Schriften der Grimmelshausen-Gesellschaft 1. 1979, S. 54-66.

Garde, Barbara: ≫Selbst wenn die Welt unterginge, würden deine Weibergeschichten nicht aufhören≪. *Zwischen Butt und Rättin*. Frauen und Frauenbewegung bei Günter Grass. Frankfurt a. M./ Bern/New York/Paris 1988.

Gauger, Jörg-Dieter/Kittel, Manfred(Hg.): Die Vertreibung der Deutschen aus dem Osten in der Erinnerungskultur. Sankt Augustin 2005.

Geißler, Rolf(Hg.): Günter Grass. Materialienbuch. 2. Aufl., Darmstadt/ Neuwied 1980.

Gerstenberg, Renate: Zur Erzähltechnik von Günter Grass, Heidelberg 1980.

Goetze, Albrecht: Pressionen und Deformation. Zehn Thesen zum Roman "Hundejahre" von Günter Graß. Göppingen 1972.

Görtz, Franz Josef(Hg.): Günter Grass: Auskunft für Leser. Dartmstadt und Neuwied 1984.

______: ≫*Die Blechtrommel*≪. Attraktion und Ärgernis. Ein Kapitel deutscher Literaturkritik, Darmstadt und Neuwied 1984.

Grube, Frank/Richter Gerhard: Flucht und Vertreibung. Deutschland zwischen 1944 und 1947, Hamburg 1980.

Hall, Katharina: Günter Grass's 'Danzig Duintet'. Explorations in the Memory and History of the Nazi Era from *Die Blechtrommel* to *Im Krebsgang*, Bern 2007.

Hage, Volker: *Zeugen der Zerstörung. Die Literaten und der Luftkrieg. Essays und*

Gespräche, Frankfurt 2003.

Halbwachs, Maurice: The collective Memory, New York 1980.

Hall, Katharina: Günter Grass's 'Danzig Quintet'. Explorations in the Memory and History of the Nazi Era from *Die Blechtrommel* to *Im Krebsgang*, Bern 2007.

Hamburger, Käte: Die Logik der Dichtung. Stuttgart 1968.

Hancock, Eleanor: *Ernst Röhm. Hitler's SA Chief of Staff.* New York 2008.

Harscheidt, Michael: G. Grass. Wort-Zahl-Gott. Der phantastische Realismus in den Hundejahren. Bonn 1976.

Heitmann, Brita: Chronist der „Gustloff", Zeitzeuge und Buchautor Heinz Schön in Bad Salzuflen gestorben. Die Preußische Allgemeine Zeitung, 24. April 2013

Hermes, Daniela(Hg.): Günter Grass. Der Autor als fragwürdiger Zeuge, München 1997.

Hermes, Daniela/Neuhaus, Volker(Hg.): Günter Grass im Ausland. Texte, Daten, Bilder. Frankfurt a. M. 1990.

Hillebrand, Bruno(Hg.): Zur Struktur des Romans. Darmstadt 1978.

Hillebrand, Bruno: Theorie des Romans. überarb. u. erw. Ausgabe. München 1980.

Hille-Sandvoss, Angelika: Überlegungen zur Bildlichkeit im Werk von Günter Grass. Stuttgart 1987.

Höfer, Adolf: Die Entdeckung der deutschen Kriegsopfer in der Gegenwartsliteratur. Eine Studie der Novelle *Im Krebsgang* von Günter Grass und ihrer Vorgeschichte, Literatur für Leser, Heft 3.

2003.

_____ : ‚Himmelskörper' und andere ‚Unscharfe Bilder'. Romane zur Thematik der deutschen Kriegsopfer im Gefolge der Novelle „Im Krebsgang" von Günter Grass. In: Literatur für Leser 28, 03 (2005), S. 147-163.

Honsza, Norbert/Swiatlowska, Irena(Hg.): *Günter Grass. Bürger und Schriftsteller*, Dresden 2008.

Hrdlík, Lubomír: Günter Grass - Im Krebsgang: Fakten und Fiktionen, Diplomarbeit, Masaryk - Universität Brünn 2010.

Hutcheon, Linda: The Politics of Postmodernism, London/New York 1991.

Hunt, Irmgard Elsner: Mütter und Muttermythos in Günter Grass' Roman *Der Butt*, Frankfurt a. M./Bern 1983.

Iser, Wolfgang: Die Appelstruktur der Texte. Konstanz 1974.

Jendrowiak, Silke: Günter Grass und ≫die Hybris≪ des Kleinbürgers. ≫Die Blechtrommel≪ - Bruch mit der Tradition einer irrationalistischen Kunst- und Wirklichkeitsinterpretation, Heidelberg 1979.

Jurgensen, Manfred(Hg.): Grass: Kritik-Thesen-Analysen. Bern 1973.

_____ : Über Günter Grass. Untersuchungen zur sprachbildlichen Rollenfunktion. Bern 1974.

Jürgs, Michael: Bürger Grass. Biografie eines deutschen Dichters, München 2004.

Just, Georg: Darstellung und Appel in der Blechtrommel von Günter Grass. Darstellungsästhetik versus Wirkungsästhetik, Frankfurt am Main

1972.

Kayser, Wolfgang: Entstehung und Krise des modernen Romans, Stuttgart 1954.

_____: Das sprachliche Kunstwerk. 5. Aufl., Bern 1959

Keele, Alan Frank: Understanding Günter Grass, Columbia, South Carolina 1988

Kemper, Peter(Hg.): Postmoderne oder Der Kampf um die Zukunft: Die Kontroverse in Wissenschaft, Kunst und Gesellschaft. Frankfurt a. M. 1988.

Kershaw, Ian: Der Hitler-Mythos. Führerkult und Volksmeinung, Stuttgart 1999.

Kettenacker, Lothar(Hg.): Ein Volk von Opfern? Die neue Debatte um den Bombenkrieg 1940-45, Berlin 2003.

Kniesche, Thomas: Die Genealogie der Post-Apokalypse: Günter Grass' '*Die Rättin*'. Wien 1991.

Knörrich, Otto(Hg.): Formen der Literatur. Stuttgart 1981.

Knopp, Guido: Die große Flucht. Das Schicksal der Vertriebenen, München 2001.

_____: Der Untergang der „Gustloff". München 2002.

Knörrich, Otto(Hg.): Formen der Literatur. Stuttgart 1981.

Koopmann, Helmut(Hg.): Handbuch des deutschen Romans. Düsseldorf 1983.

Kölbel, Martin(Hg.): Ein Buch, ein Bekenntnis. Die Debatte um Günter Grass' ≫Beim Häuten der Zwiebel≪, Göttingen 2007.

Kónya-Jobs, Nathalie: Räume in Günter Grass' Prosa. Bielefeld. Dissertation, Universität zu Köln 2016.

Kossert, Andreas: Kalte Heimat. Die Geschichte der deutschen Vertriebenen nach 1945, München 2008.

Kramer, Herbert(Hg.): Arbeitstexte für den Unterricht. Theorie der Novelle, Stuttgart 1980.

Kreutz-Arnold, Heike: Das Trauma der „Opfertäter“ und die Psychoästhetik der Trauer in Günter Grass' Novelle *Im Krebsgang*, Dissertation, Queen Mary University of London 2010.

Krimmer, E.: "Ein Volk von Opfern?" Germans as Victims in Günter Grass's Die Blechtrommel and Im Krebsgang, SEMINAR TORONTO, UNIVERSITY OF TORONTO PRESS, 2008, S. 272-290.

Krohn, Rüdiger: Lexikon der Deutschen Gegenwartsliteratur seit 1945 Band 1 A-J, München 2003.

Krumme, Detelef: Lesemodelle. Elias Canetti, Günter Grass, Walter Höllerer. München und Wien 1983.

Lämmert, Eberhard: Bauformen des Erzählens. Stuttgart 1983.

Leroy, Roland: Die Blechtrommel von Günter Grass. Eine Intepretation. Paris 1973.

Lettau, Reinhard(Hg.): Die Gruppe 47, Neuwied und Berlin 1967.

Liewerscheidt, Ute: Günter Grass. Die Blechtrommel. Interpretation und didaktische Analyse. 3., erg. Aufl., Hollfeld 1984.

Loschütz, Gerd(Hg.): Von Buch zu Buch. Günter Grass in der Kritik. Eine

Dokumentatioin. Neuwied/Berlin 1968.

Ludwig, Hans-Werner(Hg.): Arbeitsbuch. Romananalyse. Tübingen 1982.

Lüthi, Max: Märchen. 7., durchgesehene u. ergänzte Aufl., Stuttgart 1979.

Malchow, Timothy Bruce: Narrating Nations: Individual Memory and Collective Identity in the Early Prose of Günter Grass and Thomas Bernhards, Dissertation. The University of Minnesota 2003.

Mannack, Eberhard: Zwei deutschen Literatur? Zu G. Grass, U. Johnson, H. Kant, U. Plenzdorf und C. Wolf. Mit einer Bibliographie der Schönen Literatur in der DDR(1968-1974). Kronberg 1977.

Mason, Ann L.: The Skeptical Muse. A Study of Günter Grass' Conception of the Artists. Bern/Frankfurt a. M. 1974.

Mayer, Hans: Felix Krull und Oskar Matzerath. Aspekt des Romans, In: Positionen des Erzählens. Analysen und Theorien zur deutschen Gegenwartsliteratur hg. v. Heinz Ludwig Arnold und Theo Buck, München 1976, S.49-67.

Mayer-Iswandy, Claudia: ≫Vom Glück der Zwitter≪ Geschlechterrolle und Geschlechter- verhältnis bei Günter Grass, Frankfurt am Main·Bern·New York·Paris 1991.

Mews, Siegfried(Hg.): "The Fisherman and His Wife" Günter Grass's The Flounder in Critical Perspective, New York 1983.

Meyerhoff, Hans: Time in Literature. Berkeley/Los Angeles/London 1955.

Midgley, David: Günter Grass, Im Krebsgang: Memory, Medium and Message, A Journal of Germanic Studies, 2008, S. 55-67.

Migner, Karl: Theorie des modernen Romans. Stuttgart 1970.

Minden, Michael: “Grass auseinandergeschrieben:” Günter Grass's *Hundejahre* and Mimesis. In: *The German Quarterly* 86.1, 2013. pp.25-42.

Mitscherlich, Alexander und Margarete: Die Unfähigkeit zu trauern. Grundlagen kollektiven Verhaltens, München 1998.

Moeller, Robert G.: Sinking Ships, the Lost Heimat and Broken Taboos: Günter Grass and the Politics of Memory in Contemporary Germany. In: *Contemporary European History*, 12,2. 2003, pp.147-181.

_____: Germans as Victims? Thoughts on a Post-Cold War History of the Second World War's Legacies, History and Memory 17:1/2, 2005, pp. 147-194.

_____: The Politics of the Past in the 1950s: Rhetorics of Victimisation in East and West Germany, in Niven, Bill(ed.): Germans as Victims. Remembering the Past in Contemporary Germany, Basingstoke 2006, pp. 26-42.

Moser, Dietz-Rüdiger(Hg.): Handbuch der deutschsprachigen Gegenwartsliteratur seit 1945. München 1990.

Moser, Sabine: Günter Grass. Romane und Erzählungen, Berlin 2000.

_____: "DIESES VOLK, UNTER DEM ES ZU LEIDEN GALT" Die deutsche Frage bei Günter Grass. Frankfurt am Main; Berlin; Bern; Bruxelles; New York; Oxford; Wien. Kölner Studien zur Literaturwissenschaft (Hg, Volker Neuhaus) Bd. 13, 2002.

Müller-Hohagen, Jürgen: Verleugnet, Verdrängt, Verschwiegen. Seelische

Nachwirkungen der NS-Zeit und Wege zu ihrer Überwindung, München 2005.

Müller-Schwefe, Hans-Rudolf: Sprachgrenzen. Das sogenannte Obszöne, Blasphemische und Revolutionäre bei G. Grass und H. Böll, München 1978.

Naumann, Klaus: Der Krieg als Text: das Jahr 1945 im kulturellen Gedächtnis der Presse, Hamburg 1998.

Negt, Oskar(Hg.): Der Fall Fonty. Ein weites Feld von Günter Grass im Spiegel der Kritik. Göttingen 1996.

Neuhaus, Volker: Belle Tulla sans merci, In: arcadia 5, 1970(3), S. 278-295.

______: Günter Grass, 2. Aufl., Stuttgart 1992.

______: Günter Grass. Die Blechtrommel. München 1982.

______: Günter Grass: *Die Blechtrommel*.. In: Volker Neuhaus u.a.: Interpretationen Romane des 20. Jahrhunderts, Band 2, Stuttgart 1993, S.120-142.

______: Schreiben gegen die verstreichende Zeit. Zu Leben und Werk von Günter Grass, München 1997.

______: Günter Grass. Hundejahre. Kommentar und Materialien. Göttingen 2010.

______: ≫Ech ich nur noch dafier, daß main Sohn aines Tages mecht Zeugnis ablegen≪. - Das zweite Leben der Tulla Pokriefke. 여성연구논총 제9집 제2호, 2011, 75-96쪽.

Neuschäfer, Markus: Das bedingte Selbst. Familie, Identität und Geschichte im zeitgenössschen Generationenroman, Dissertation der Göttingen University. Berlin 2013.

Nicholson, Linda J.(Hg.): Feminism/Postmodernism, New York 1990.

Niven, Bill(Ed.): Germans as Victims. Remembering the Past in Contemporary Germany, New York 2006.

Nöhbauer, Hans F. : Die große Danziger Hundesaga. In: Abendzeitung. Munchen 10/11. 8. 1963.

Nolte, Ernst: Der Faschismus in seiner Epoche, München 2000.

Nylander, Göran: Günter Grass: Die Einstellung zum vermiedenen Thema in der Novelle "*Im Krebsgang*", Stockholm 2007.

Ohrgaard, Per: *Günter Grass*, Wien 2005.

Olaf, Hildebrand(erarbeitet von): Diekhans, Johannes(Hg.): Unterrichtsmodell. Günter Grass Im Krebsgang. Darmstadt 2006.

O'Neill Patrick: Critical Essays on Günter Grass, Boston, Massachusetts 1987.

Ozkan, Ibrahim u.a.(Hg.): *Trauma und Gesellschaft. Vergangenheit in der Gegenwart*, Göttingen 2002.

Peisker, Ingrid: *Vergangenheit, die nicht vergeht. Eine psychoanalytische Zeitdiagnose zur Auseinandersetzung mit dem Nationalsozialismus*, Gießen 2005.

Pelster, Theodor: Lektüreschlüssel für Schülerinnen und Schüler. Günter Grass – Im Krebsgang. Stuttgart 2004.

Pickar, Gertrud Bauer(Hg.): Adventures of a Flounder: Critical Essays on Günter Grass' *Der Butt.*, Houston German Studies Vol. 3. München 1982.

Preece, Julian: The Life and Work of Günter Grass. Literature, History, Politics, New York 2001.

Prokop, Ulrike: Trauma und Erinnerung in Günter Grass' Im Krebsgang, Würzburg 2004.

Raddatz, Fritz J.: Heute lüge ich lieber gedruckt. Zeit-Gespräch über den Butt mit Günter Grass. In: Die Zeit, Nr.34. 12.8.1977, S. 29-30, hier S. 30.

_____: Günter Grass, deutscher Dichter. Die Zeit, Nr.42. 10. Okt., 1997.

Rarisch, Klaus M.: „Günter Grass als Plagiator". Hamburg 1994.

Reddik, John: The Danzig Trilogy of Günter Grass, New York 1978.

Reich, Wilhelm: *Die Massenpsychologie des Faschismus*, Wiesbaden 2005.

Reichel, Peter: *Politik mit der Erinnerung. Gedächtnisorte im Streit um die nationalsozialistische Vergangenheit*. Frankfurt 1999.

Reich-Ranicki, Marcel: Unser Grass, München 2003.

Richter, Frank-Raymund: Günter Grass. Die Vergangenheitsbewältigung in der Danzig-Trilogie, Bonn 1979.

Ricoeur, Paul: Das Rätsel der Vergangenheit. Erinnern-Vergessen-Verzeihen, Göttingen 1998.

Rink, Christian: Von Christian Kracht bis Günter Grass. Die Kritik am negativen Gedächtnis und der Wandel in der deutschen Erinnerungskultur. Dissertation, Universitas Wasaensis 2012.

Rosenthal, Gabriele(Hg.): Der Holocaust im Leben von drei Generationen. Familien von Überlebenden der Shoah und von Nazi-Tätern, Gießen 1999.

Rothenberg, Jürgen: Günter Grass. ≫Das Chaos in verbesserter Ausführung≪ Zeitgeschichte als Thema und Aufgabe des Prosawerks. Heidelberg 1976.

Rölleke, Heinz(Hg.): Der wahre Butt. Die wundersamen Wandlungen des Märchens vom Fischer und seiner Frau. 2.Aufl., Düsseldorf/Köln 1978.

Rudolf Augstein: Historikerstreit. Die Dokumentation der Kontroverse um die Einzigartigkeit der nationalsozialistischen Judenvernichtung, München 1987.

Salzborn, Samuel: Opfer, Tabu, Kollektivschuld. Über Motive deutscher Obsession. In: Michael Klundt/Samuel Salzborn/Mark Schwietring/Gerd Wiegel: Erinnern, verdrängen, vergessen. Geschichtspolitische Wege ins 21. Jahrhundert, Giessen 2003. S.17-41.

Sapper, Manfred/Weichsel, Volker(Hg.): Kluften der Erinnerungen. Rußland und Deutschland sechzig Jahre nach dem Krieg, Berlin 2005.

Schäuble, Wofgang(한우창 역): 나는 어떻게 통일을 흥정했나. 협상의 주역 쇼이블레가 증언한 독일통합 18개월의 대드라마, 동아일보사 1992.

Scheller, Wolf: Ein vergessenes Kapitel der Literatur über Krieg. Die Deutschen als Opfer. *Die politische Meinung* Nr.401, 2003, S. 87-91.

Schirrmacher, Beate: Musik in der Prosa von Günter Grass. Intermediale Bezüge – Transmediale Perspektiven, Stockholm 2012.

Schilling, Klaus: *Schuldmotoren. Ästhetisches Erzählen in Günter Grass´ Danziger*

Trilogie' , Bielefeld 2002.

Schlant, Ernestine: *Die Sprache des Schweigens. Die deutsche Literatur und der Holocaust*, München 2001.

Schmitz, Helmut(Ed): A NATION OF VICTIMS? Representations of German Wartime Suffering from 1945 to the Present. Amsterdam-New York, NY 2007.

Schödel, Kathrin: Narrative Normalization and Günter Grass's Im Krebsgang, in German Culture, Politics and Literature into the Twenty-First Century, New York 2006.

Schroder, Florian: "Nie hört das auf": Die Literarisierung und Rezeption des Nationalsozialismus als Traumabewältigung deutscher Autoren in Prosatexten von Böll bis Grass, Dissertation der Technischen Universität Dortmund 2011.

Schwarz, Wilhelm Johannes: Der Erzähler Günter Grass. 3., erw. Aufl., Bern 1975.

Sebald, Winfried G.: *Luftkrieg und Literatur*. München 1999.

Segebrecht, Wulf: Günter Grass' Novelle „Im Krebsgang" oder: Aus der Geschichte lernen. In: Birgit Lermen / Miroslav Ossowski(Hg.): *Europa im Wandel. Literatur, Werte und Europäische Identität*. Danzig 2004, S. 235-250.

Seligmann, Rafael: *Hitler. Die Deutschen und ihr Führer*, Berlin 2005.

Simmerding, Gertrud / Schmid, Christof(Hg.): *Literarische Werkstatt*, München 1972.

Stanzel, F. K.: Typische Formen des Romans. 8. Aufl., Göttingen 1976.

Stolz, Dieter: Vom privaten Motivkomplex zum poetischen Weltentwuf. Konstanten und Entwicklungen im literarischen Werk von Günter Grass(1956-1986), Würzburg, 1994.

_____: Günter Grass zur Einführung, Hamburg 1999.

_____: *Günter Grass. Der Schriftsteller. Eine Einführung*, Göttingen 2005.

_____: '*Im Krebsgang* oder Das vergessene Gesicht der Geschichte'. In; Honsza/Swiatlowska(Hg.), *Günter Grass. Bürger und Schriftsteller*, Dresden 2008, S. 233-244.

Taberner, Stuart: „Normalisation" and The New Consensus of the Nazi Past: Günter Grass's „Im Krebsgang" and the Problem of German Wartime Suffering. In: *Oxford German Studies* 31, 2002, pp. 161-186.

Tank, Kurt Lothar: Günter Grass. 2. Aufl., Berlin 1965.

Ter-Nedden, Gisbert: Das Problem des zeitkritischen Romans nach dem Historismus. Eine Untersuchung zum Roman Die Blechtrommel von Günter Grass. Erlangen 1973.

Thamer, Hans-Ulrich: Verführung und Gewalt. Deutschland 1933-1945. Berlin, 2. Aufl., 1986.

Thamer, Ulrich: Der Nationalsozialismus, Stuttgart 2002.

Thesz, N.: Against a New Era in Vergangenheitsbewältigung: Continuities from Grass's Hundejahre to Im Krebsgang, Colloquia Germanica, TUEBINGEN UND BASEL 2004.

Tiesler, Ingrid: Günter Grass. Katz und Maus. München 1975.

Twark, Jill E.: Landscape, Seascape, Cyberscape: Narrative Strategies to

Dredge up the Past in Günter Grass' Novella „Im Krebsgang". In: *Gegenwartsliteratur* 3 (2004), S. 143-168.

Veel, Kristin: Virtual Memory in Günter Grass' *Im Krebsgang*. In: *German Life and Letters* 57:2, 2004, pp.206-218.

Vice, Sue: Holocaust Fiction, London 2000.

Vormweg, Heinrich: Günter Grass mit Selbstzeugnissen und Bilddokumenten, Reinbeck 1986.

Wagener, Hans(Hg.): Zeitkritische Romane des 20. Jahrhunderts. Die Gesellschaft in der Kritik der deutschen Literatur. Stuttgart 1975.

_____: Günter Grass, Gegenwartsliteratur und Drittes Reich. Deutsche Autoren in der Auseinandersetzung mit der Vergangenheit. Stuttgart 1977.

Wassmann, Elena: Die Novelle als Gegenwartsliteratur. Intertextualität, Intermedialität und Selbstreferentialtät bei Martin Walser, Friedrich Dürrenmatt, Patrick Süskind und Günter Grass. ST. INGBERT 2009.

Weber, Dietrich(Hg.): Deutsche Literatur der Gegenwart in Einzeldarstellung. Bd. 1. Stuttgart 1976.

Wiese, Benno von: Novelle, 8., durchges. Aufl., Stuttgart 1982.

Wilson, A. Leslie(Hg.): A Günter Grass Symposium. Austin/London 1971.

Wilson, A. Leslie: Die doppelspitzige Feder von Günter Grass. Mainz 1983.

Zimmermann, Harro: Günter Grass unter den Deutschen. Chronik eines Verhältnisses, Göttingen 2006.

3. 『게걸음으로』에 관한 신문과 잡지의 서평

Arend, Ingo: „Kraft durch Wahrheit“. In: *Freitag*, 8.2.2002, S. 18.

Augstein, Rudolf: „Rückwärts krebsen, um voranzukommen“. In: *Der Spiegel*, 6/2002.

Bartmann, Christoph: Schräg gegen die Zeit? In: Die Presse, 23.02.2002.

Bucheli, Roman: „Grass. Im Krebsgang“. In: *Neue Züricher Zeitung*, 9.2.2002, S. 14.

Dückers, Tanja: „Die Selbsthilfegruppe“. In: *Berliner Zeitung*, 19.01.2003, S. 18.

Dultz, Sabine: Apokalypse in eisiger See. Die Tragödie der “Wilhelm Gustloff”. Münchner Merkur, 07.02.2002.

Franzen, Günter: Der alte Mann und sein Meer. Günter Grass verarbeitet ein Kapitel deutscher Vertreibung: den Untergang der “Wilhelm Gustloff” In: *Die Zeit*, 07.02.2002.

Giordano, Ralph: „Der böse Geist der Charta“. In: Die Welt, 09.02.2002, S. 11.

Günter, Joachim: Opfer und Tabu. Günter Grass und das Denken im Trend. NZZ (=Neue Züricher Zeitung), 23.2.2002.

Hage, Volker: Das tausendmalige Sterben. In: Der Spiegel, Nr.6/04.02.2002. S.184-190.

Hage, Volker: Autoren unter Generalverdacht, Der Spiegel, 06.04.2002.

Höges, Clemens u.a.: Die verdrängte Tragödie. Der Spiegel Nr.6, 04.02.2002. 184ff.

Hupka, Herbert: Das Recht zu erinnern, Sudetendeutsche Zeitung 20.02.2004.

Jähner, Harald: Tulla, unerlost und heimatvertrieben. In: Berliner Zeitung vom 05.02.2002.

Kellerhoff: „Um 180 Grad gedreht". In: *Die Welt*, 4.4. 2002, S. 21.

Kiesel, Helmuth: Am Elend vorbeigeschrieben, Zur Debatte um die Novelle "*Im Krebsgang*" von Günter Grass. *Die Politische Meinung* Nr.390, 2002, S.85-91.

Knipphals, Dirk: „Im Krebsgang" Schiffskatastrophen und andere Untergange. In: Die Tageszeitung vom 20.02.2002.

Küchemann, Fridtjof: „Aufzeichnungen eines Einsiedlerkrebses". In: FAZ, 05.02.2002.

Krauel, Torsten: Grass und die Grautöne, Die Welt, 11.02.2002.

Mailer, Marius: „Grass. Im Krebsgang". In: *Frankfurter Rundschau*, 05.02.2002. S. 11.

Medicus, Thomas: Seismograph. Günter Grass' neues Buch. Frankfurter Rundschau, 05.02.2002.

______: Kalte Heimat. Eine Debatte im Krebsgang, Frankfurter Rundschau, 16.02.2002.

Meller, Marius: "Das musste aufschraibn, biste ons schuldig" Über die Aktualität moralischer Literatur, Günter Grass und seine neue Novelle "Im Krebsgang". Frankfurter Rundschau, 09.02.2002.

Paaß, Michael: Kulturelles Gedächtnis als epische Reflexion. Zum Werk von Gunter Grass, Bielefeld 2009.

Pollak, Anita: Grass' neue Novelle: „Im Krebsgang". Kurier, Wien vom 01.02.2002.

Platzeck, Wolfgang: Deutschem Ungeist im Krebsgang auf det Spur. Am Montag erscheint eine neue Novelle von Günter Grass. WAZ vom 02.02.2002.

Rauff, Ulrich: Untergang mit Maus und Muse, Süddeutsche Zeitung 05.02.2002.

Reichensperger, Richard: Mit Krebsscheren gegen Skinhead-Mythen. Günter Grass umkreist in seiner neuen Novelle den Untergang. Standard 09.02.2002.

Sack, Adriano: "Nie hört das auf" Günter Grass jagt Täter und Opfer durchs Internet, Die Welt vom 03.02.2002.

Schlögel, Karl: Die Sprache des Krebs, Frankfurter Rundschau, 12,02,02.

Schneider, Rolf: „Der beste Grass seit Jahren". In: *Die Welt*, 05.05.2002, S. 19.

Schröder, Christoph: Untergangs-Wehen. Günter Grass liest im Goethehaus aus seiner neuen Novelle "Im Krebsgang". Frankfurter Rundschau, 09.04.2002.

Spiegel, Hubert: „Das mußte aufschraiben!". In: *FAZ*, Literatur, 09.02.2002. S. XI.

Werner, Dieter: „Grass-Buch löst Debatte um Vertriebene aus". In: *Die Welt*, 05.02.2002.

4. 인터넷 자료

http://www.sueddeutsche.de/kultur/2.220/gedicht-von-guenter-grass-zur-Griechenlandkrise-europas-schande-1.1366941. 25.05.2012.

http://de.wikipedia.org/wiki/Was_gesagt_werden_muss.

http://de. wikipedia.org/wiki/Nacht fiel über Gotenhafen.

http://www.radiobremen.de/online/grass/interviews/jahrhundert.shtml, 13.11.2003.

http://de.wikipedia.org/wiki/Wilhelm_Gustloff_%28Schiff%29, 04 März 2007.

https://de.wikipedia.org/wiki/Alexander_Iwanowitsch_Marinesko.

http://de.wikipedia.org/wiki/Kraft_durch_Freude, 04 März 2007.

http://de.wikipedia.org/wiki/Im_Krebsgang, 04 März 2007.

http://de.wikipedia.org/wiki/Berliner_Mauer, 2007-04-29.

http://de.wikipedia.org/wiki/Axel_Springer_Verlag#Publikationen, 12 Mai 2007.

http://www.spiegel.de/kultur/literatur/0.1518.217571.00.html(Grass, Günter: "Ich glaube, wir haben unsere Lektion kapiert", Spiegel Online.) 10-10-2002.

http://www.stern.de/unterhaltung/buecher/558535.html?nv=ct_mt.

https://de.wikipedia.org/wiki/Die_Moorsoldaten.

http://de.wikipedia.org/wiki/Wolfgang_Diewerge.

https://de.wikipedia.org/wiki/Wilhelm_Gustloff.

https://de.wikipedia.org/wiki/David_Frankfurter.

http://en.wikipedia.org/wiki/Robert_Ley.

http://en.wikipedia.org/wiki/Frank_Wisbar.

http://en.wikipedia.org/wiki/Brigitte_Horney.

http://en.wikipedia.org/wiki/Sonja_Ziemann.

현실과 환상의 변증법
권터 그라스의 삶과 문학

지은이 박병덕
펴낸이 김동원
펴낸곳 전북대학교출판문화원

초판 1쇄 인쇄 2020. 4. 5
초판 1쇄 발행 2020. 4. 15

전북대학교출판문화원 전라북도 전주시 완산구 어진길 32 (풍남동2가)
전화 (063) 219-5321~2
FAX (063) 219-5323
출판등록 2012년 8월 20일 제465-2012-000021호

값 18,000원

ISBN 979-11-6372-078-2 93850

이 도서의 국립중앙도서관 출판예정도서목록(CIP)은 서지정보유통지원시스템 홈페이지(http://seoji.nl.go.kr)와 국가자료공동목록시스템(http://www.nl.go.kr/kolisnet)에서 이용하실 수 있습니다. (CIP제어번호 : CIP2020011687)